चिंता छोड़ो, आनंद से जियो

डेल हारबिसन कार्नेगी (1888-1955) एक अमेरिकी लेखक और लेक्चरर थे, जिन्होंने आत्म-सुधार, बिक्री कौशल, कॉर्पोरेट प्रशिक्षण, सार्वजनिक बोल-चाल और पारस्परिक कौशल जैसे मशहूर कोर्सेज का विकास किया। उनका जन्म मिसौरी के एक गरीब किसान परिवार में हुआ था। वह बेस्ट सेलिंग किताबों जैसे, हाउ टू विन फ्रेंड्स एंड इन्फ्लुएंस पीपल (1936), हाउ टू स्टॉप वरीइंग एंड स्टार्ट लिविंग (1948) के अलावा और भी कई सहायक पुस्तकों के लेखक थे।

चिंता छोड़ो, आनंद से जियो

डेल कार्नेगी

रूपा

प्रकाशित
रूपा पब्लिकेशंस इंडिया प्राइवेट लिमिटेड 2023
7/16, अंसारी रोड, दरियागंज
नई दिल्ली 110002

सेल्स सेन्टर:
बैंगलुरू चेन्नई
हैदराबाद जयपुर काठमाण्डू
कोलकाता मुम्बई प्रयागराज

संस्करण कॉपीराइट © रूपा पब्लिकेशंस इंडिया प्रा. लिमिटेड 2023
यह सामग्री सार्वजनिक डोमेन स्रोतों पर आधारित है।

सर्वाधिकार सुरक्षित।
लेखक इस पुस्तक के मूल रचनाकार होने का नैतिक दावा करते हैं।
इस पुस्तक में व्यक्त किए गए सभी विचार, तथ्य और दृष्टिकोण लेखक के अपने हैं और प्रकाशक किसी भी तौर पर इनके लिए जिम्मेदार नहीं है।

P-ISBN: 978-93-5702-553-9
E-ISBN: 978-93-5702-554-6

प्रथम संस्करण 2023

10 9 8 7 6 5 4 3 2 1

भारत में मुद्रित

यह पुस्तक इस शर्त पर विक्रय की जा रही है कि प्रकाशक की लिखित पूर्वानुमति के बिना इसे व्यावसायिक अथवा अन्य किसी भी रूप में उपयोग नहीं किया जा सकता। इसे पुनः प्रकाशित कर बेचा या किराए पर नहीं दिया जा सकता तथा जिल्दबंध या खुले किसी अन्य रूप में पाठकों के मध्य इसका परिचालन नहीं किया जा सकता। ये सभी शर्तें पुस्तक के खरीदार पर भी लागू होती है।

विषय–सूची

भाग 1

1. चिंता की समस्याओं का विश्लेषण और समाधन कैसे करें 3
2. अपने व्यवसाय की पचास परसेंट चिंता को कैसे खत्म करें 14
3. हमारी सभी चिंताओं का सत्तर प्रतिशत... 21

भाग 2

4. वर्तमान में जीने का हुनर 35
5. आपकी परेशानी की जड़ चिंता है 42

भाग 3

6. अपने दिमाग से बेकार की चिंता को बाहर कैसे निकालें 51
7. छोटी–मोटी चीजों से खुद को टूटने ना दें 59
8. एक ऐसा नियम जो खत्म करेगा आपकी चिंताएं 66
9. ये जरूरी है कि जो होने वाला है, उसका सहयोग करें 72

भाग 4

10. कैसे दें अपनी जागी हुई जिन्दगी को हर दिन एक घंटा	81
11. थकान से बचें और जवान दिखें	86
12. अनिद्रा के बारे में चिंता करने से कैसे बचें	95

भाग 5

13. मरे हुए को मारने से कोई लाभ नहीं	103
14. ऐसा करेंगे तो आलोचना आपको दर्द नहीं पहुँचा सकती	106
15. मेरी माँ और पिता ने चिंता को कैसे जीता	111

भाग 6

16. वो आठ शब्द जो बदल सकते हैं आपका जीवन	125
17. कृतघ्नता के बारे में कभी चिंता न करें	144
18. जो तुम्हारे पास है क्या तुम उसे दस लाख में बेचोगे	155
19. खुद को ढूंढे और अपने आपसे जुड़ें	166
20. अगर आपके पास मौका है तो उसे हाथ से ना जाने दें	177
21. चौदह दिनों में अंदरूनी उदासी का इलाज कैसे करें	189
22. आपके जीवन के दो प्रमुख फैसलों में से एक	212

भाग 1

बहुत आसान है। वास्तव में सिर्फ कागज के एक टुकड़े पर सभी तथ्यों को लिखने और अपनी समस्या को स्पष्ट रूप से बताने से एक लंबा रास्ता तय होता है और यही एक समझदारी भरे निर्णय तक पहुँचने में हमारी मदद करता है।

मैं आपको यह सब बता रहा हूं क्योंकि यही अभ्यास में काम आता है। वहीं चीनी कहते हैं कि एक तस्वीर दस हजार शब्दों के बराबर होती है। मान लीजिए कि मैं आपको एक तस्वीर दिखाता हूं कि कैसे एक आदमी ने ठीक वही काम किया जिसके बारे में हम बात कर रहे हैं। आइए अब जरा गैलेन लीचफील्ड का मामला देखते हैं। ये एक ऐसा व्यक्ति है जिसे मैं कई वर्षों से जानता हूं। यह सुदूर पूर्व अमेरिका के सबसे सफल व्यवसाइयों में से एक है। जब जापान ने 1942 में शंघाई पर हमला किया तब मिस्टर लिचफील्ड चीन में थे। जब वो मेरे घर में मेहमान थे तब उन्होंने ये कहानी मुझे सुनाई थी।

जापानियों द्वारा पर्ल हार्बर पर कब्जा करने के कुछ ही समय बाद लीचफील्ड शंघाई आए। लीचफील्ड ने बताया कि तब वह शंघाई में जीवन बीमा निगम का एशिया प्रबंधक थे। तब जापानियों ने मुझे एक सेना परिसमापक भेजा। दरअसल वो एक एडमिरल था। उसने मुझे संपत्ति के परिसमापन में उस आदमी की सहायता करने का निर्देश दिया। मेरे पास इस मामले में उसका सहयोग करने के अलावा और कोई रास्ता नहीं था, वरना फिर तो मृत्यु निश्चित थी।

मुझसे जो कहा गया था मुझे वही करना था क्योंकि मेरे पास और कोई विकल्प नहीं था। लेकिन मैंने एडमिरल को जो सूची सौंपी उसमें $7,50,000 के कीमत की एक प्रतिभूति को शामिल नहीं किया। मैंने प्रतिभूतियों के उस ब्लॉक को लिस्ट में इसलिए शामिल नहीं किया क्योंकि वो हमारे हांगकांग संगठन से

सम्बंधित था और उसका शंघाई की संपत्ति से कोई लेना-देना नहीं था। बस मुझे यही डर था कि अगर जापानियों को पता चला कि मैंने किया क्या है तो वो मेरे साथ कुछ भी कर सकते थे। हालाँकि उन्हें जल्द ही सब पता चल गया।

उनको जब इस बात का पता चला तब मैं कार्यालय में नहीं था। लेकिन मेरा हेड अकाउंटेंट वहां मौजूद था। उसने मुझसे कहा कि जापानी एडमिरल बहुत गुस्से में था। उसने मुझे चोर और देशद्रोही कहा। असल में उसको लगा कि मैंने जापानी सेना को चुनौती दी थी। मुझे पता था कि इसका क्या मतलब हो सकता था। हो सकता है मुझे ब्रिजहाउस में डाल दिया जाये।

ब्रिजहाउस! ये जापानी गेस्टापो के यातना कक्ष का नाम था। मेरे ऐसे कुछ करीबी मित्र थे जिन्होंने उस जेल में जाने के बजाय खुदकुशी करना अच्छा समझा था। वहीं मेरे कुछ दोस्त ऐसे भी थे जो उस यातना कक्ष में जाकर सिर्फ दस दिनों की पूछताछ और यातना के कारण मर गए थे। अब मेरे लिए भी शायद ब्रिजहाउस ही बचा था।

ये मैंने क्या किया? मैंने रविवार दोपहर को खबर सुनी। तब शायद मुझे डर जाना चाहिए था। हालाँकि अगर मेरे पास अपनी समस्याओं को हल करने की कोई निश्चित तकनीक नहीं होती तो शायद मैं डर ही गया होता। कई वर्षों से जब भी मैं परेशान होता तो अपने टाइपराइटर को लेकर बैठ जाता था और दो प्रश्न लिखता और फिर उन सवालों के जवाब भी लिखता था।

1. मैं किस बात से परेशान हूँ?
2. मैं इसके बारे में क्या कर सकता हूँ?

मैं उन सवालों के जवाब बिना लिखे देने का प्रयास करता था। लेकिन ऐसा करना मैंने कई साल पहले छोड़ दिया था। मुझे

लगा कि प्रश्न और उत्तर दोनों लिखने से मेरी सोच स्पष्ट होती है। फिर उस रविवार की दोपहर को मैं शंघाई वाईएमसीए के अपने कमरे में गया और अपना टाइपराइटर निकाला और लिखा,

1. मैं किस बात से परेशान हूँ?

मुझे डर है कि मुझे कल सुबह ब्रिजहाउस में डाल दिया जाएगा।

फिर मैंने दूसरा सवाल टाइप किया।

2. मैं इसके बारे में क्या कर सकता हूँ?

मैंने यह सोचने और लिखने में घंटों बिताए कि मैं क्या कर सकता था और क्या संभव था। मैंने उन चार तरीकों के बारे में सोचा जो मैं कर सकता था। मैंने ये भी सोचा कि इसके क्या परिणाम हो सकते हैं।

मैं जापानी एडमिरल को समझाने की कोशिश कर सकता हूं लेकिन उसको अंग्रेजी बोलनी नहीं आती। अगर मैं किसी द्विभाषिये के माध्यम से उसे समझाने की कोशिश करूँ तो हो सकता है वो ज्यादा उत्तेजित हो जाये। वो बहुत क्रूर है और इसका मतलब सिर्फ मौत हो सकता है। वो मुझसे किसी तरह की बात करने के बजाए मुझे ब्रिजहाउस में फिकवा देगा।

मैं बचने की कोशिश कर सकता हूं। लेकिन ये असंभव लगता है। वो हर समय मुझ पर नजर रखते हैं। मुझे वाईएमसीए के अपने कमरे में चेक इन और चेक आउट करना होता है। अगर मैं भागने की कोशिश करूँगा तो शायद मुझे पकड़ लिया जाए और गोली मार दी जाए।

मैं यहां अपने कमरे में रह तो सकता हूं मगर अब ऑफिस के पास नहीं जा सकता। अगर मैं ऐसा करूँगा तो जापानी एडमिरल को शक हो जायेगा। तब शायद वो मुझे लेने के लिए

सैनिकों को भेजे और कुछ भी कहने का मौका दिए बिना मुझको ब्रिजहाउस में फिकवा दे।

मैं सोमवार की सुबह हमेशा की तरह ऑफिस जा सकता हूं। अगर मैं ऐसा करता हूं तो हो सकता है कि जापानी एडमिरल इतना व्यस्त हो कि वह यह भी ना सोचे कि मैंने क्या किया था। अगर वह इसके बारे में सोचता है तो भी हो सकता वह तब तक शांत हो चुका हो और मुझे बिलकुल परेशान ना करे। अगर ऐसा होता है तो मैं ठीक रहूँगा। अगर वह फिर भी मुझे परेशान करता है तब भी मेरे पास उसे समझाने का एक मौका तो होगा। इसलिए हमेशा की तरह सोमवार की सुबह ऑफिस जाऊं और ऐसा बर्ताव करूँ जैसे कुछ भी गलत नहीं हुआ हो। ऐसा करना मुझे ब्रिजहाउस से बचने के दो मौके देता है।

जैसे ही मैंने ये सब कुछ सोचा और चौथी योजना को स्वीकार करने का फैसला किया और फिर हमेशा की तरह सोमवार की सुबह कार्यालय जाना तय किया तो इससे मुझे बेहद राहत महसूस हुई।

जब मैं अगली सुबह कार्यालय में दाखिल हुआ तो जापानी एडमिरल वहां मुँह में सिगरेट दबाये बैठा था। उसने हमेशा की तरह मुझे घूरा लेकिन बोला कुछ नहीं। भगवान का शुक्र है कि इसके ठीक छह हफ्ते बाद वह टोक्यो वापस चला गया और मेरी सारी चिंताएँ खत्म हो गईं।

जैसा कि मैं पहले कह चुका हूँ कि मैंने शायद उस रविवार की दोपहर को बैठकर और सब कुछ लिख कर अपनी जान बचाई। अगर मैं चाहता तो और भी कदम उठा सकता था और हर कदम के संभावित परिणाम लिख कर किसी एक नतीजे पर पहुँच सकता था। अगर मैंने ऐसा नहीं किया होता तो शायद आज मैं उसी एक पल की प्रेरणा से तड़पता, झिझकता और

गलत काम करता। अगर मैंने अपनी समस्या पर विचार नहीं किया होता और किसी निर्णय पर नहीं पहुंचा होता तो रविवार दोपहर को चिंता के मारे पागल हो गया होता। मैं उस रात सो नहीं पाता। मैं सोमवार की सुबह परेशान और चिंता में डूबा कार्यालय चला गया होता। मेरी ऐसी हालत देखकर जापानी एडमिरल को संदेह पैदा हो सकता था और वो फिर उत्तेजित हो सकता था।

मेरा अनुभव कहता है कि एक निर्णय पर आना जरूरी है। अगर एक निश्चित लक्ष्य ना हो तो आप हमेशा किसी भ्रम में जीते हैं। जिसकी वजह से नकारात्मकता और डिप्रेशन उत्पन्न होता है। मुझे लगता है कि अगर मैं एक निश्चित निर्णय ले सकूँ तो मेरी 50% समस्याएं दूर हो सकती हैं। बाकी 40% उलझनें उस निर्णय पर कार्य करने से दूर हो जाएँगी। इस तरह मैं चार कदम चलकर अपनी लगभग 90% चिंताओं को दूर कर देता हूं।

1. मुझे जिस बात की चिंता है, उसे बिलकुल सही लिख रहा हूं।
2. मैं ये लिख रहा हूँ कि, मैं इसके बारे में मैं क्या कर सकता हूँ।
3. ये तय करना कि, क्या करना है।
4. उस निर्णय को फौरन अंजाम देना है।

गैलेन लीचफील्ड अब स्टार, पार्क और फ्रीमैन, इंक, 111 जॉन स्ट्रीट, सुदूर पूर्व न्यूयॉर्क में निदेशक हैं। वो एक बड़े बीमा और वित्तीय हितों का प्रतिनिधित्व करते हैं।

असल में जैसा कि मैंने पहले कहा, गैलेन लीचफील्ड आज एशिया में सबसे महत्वपूर्ण अमेरिकी व्यवसायियों में से एक हैं। उन्होंने मुझसे ये खुद कबूल किया है कि वह चिंता का

विश्लेषण करते समय उसके सामने बैठते हैं और इसी तरीके से वो सफलता हासिल करते हैं। उनका तरीका इतना शानदार क्यों है? इसका कारण है कि यह एक कुशल, ठोस और सीधे समस्या की तह तक पहुँचता है। इससे भी ज्यादा यह तीसरे और बहुत जरूरी नियम के कारण अपने चरम पर है। इसके बारे में कुछ करना चाहिए। जब तक हम अपने कार्यों पर अमल नहीं करते तब तक हमारी सभी तथ्यों की खोज और विश्लेषण बेकार हैं। यह ऊर्जा की सरासर बर्बादी करना है।

विलियम जेम्स ने कहा था, जब एक बार निर्णय हो जाए और उसका पालन करना दिन का क्रम हो तो पूरी तरह से सभी जिम्मेदारियों को खारिज करके सिर्फ परिणाम की परवाह करनी चाहिए। (इसमें कोई शक नहीं कि इस मामले में विलियम जेम्स परवाह शब्द का इस्तेमाल चिंता के पर्याय के रूप में कर रहे हैं)।

उनका मतलब था एक बार जब आप तथ्यों के आधार पर सावधानीपूर्वक निर्णय ले लें, तो एक्शन में आ जाएं। इस पर पुनर्विचार करना बंद ना करें। आप झिझकना, चिंता करना और अपने कदम पीछे हटाने के बारे में ना सोचें। अपने आप को खोने मत दें। अपने आप पर शक ना करें वरना ये अन्य संदेहों को जन्म देता है। आप पीछे मुड़कर भी ना देखें।

आप अभी गैलेन लीचफील्ड की तकनीक का उपयोग अपनी किसी चिंता के लिए क्यों नहीं करते?

सवाल 1 - मैं किस लिए परेशान हूँ?
सवाल 2 - मैं इसके लिए क्या कर सकता हूँ?
सवाल 3 - मैं इसके बारे में क्या करने जा रहा हूं।
सवाल 4 - मैं इसे कब शुरू करुंगा?

*हमें तनाव नहीं बल्कि उसके बारे में
हमारी प्रतिक्रिया हमें मारती है।*

—हंस स्लीये

चिंता पेट के लिए सबसे बड़ा जहर है।

—अल्फ्रेड नोबेल

2
अपने व्यवसाय की पचास परसेंट चिंता को कैसे खत्म करें

अगर आप एक व्यवसायी हैं तो आप शायद अपने आप से यही कह रहे हैं कि इस अध्याय का शीर्षक मजाकिया है। मैं उन्नीस वर्षों से अपना व्यवसाय चला रहा हूँ और अगर कोई इसका जवाब जानता है तो वो मैं हूं। अगर कोई मुझे यह बताने की कोशिश कर रहा है कि मैं अपने व्यवसाय की पचास प्रतिशत चिंताओं को कैसे खत्म कर सकता हूं तो यह बेकार की बात है।

ये काफी हद तक सही है कि अगर मैंने भी किसी चैप्टर का यह शीर्षक कुछ साल पहले देखा होता तो मुझे भी कुछ ऐसा ही महसूस होता। यह बहुत सारे वादे करता है और वादे सस्ते होते हैं।

ये बहुत स्पष्ट है। हो सकता है कि मैं आपके व्यवसाय की चिंताओं का पचास प्रतिशत खत्म करने में आपकी मदद ना कर पाऊं। विश्लेषण के आखिर में सिवाय खुद के, दूसरा कोई भी नहीं कर सकता। मैं आपको ये बता सकता हूँ कि दूसरे लोगों ने इसे कैसे किया। बाकी आप खुद ही समझ जायेंगे।

चूँकि चिंता इतनी गंभीर है और अगर मैं आपकी चिंता का दस प्रतिशत भी खत्म करने में आपकी मदद कर सकूँ तो क्या आप संतुष्ट नहीं होंगे? खैर, अब मैं आपको बताता हूं कि कैसे

एक बिजनेस एग्जीक्यूटिव ने ना केवल अपनी पचास प्रतिशत चिंताओं का समाधान किया बल्कि पचहत्तर प्रतिशत समय उसने सम्मेलनों में व्यवसाय की समस्याओं का हल ढूंढने में लगाया।

इसके अलावा मैं आपको यह कहानी किसी मिस्टर जोन्स मिस्टर एक्स या किसी ऐसे व्यक्ति के बारे में नहीं बताने जा रहा हूँ जिसे मैं ओहिओ से जानता हूँ। इन अस्पष्ट कहानियों को आप परख नहीं सकते। यह एक असली आदमी की कहानी है। मेरा एक साथी लियोन शिमकिन जो कि संयुक्त राज्य अमेरिका में सबसे प्रमुख पब्लिशिंग हाउस में से एक साइमन एंड शूस्टर, रॉकफेलर सेंटर, न्यूयॉर्क 20, न्यूयॉर्क में महाप्रबंधक है।

यहाँ लियोन शिमकिन का अनुभव आप उन्हीं के अपने शब्दों में सुनिए।

पंद्रह साल तक मैंने हर कारोबारी दिन का लगभग आधा हिस्सा सम्मेलन आयोजित करने और समस्याओं पर चर्चा करने में गुजारा। हमें यह करना चाहिए या वह या फिर कुछ भी नहीं करना चाहिए? ऐसा सोच के हम तनाव में आ जाते थे। फिर कभी अपनी कुर्सियों को घुमाते, टहलते या फिर घूम घूम कर बहस करते। मुझे महसूस होता था कि रात होते होते मैं पूरी तरह से थक जाउंगा। मुझे यही लगता था कि मैं सारी जिन्दगी इसी तरह का काम करता रहुंगा। ऐसा मैं पिछले पंद्रह साल से कर रहा था और मैंने कभी नहीं सोचा कि इसे करने का कोई बेहतर तरीका ढूंढ सकुंगा। अगर किसी ने मुझे बताया होता कि मैं जो समय इन सम्मेलनों में बिता रहा हूँ इतने वक्त में तो मैं अपनी तीन चौथाई चिंता और तनाव को खत्म कर सकता था। तो मैं ये भी सोच सकता था कि वह एक अव्यहवारिक, लापरवाह और अनुभवहीन आशावादी है। फिर मैंने एक योजना तैयार की जिससे ठीक वही हुआ जैसा कि मैं चाहता था। आज

लगभग आठ साल से मैं इसी योजना का इस्तेमाल कर रहा हूं। इस योजना ने मेरी योग्यता, सेहत और खुशी के लिए एक चमत्कार का काम किया है।

यह सब जादू की तरह लगता है लेकिन अगर आप देखिये तो तमाम जादुई चालों की तरह यह बेहद सरल है।

यहाँ एक राज की बात है। सबसे पहले मैंने पंद्रह सालों से चल रही उस प्रक्रिया को फौरन रोक दिया जिसे मैं अपने सम्मेलनों में उपयोग करता था। एक ऐसी प्रक्रिया जो मेरे परेशान सहयोगियों के साथ शुरू हुई थी। मैंने जो कुछ भी गलत हुआ था उसके बारे में उनसे विस्तार से चर्चा की और आखिर में यह पूछा कि हम क्या करें? दूसरा, मैंने एक नया नियम बनाया। एक ऐसा नियम कि जिसमें कोई भी किसी समस्या को लेकर आना चाहता है तो पहले उसको एक ज्ञापन तैयार करके जमा कराना होगा और चार सवालों के जवाब देने होंगे।

सवाल 1- क्या समस्या है?

(पहले हम किसी भी सम्मेलन में बगैर किसी को जाने एक से दो घंटे गुजार देते थे। हमें वास्तविक समस्या के बारे में भी पता नहीं होता था। हम सिर्फ अपने बारे में चर्चा करते थे। विशेष रूप से हमारी समस्या क्या थी, यह लिखने की परेशानी भी नहीं उठाते थे।)

सवाल 2- समस्या का कारण क्या है?

(अगर मैं अपने करियर में पीछे मुड़कर देखता हूं तो सोचता हूँ कि उन स्थितियों को स्पष्ट रूप से जानने की कोशिश किए बिना जो कि समस्या की जड़ है, मैंने जो समय चिंतन सम्मेलनों में बर्बाद किया है उससे मैं हैरान हो जाता हूं।)

सवाल 3 - समस्या के सभी संभव समाधान क्या हैं?

(पुराने दिनों में किसी सम्मेलन में एक व्यक्ति समाधान बताता था। दूसरा आदमी उससे बहस करता था और माहौल खराब हो जाता था। हालाँकि हम अक्सर ऐसे विषयों को स्पष्ट कर देते थे। सम्मेलन के अंत में हम में से कोई भी समस्या को खत्म करने के लिए कुछ भी सुझाव नहीं देता था)

सवाल 4 - आप क्या उपाय बता सकते हैं?

(मैं एक ऐसे व्यक्ति के साथ एक सम्मेलन में जाता था जो स्थिति के बारे में चिंता करने में घंटों बिताता था। वो कभी किसी समाधान के बारे में नहीं सोचता था। लेकिन आखिर में वो यही कहता था कि इसका समाधान ये है और मैं इसकी सिफारिश करता हूं।)

मेरे सहयोगी अब शायद ही कभी अपनी समस्या लेकर मेरे पास आते हैं। क्यों? क्योंकि उन्हें पता है कि उन चार सवालों का जवाब देने के लिए उन्हें सभी तथ्यों को जानना होगा और अपनी समस्याओं पर भी विचार करना होगा। वो ये बात जानते हैं कि उन्हें तीन चौथाई मामलों में मुझसे बिलकुल भी सलाह लेने की जरूरत नहीं है। असल में ऐसे समाधान ठीक वैसे ही निकलते हैं जैसे टोस्टर से ब्रेड बाहर निकलती है। उन मामलों में जहाँ परामर्श जरूरी होता है, वहाँ चर्चा में पहले की तुलना में अब लगभग एक तिहाई समय लगता है। इसकी वजह यह है कि तर्कसंगत निष्कर्ष के लिए एक व्यवस्थित और किसी मजबूत तर्क के साथ आगे बढ़ना होता है।

अब साइमन और शूस्टर के घर में चिंता और गलतियों की बात करने में बहुत कम समय लगता है और इन्हीं तमाम

चीजों को ठीक करने के लिए ज्यादा प्रयास भी किये जाते हैं।

मेरे मित्र फ्रैंक बेट्गर अमेरिका में बीमा कंपनी के शीर्ष पद पर हैं। फ्रैंक का कहना है कि उन्होंने अपने व्यवसाय की चिंता को कम करके अपनी आमदनी लगभग दोगुनी कर ली है।

फ्रैंक के अनुसार, वर्षों पहले जब मैंने पहली बार बीमा बेचना शुरू किया था तो मुझे अपने काम में बहुत ज्यादा उत्साह और नाज था। फिर कुछ ऐसा हुआ कि मैं निराश हो गया। मैं अपने काम को छोटा समझ कर उसे छोड़ने की सोचने लगा। मुझे लगता है कि अगर मैंने एक शनिवार की सुबह बैठ कर अपनी चिंताओं का कारण जानने की कोशिश ना की होती तो मैं ये काम छोड़ चुका होता।

1. इसीलिए मैंने पहले खुद से पूछा, समस्या क्या है? आपको पता है, समस्या यह थी कि मैं जो भी कॉल्स कर रहा था उसका मुझे पूरा रिटर्न नहीं मिल रहा था। मुझे लग रहा था कि जब तक इसकी बिक्री बंद नहीं होती मैं इसको बहुत अच्छे से बेच सकता हूँ। उसके बाद ग्राहक खुद कहेंगे, ठीक है, मैं इसके बारे में सोचूंगा, मिस्टर बेट्गर। मेरे पास फिर आना।' यही वह समय था जो मैंने इन फॉलो-अप कॉल्स पर बर्बाद किया और यही मेरे डिप्रेशन का कारण बना।

2. फिर मैंने खुद से सवाल किया, इसके क्या कोई संभावित समाधान हैं? लेकिन इसका जवाब पाने के लिए मुझे तथ्यों को पढ़ना पड़ा। फिर मैंने पिछले एक साल की अपनी रिकॉर्ड बुक निकाली और आंकड़ों का अध्ययन किया।

फिर मैंने एक अद्भुत खोज की। मैंने अपनी खोज में पाया कि मेरी बिक्री पहले ही इंटरव्यू के बाद सत्तर

प्रतिशत बंद हो गई थी। फिर दूसरे इंटरव्यू के बाद मेरी बिक्री तेईस प्रतिशत बंद हुई और उसके बाद तीसरे, चौथे, पांचवें इंटरव्यू में मेरी बिक्री का सात प्रतिशत हिस्सा बंद हुआ। ये साक्षात्कार मुझे और मेरे समय, दोनों को बर्बाद कर रहे थे। इसे अगर मैं दूसरे शब्दों में कहूं तो मैं रोज अपना आधा दिन बर्बाद कर रहा था। अब बिक्री सिर्फ सात प्रतिशत रह गई थी।

3. इसका जवाब क्या है? जवाब तो स्पष्ट था। मैंने फौरन ही दूसरे इंटरव्यू के बाद की सभी यात्राओं को रद्द किया और नई संभावनाओं की तलाश में लग गया। इसका परिणाम तो अविश्वसनीय निकला। बहुत कम समय में मैंने अपनी हर विजिट का नकद मूल्य +2.80 से बढ़ाकर +4.27 प्रति कॉल कर दिया।

मैं पहले ही कह चुका हूँ कि मिस्टर फ्रैंक बेट्गर अब देश के सबसे जाने माने जीवन-बीमा सेल्समैन में से एक हैं। वह ईमानदारी के साथ अब फिलाडेल्फिया के म्युचुअल और एक वर्ष में लगभग दस लाख डॉलर मूल्य की नीतियों के लेखक हैं। लेकिन एक समय में वह हार मानना चाहते थे। वह अपनी असफलता को स्वीकार करने वाले थे। ऐसा तब तक था जब तक कि समस्या का विश्लेषण करने से उन्हें सफलता नहीं मिली थी।

क्या आप इन सवालों को अपनी कारोबारी समस्याओं पर लागू कर सकते हैं? मेरी चुनौती की वजह से वे आपकी चिंता को पचास प्रतिशत कम कर सकते हैं। यहाँ फिर से वही सवाल हैं।

समस्या क्या है?
समस्या का कारण क्या है?

समस्या के सभी संभव समाधान क्या हैं?
क्या आप किसी उपाय के लिए सुझाव देते हैं?

> *इस पापी संसार में कुछ भी स्थायी नहीं है,*
> *हमारी परेशानियाँ भी नहीं।*
>
> —चार्ली चैप्लिन

> *अतीत को भूल जाइए। भविष्य आपको चिंता करने*
> *के लिए बहुत कुछ देगा।*
>
> —जॉर्ज एलन, सीनियर

3
हमारी सभी चिंताओं का सत्तर प्रतिशत...

अगर मुझे पता होता कि हर किसी की वित्तीय चिंताओं को कैसे हल करना है तो मैं यह किताब नहीं लिख रहा होता। मैं व्हाइट हाउस में राष्ट्रपति के ठीक बराबर में बैठा होता। लेकिन यहाँ एक चीज मैं कर सकता हूँ। मैं इस विषय पर कुछ अधिकारियों के बयानों का हवाला और इसके बाबत कुछ व्यावहारिक सुझाव भी दे सकता हूँ। मैं ये भी बता सकता हूँ कि आप कहाँ से पुस्तकें और पैम्फलेट प्राप्त कर सकते हैं जो आपका अच्छा मार्गदर्शन कर कर सकें।

असल में हमारी चिंताओं का सत्तर प्रतिशत हिस्सा धन के बारे में होता है। हालाँकि ज्यादातर लोग ये मानते हैं कि अगर वो अपनी आमदनी में सिर्फ दस प्रतिशत की बढ़ोत्तरी कर लें तो उनके लिए वित्तीय समस्या नहीं हो सकती। यह कई मामलों में सही हो सकता है लेकिन हर मामले में ये सच नहीं है। उदाहरण के तौर पर मैंने इस अध्याय को लिखते समय बजट की एक विशेषज्ञ श्रीमती एल्सी स्टेपलटन का साक्षात्कार लिया था। वो एक ऐसी महिला हैं जिन्होंने ग्राहकों के वित्तीय सलाहकार के रूप में वर्षों न्यूयॉर्क और गिंबल्स के वानामाकर डिपार्टमेंट स्टोर में काम किया है। उन्होंने एक सलाहकार के रूप में बहुत काम किया है और ऐसे लोगों

की मदद करने की कोशिश की है जो पैसों की वजह से परेशान थे। उन्होंने हर तरह के आय वर्ग वाले लोगों की मदद की है। एक कुली जो एक वर्ष में एक हजार डॉलर से भी कम कमाता है से लेकर एक एग्जीक्यूटिव तक जो साल में एक लाख डॉलर से ज्यादा की कमाई करते हैं। उन्होंने मुझसे यही कहा ज्यादा पैसा अधिकतर लोगों की आर्थिक चिंता की वजह नहीं है। वास्तव में मैंने अक्सर देखा है कि आय में वृद्धि से कुछ हासिल नहीं होता लेकिन अगर खर्च बढ़ता है तो परेशानियां बढ़ने लगती हैं। उन्होंने कहा ज्यादातर लोगों की चिंता का क्या कारण है? ऐसा तो नहीं है कि उनके पास पर्याप्त धन नहीं है, लेकिन वो नहीं जानते कि उस धन को खर्च कैसे करना है।' आप लोग भी ये बात सुनकर हैरान हुए ना। लेकिन याद रखिये, श्रीमती स्टेपलटन ने ये बात सब के लिए नहीं कही थी। उन्होंने कहा था ज्यादातर लोग, उनका इशारा आपकी तरफ नहीं था। उनका मतलब था आपके बहन-भाई और दूसरे तमाम लोग। जहाँ तक आपके पैसों का सवाल है, आप अपने लिए कमाते हैं। वास्तव में ये व्यवसाय आपका है और आपको सोचना है कि आप अपने पैसों का क्या करेंगे।

लेकिन हमारे पैसे के प्रबंधन के सिद्धांत क्या हैं? हम अपना बजट और योजना कैसे बनाते हैं? इसके लिए यहाँ ग्यारह नियम आपको बताये जा रहे हैं।

नियम 1: तथ्यों को कागज पर लिख लें:

जब अर्नोल्ड बेनेट ने पचास साल पहले लंदन में नॉवेल लिखना शुरू किया तब वह बहुत गरीब और मजबूर था। इसलिए उसने एक-एक पाई का हिसाब रखना शुरू कर दिया। क्या उसे इस बात पर हैरत थी कि उसका पैसा कहाँ जा रहा था? जी हाँ, ये

बात वह जानता था और ये उसको इतना अच्छा लगा कि उसने धनवान और विश्व-प्रसिद्ध होने के बाद भी पैसों का हिसाब रखना जारी रखा। उसके पास अपना एक छोटा पानी का जहाज भी था। अब आपको और मुझे भी नोटबुक लेकर पैसों का हिसाब लिखना चाहिए। क्या वाकई हमें ये काम जीवन भर करना होगा? नहीं, नहीं, ये कोई जरूरी नहीं है। हालाँकि बजट विशेषज्ञों की सलाह है कि हमें कम से कम पहले महीने में खर्च किये गए एक एक पैसे का और अगर संभव हो तो तीन महीने का पूरा हिसाब रखना चाहिए। इससे हमें ये पता रहेगा कि हमारा पैसा कहाँ खर्च होता है और उसी के हिसाब से हम अपना बजट बना सकते हैं।

अच्छा, तो क्या आप जानते हैं कि आपका पैसा कहाँ जाता है? हाँ, हो सकता है। लेकिन अगर आप ये जानते हैं तब तो आप हजारों में एक हैं। श्रीमती स्टेपलटन ने मुझे बताया कि पुरुषों और महिलाओं के लिए अपने तथ्य और आंकड़े जुटाने में घंटों बिताना एक सामान्य घटना है। वह चाहें तो उन्हें कागज पर लिख सकते हैं। फिर जब वे पेपर पे इसका रिजल्ट देखते हैं तो कहते हैं, क्या मेरा पैसा इस तरह जाता है?' वे मुश्किल से इस पर विश्वास कर पाते हैं। क्या आप भी ऐसे ही हैं? हो सकता है।

नियम 2: आपकी जरूरत के हिसाब से हो आपका बजट:

श्रीमती स्टेपलटन ने मुझे बताया कि दो परिवार एक ही उपनगर में एक ही तरह के घर में अगल-बगल रह सकते हैं। उनके परिवार में बच्चों की संख्या और उनकी आमदनी बराबर है। फिर भी उनकी बजट संबंधी आवश्यकताएँ तो अलग-अलग होंगी। ऐसा क्यों? उसकी वजह है वो दो अलग परिवार हैं। श्रीमती स्टेपलटन का कहना है कि बजट व्यक्तिगत और अपनी पसंद के अनुरूप होना चाहिए।

बजट का यह मतलब बिलकुल नहीं है कि जीवन से सारी खुशियां खत्म कर दी जाएं। बजट का मतलब है कि हमें एक तय समय तक सामग्री की सुरक्षा करनी है। कई मामलों में हम इसको भावनात्मक सुरक्षा और चिंता से मुक्ति भी कह सकते हैं। श्रीमती स्टेपलटन का कहना है कि जो लोग बजट के अनुसार चलते हैं, वो लोग अधिक सुखी रहते हैं।

लेकिन आप ये सब कैसे करेंगे? जैसा कि मैंने कहा, आपको सबसे पहले अपने सभी खर्चों की सूची बनानी चाहिए। फिर इसके बारे में सलाह लेना अच्छा होगा।

नियम 3: बुद्धिमानी से खर्च करना सीखें:

इस नियम से मेरा मतलब है कि आपको अपने पैसे का सर्वोत्तम मूल्य कैसे मिलेगा, ये आपको सीखना चाहिए। सभी बड़े निगमों के पास पेशेवर खरीदार और क्रय एजेंट हैं जो अपनी फर्म के लिए सबसे अच्छी खरीदारी के अलावा और कुछ नहीं करते हैं। अगर आप खुद अपने निजी व्यवसाय के प्रबंधक हैं तो आप भी ऐसा क्यों नहीं कर सकते?

नियम 4: अपने सिरदर्द को अपनी आय के साथ ना बढ़ाएं:

श्रीमती स्टेपलटन ने मुझे बताया कि सलाह मशविरे के बाद जिस बजट से उन्हें सबसे ज्यादा डर लगता है वो है सालाना पांच हजार की पारिवारिक आमदनी। मैंने इसकी वजह जाननी चाही तो उन्होंने कहा कि ऐसा इसलिए है क्योंकि अधिकांश अमेरिकी परिवारों ने पांच हजार सालाना आमदनी को अपना लक्ष्य बना लिया है। इस आय के साथ वो सालों साल समझदारी और अक्लमंदी से जी

सकते हैं लेकिन जब उनकी आमदनी सालाना पांच हजार की हो जाती है तो उन्हें लगता है जैसे उन्होंने सब कुछ पा लिया है। फिर वो अपने पांव पसारना शुरू कर देते हैं। कस्बों में मकान खरीदते हैं, जिसकी कीमत किराये के मकान जितनी होती है। फिर नई कार, नया फर्नीचर और नए नए कपड़े खरीदते हैं। तब आप को भी लगेगा कि दरअसल खतरे की निशानी यही है। उनके पास पहले जैसी खुशी तो बिलकुल भी नहीं रही क्योंकि उन्होंने अपनी आमदनी को अपने ऊपर ओढ़ लिया है।

ये स्वाभाविक भी है। हमें जिन्दगी से बहुत ज्यादा चाहिए होता है। लेकिन आखिरकार हमारी असली खुशी किसमें है, एक निर्धारित बजट के साथ में जीने में या फिर इसमें कि हमें तकाजे पे तकाजे के ईमेल मिलते रहें और उधार देने वाले हमारे घरों पर आकर पहरा दें।

नियम 5: अगर उधार लेना है तो क्रेडिट बनाएं:

आपको ये यकीन होना चाहिए कि आपकी बीमा पॉलिसियां आपकी बचत हैं। यदि आप उनके आधार पर उधार लेना चाहते हैं, तो इसका मतलब उनका नकद मूल्य है। कुछ ऐसी बीमा पॉलिसियां होती हैं, जिन्हें सावधि बीमा कहा जाता है। वो केवल एक निश्चित अवधि के दौरान मान्य होती हैं और आप उन्हें अधिक समय तक जमा करके नहीं रख सकते। ये पॉलिसियां उधार लेने के लिए भी किसी काम की नहीं होती हैं। इसलिए किसी भी पॉलिसी पर हस्ताक्षर करने से पहले आप पूछिए कि आपको इस पॉलिसी के आधार पर नकद मूल्य मिल सकता है या नहीं।

अब, मान लीजिए कि आपके पास कोई बीमा नहीं है जिस पर आप उधार ले सकते हैं। आपके पास कोई बांड भी नहीं

है लेकिन आपका अपना घर है और आप उसके मालिक हैं। या आपके पास एक कार है या फिर कुछ ऐसी चीजें जिसपर आपका मालिकाना हक है। अब आप उधार लेने कहाँ जायेंगे? आप यकीनन बैंक जायेंगे। बैंकों ने समाज में अपनी साख बनाई है और वे आमतौर पर आपके साथ अच्छा व्यवहार करेंगे। अगर आप किसी वित्तीय मुसीबत में हैं तो बैंक आपके साथ आपकी समस्याओं पर चर्चा करेगा, आपके लिए कोई योजना तैयार करेगा और काम करने में आपका बहुत साथ देगा। साथ ही आपको चिंता और कर्ज से निकलने का रास्ता बताएगा। मैं फिर कहता हूँ, अगर आपके पास बेशकीमती चीजें हैं, तो आप बैंक जाइये।

हालाँकि, अगर आप ये मान लीजिए कि आपके पास गारंटी के रूप में देने के लिए वेतन के अलावा कुछ नहीं है। आप उन हजारों लोगों में से एक हैं जिनके पास ना तो कोई संपत्ति है और ना ही कोई दूसरा कीमती सामान, फिर? फिर आप क्या करेंगे?

नियम 6: खुद को बीमारी, आग और आपातकालीन खर्चों से बचाएं:

आपात स्थिति में सभी प्रकार की दुर्घटनाओं और तमाम तरह की दुर्भाग्यपूर्ण घटनाओं के लिए थोड़ी कम राशि का बीमा उपलब्ध है। मैं आपको यह सुझाव नहीं दे रहा हूं कि आप बाथटब में फिसलने से लेकर जर्मन खसरा तक अपनी हर चीज का बीमा करवा लें। लेकिन मेरा सुझाव है कि आप अपने को बड़ी दुर्घटनाओं से बचाइए जिन्हें आप जानते हैं कि वो आपको नुकसान पहुंचा सकती हैं। इसमें आपके पैसे खर्च होते हैं और आपको चिंता भी होती है। इसलिए बीमा किसी भी कीमत पर सस्ता है।

एक उदाहरण देखिये। मैं एक ऐसी महिला को जानता हूं जिसे

पिछले साल अस्पताल में दस दिन बिताने पड़े और जब वह वहां से बाहर आई तो उसे एक बिल पेश किया गया। सिर्फ आठ डॉलर का बिल। कुछ समझे आप। जी हाँ, उसका अस्पताल का बीमा था।

नियम 7: अपने बच्चों को पैसों के प्रति जिम्मेदार बनाइये:

मैंने एक बार योर लाइफ पत्रिका में एक आर्टिकल पढ़ा था, जिसको मैं कभी नहीं भूल सकता। उसकी लेखक स्टेला वेस्टन टटल ने लिखा था कि वह अपनी छोटी सी बच्ची को पैसों के प्रति जिम्मेदार बनाना सिखा रही थी। उसे बैंक से एक अतिरिक्त चेकबुक मिली थी जो उसने अपनी नौ साल की बेटी को दे दी। जब बेटी को साप्ताहिक भत्ता मिलता था तो वो उसे अपनी माँ के पास जमा करा देती थी। यानी स्टेला वेस्टन ने बच्ची के फंड के लिए एक बैंक की तरह काम किया। फिर पूरे सप्ताह में जब भी बेटी को पैसों की जरूरत होती तो वो उस राशि के लिए एक चेक साइन करती थी और अपने बैलेंस का सारा हिसाब रखती थी। इसमें उस बच्ची को सिर्फ मजा ही नहीं आता था बल्कि वो अपने पैसे को संभालने की वास्तविक जिम्मेदारी भी सीख रही थी। है ना ये एक एक बेहतरीन तरीका।

नियम 8: एक गृहिणी रसोई से कुछ अतिरिक्त पैसे कमा सकती है:

हालाँकि आप अपने खर्चों का बजट बहुत बुद्धिमानी से बनाती हैं और फिर भी आपको लगता है कि ये आपकी जरूरतों को पूरा करने के लिए काफी नहीं है तब आप एक या दो चीजें कर सकती हैं। आप अपने को झिड़क सकती हैं, खुद पर झल्ला सकती हैं, चिंतित हो सकती हैं या फिर आप अपने बजट में

थोड़ा सा अतिरिक्त धन मिला सकती हैं। लेकिन कैसे? पैसा बनाने के लिए आपको एक ऐसी जरूरत को पूरा करना है जो कि अभी तक पूरी नहीं हुई है।

श्रीमती नेल्ली स्पीयर, जो 37-09 83वीं स्ट्रीट, जैक्सन हाइट्स, न्यूयॉर्क, में रहती हैं, उन्होंने बिलकुल यही किया। 1932 में वो तीन कमरों के अपार्टमेंट में अकेली रहती थी। उसके पति की मृत्यु हो चुकी थी और दोनों बच्चों की शादियां भी हो चुकी थीं। एक दिन वो एक ड्रग स्टोर सोडा फाउंटेन की दुकान में आइसक्रीम खा रही थी। तभी उसने देखा कि वहां पाई भी बिक रही थी। लेकिन उसका मालिक बहुत उदास और दुखी लग रहा था। उसने मालिक से पूछा कि क्या वह उससे कुछ घर की बनी पाई खरीदेगा। उसने दो पाई का आर्डर दिया। श्रीमती स्पीयर ने मुझे अपनी कहानी सुनते हुए कहा कि वह एक अच्छी कुक थीं। मैं जब जार्जिया में रहती थी तो मेरे पास हमेशा नौकर होते थे। मैंने अपने जीवन में कभी भी एक दर्जन से अधिक पाई नहीं पकाई थीं। दो पाई का आर्डर मिलने के बाद मैंने अपनी एक पड़ोसी से पूछा था कि सेब पाई कैसे बनाते हैं। सोडा फाउंटेन के ग्राहक मेरी घर की बनी सेब और नींबू की पाई से बहुत खुश थे। अगले दिन ड्रग स्टोर से मुझे पांच पाई का ऑर्डर मिला। फिर धीरे-धीरे अन्य कई फाउंटेन और लंचनेट से मुझे पाई के आर्डर मिलने लगे। दो साल के अंदर ही मैं सालाना पाँच हजार पाई पकाने लगी। मैं अपनी छोटी सी रसोई में सारा काम खुद करती थी। अब मैं बिना किसी खर्च के एक साल में एक हजार डॉलर कमा रही थी। पाई में लगने वाली सामग्री को छोड़कर मेरा एक भी पैसा खर्च नहीं होता था। धीरे-धीरे श्रीमती स्पीयर की घर की बनी पेस्ट्री की मांग इतनी बढ़ गई कि उन्हें अपनी रसोई की जगह एक दुकान लेनी

पड़ी। उन्होंने पाई, केक, ब्रेड और रोल बेक करने के लिए दो लड़कियों को नौकरी पर रखा। युद्ध के दौरान लोग उनके घर का बना खाना खरीदने के लिए घंटों लाइन में खड़े रहते थे।

श्रीमती स्पीयर ने मुझे बताया कि मैं अपने जीवन में कभी भी खुश नहीं रही। मैं दिन में बारह से चौदह घंटे दुकान में काम करती हूँ, लेकिन मैं कभी नहीं थकती क्योंकि यह मेरे लिए काम नहीं है। यह मेरे जीने के लिए एक मजेदार साहसिक कदम है। मैं अपनी तरफ से लोगों को खुश करने की थोड़ी सी कोशिश कर रही हूँ। मैं इतनी व्यस्त हूं कि कभी ना अकेलेपन का एहसास होता है ना ही कभी कोई चिंता मुझे सताती है। मेरा घर, माँ और पति के जाने से जो जगह खाली हो गई थी, मेरे काम ने मेरे जीवन के उस खालीपन को भर दिया है।

जब मैंने श्रीमती स्पीयर से पूछा कि क्या शहरों में दस हजार या उससे ज्यादा महिलाएँ जो अच्छी कुक हों, वो भी आपकी तरह खाली समय में अतिरिक्त पैसे कमा सकती हैं। उन्होंने कहा हाँ, बेशक वे कमा सकती हैं।

यहाँ मैं कुछ कहना चाहता हूँ। नेली स्पीयर ने जैक्सन हाइट्स, न्यूयॉर्क में पैसों की चिंता करने के बजाय कुछ सकारात्मक किया। उन्होंने बेहद छोटे स्तर से रसोई की शुरुवात करके पैसे कमाए। कोई ऊपरी खर्च नहीं, कोई किराया नहीं, कोई विज्ञापन नहीं और ना ही कोई वेतन। ऐसी स्थिति में एक अकेली औरत के लिए यह लगभग असंभव सा लगता है। वो तो आर्थिक चिंता से ही हार जाती है।

आप अपने आसपास देखिये। आपको बहुत से जरूरतमंद मिलेंगे जिनकी जरूरतें कभी पूरी नहीं होतीं। अगर आप खुद को अच्छा कुक बनाने के लिए प्रशिक्षित करते हैं तो आप शायद अपनी रसोई से ही छोटी लड़कियों के लिए कुकिंग क्लास शुरू करके पैसे कमा सकते हैं। आपके लिए विद्यार्थियों को जमा

करना एक दरवाजे पर दस्तक देने जितना आसान है।

असल में यहाँ पुरुषों और महिलाओं दोनों के लिए कई अवसर हैं। लेकिन आपके लिए एक चेतावनी भी है। वो ये कि जब तक आपके पास कोई अच्छा तरीका ना हो, खुद ही घर-घर जाकर कुछ बेचने का प्रयास न करें। ज्यादातर लोग इसे पसंद नहीं करते हैं और इस वजह से आप असफल हो सकते हैं।

नियम 9: कभी जुआ न खेलें:

मुझे हमेशा ऐसे लोगों पर अचरज होता है जो टट्टू पर दांव लगाकर या स्लॉट मशीनों पर खेलकर पैसे कमाने की उम्मीद करते हैं। मैं एक ऐसे आदमी को जानता हूं जो एक हथियारबंद डाकू की तरह एक स्ट्रिंग का मालिक है और अपना जीवन यापन उसी से करता है। उसके पास मूर्ख लोगों के लिए तिरस्कार के अलावा कुछ नहीं है। वे लोग इतने भोले हैं और सोचते हैं कि वे एक मशीन को हरा सकते हैं जो कि उनके खिलाफ पहले ही धांधली कर चुकी है।

मैं अमेरिका के सबसे प्रसिद्ध सट्टेबाजों में से एक को भी जानता हूं। वह मेरी प्रौढ़-शिक्षा की कक्षा का छात्र था। उसने मुझे बताया था कि उसको घुड़दौड़ के बारे में पूरी जानकारी है लेकिन वह टट्टूओं पर दांव लगाकर पैसे नहीं कमा सकता। फिर भी सच्चाई यही है कि कुछ मूर्ख हर साल लगभग छह बिलियन डॉलर का दांव घुड़दौड़ पर लगाते हैं। सोचिये, 1910 में हमारी कुल राष्ट्रीय कर्ज वापसी से लगभग छह गुना ज्यादा। उसी सट्टेबाज ने मुझे यह भी बताया कि अगर उसका कोई दुश्मन है जिससे वह घृणा करता है तो उसे बर्बाद करने के लिए उसके पास दौड़ पर दांव लगवाने से बेहतर कोई तरीका नहीं है। जब मैंने उनसे पूछा कि अगर किसी व्यक्ति ने टिपस्टर शीट्स के

अनुसार दौड़ खेली हो तो क्या होगा। उसका जवाब था आप इस तरह से सट्टेबाजी करके यूनाइटेड स्टेट्स मिंट को खो देंगे।

नियम 10: अगर हम संभवतः अपनी वित्तीय स्थिति में सुधार नहीं कर सकते हैं तो आइए हम अपने लिए अच्छे बनें और जो बदला नहीं जा सकता उससे नाराज ना हों:

अगर हम अपनी वित्तीय स्थिति में सुधार नहीं कर सकते तो फिर हमें अपने मानसिक दृष्टिकोण में सुधार करना चाहिए। ये याद रखिये कि सभी की अपनी वित्तीय चिंताएँ होती हैं। हम चिंतित हो सकते हैं क्योंकि हम जोनेसेस को साथ नहीं रख सकते। जोनेसेस शायद इसलिए परेशान हैं क्योंकि वो रिट्ज के साथ नहीं रह सकते और रिट्ज इस वजह से चिंता में हैं क्योंकि वे वेंडरबिल्ट्स के साथ नहीं रह सकते।

अमेरिकी इतिहास में कुछ सबसे प्रसिद्ध व्यक्तियों को अपने समय में वित्तीय परेशानियों का सामना करना पड़ा था। लिंकन और वाशिंगटन दोनों को राष्ट्रपति के रूप में उद्घाटन के लिए यात्रा करनी थी, इसके लिए उन्हें भी धन उधार लेना पड़ा।

अगर हमारे पास वह सब कुछ नहीं है जो हम चाहते हैं, तो इस वजह से हम अपने अंदर चिंता और नाराजगी का जहर ना भरने दें। हम कम से कम अपने लिए तो अच्छे बनें। हम ये भी याद रखें कि भले ही हम चारों ओर से एक तंग बाड़ के साथ बंधी इस दुनिया के मालिक हों, लेकिन हम एक दिन में केवल तीन बार खाना खा सकते हैं। एक बार में सिर्फ एक ही बिस्तर पर सो सकते हैं। एक गड्ढा खोदने वाला मजदूर भी ऐसा कर सकता है। शायद वह हमसे ज्यादा मजा लेकर खाएगा और रॉकफेलर की तुलना में अधिक आराम से सोयेगा।

वित्तीय चिंताओं को कम करने के लिए आइए इन ग्यारह नियमों का पालन करने का प्रयास करते हैं।

आइये सच्चाई को कागज पर लिखते हैं।

आपका बजट वास्तव में आपकी आवश्यकताओं के अनुरूप हो।

बुद्धिमानी से खर्च करना सीखें।

अपने सिरदर्द को अपनी आय के साथ ना बढ़ने दें।

अगर उधार लेना है तो क्रेडिट बनाने की कोशिश करें।

बीमारी, आग और आपातकालीन खर्चों से खुद को बचाएं।

अपनी विधवा को अपनी जीवन-बीमा राशि का नकद भुगतान ना करवाएं।

अपने बच्चों को पैसों के प्रति जिम्मेदार बनाएं।

अगर आप एक गृहिणी हैं, तो आप अपनी रसोई से कुछ अतिरिक्त पैसे कमा सकती हैं।

जुआ कभी भी मत खेलें।

अगर हम संभवत: अपनी वित्तीय स्थिति में सुधार नहीं कर सकते हैं तो आइए हम अपने लिए अच्छे बनें और जो नहीं बदल सकता उससे नाराज ना हों।

चिंता अक्षम विचारों का एक ऐसा चक्र है
जो भय के चारों ओर घूमता है।

—कोरी टेन बूम

हमारी थकान अक्सर काम करने से नहीं होती,
उसकी वजह चिंता, हताशा और आक्रोश है।

—डेल कार्नेगी

भाग 2

4
वर्तमान में जीने का हुनर

1871 के वसंत ऋतु की बात है। एक युवक ने एक किताब उठाई और इक्कीस शब्द पढ़ डाले। इसका गहरा प्रभाव उसके भविष्य पर पड़ा। वह मॉन्ट्रियल जनरल अस्पताल में मेडिकल का छात्र था। वह अपनी फाइनल परीक्षा पास करने को लेकर चिंतित था। वह सोच रहा था कि क्या करना है, कहाँ जाना है, कैसे अभ्यास करना है और कैसे जीवन गुजारना है, उसकी सारी चिंता इन्हीं बातों को लेकर थी।

1871 में इस युवा मेडिकल छात्र ने जिन इक्कीस शब्दों को पढ़ा था, उन्हीं शब्दों ने उसको अपनी पीढ़ी का सबसे प्रसिद्ध डॉक्टर बनने में मदद की। उसने विश्व प्रसिद्ध जॉन्स हॉपकिन्स स्कूल ऑफ मेडिसिन का भी आयोजन किया। वह ऑक्सफोर्ड में मेडिसिन का रेगलस प्रोफेसर बना। ये सर्वोच्च सम्मान किसी भी चिकित्सा से सम्बंधित व्यक्ति को ब्रिटिश साम्राज्य द्वारा दिया जाता था। उसे इंग्लैंड के राजा ने नाइट की उपाधि भी दी। जब उनकी मृत्यु हुई तो 1,466 पृष्ठों के दो विशाल वॉल्यूम में उनके जीवन की कहानी लिखी गई।

उनका नाम सर विलियम ऑस्लर था। उन्होंने 1871 में थॉमस कार्लाइल के वो इक्कीस शब्द पढ़े थे जिन्होंने उनके जीवन को चिंता से मुक्त कर दिया। हमारा असली काम ये देखना नहीं है

कि कोई चीज निर्बद्ध रूप से कितनी दूर है बल्कि उस उस चीज को किर्यान्वित करना है जो स्पष्ट रूप से पास में है।

ठीक बयालीस साल बाद वसंत की एक रात को जब कैंपस में ट्यूलिप खिल रहे थे तब सर विलियम ऑस्लर ने येल विश्वविद्यालय के छात्रों को संबोधित किया। उन्होंने येल छात्रों से कहा कि उनके ही जैसा एक आदमी जो चार विश्वविद्यालयों में प्रोफेसर रह चुका था और एक लोकप्रिय किताब भी लिख चुका था। सर विलियम ऑस्लर ने कहा कि मुझे लगता है कि उसके पास एक असाधारण दिमाग होना चाहिए था। लेकिन यह बात बिलकुल गलत थी। उसके करीबी दोस्त जानते थे कि उसका दिमाग बहुत औसत दर्जे का था।

तो फिर उसकी सफलता का राज क्या था? दरअसल उसको उस दौर में जीने का हुनर मालूम था। सर विलियम ऑस्लर का ये कहने का क्या मतलब था? असल में येल यूनिवर्सिटी में बोलने से कुछ महीने पहले सर विलियम ऑस्लर ने अटलांटिक महासागर को एक बड़े जहाज से पार किया था। उस जहाज का कप्तान ब्रिज पर खड़े होकर अपने हाथ की सफाई से एक बटन को दबा कर मशीनों की खनखनाहट और जहाज के विभिन्न पुर्जों को तत्काल एक वाटर टाइट डिब्बों में बंद कर सकता था। डॉ ऑस्लर ने उन येल के छात्रों से कहा अब आप में से हर एक उस जहाज की तुलना में कहीं अधिक अच्छी संस्था में रहकर एक लंबी यात्रा पर निकल पड़ा है। क्या मैं आपसे यह अनुरोध करूँ कि आप मशीनरी को नियंत्रित करना सीखें ताकि आपको अपनी यात्रा को सुरक्षित तरीके से पूरा करना आ जाये। आप पुल पर जाइये और देखिये कि बड़े बल्कहेड अपना काम कर रहे हैं। एक बटन को स्पर्श करिये और सुनिए कि जीवन के हर स्तर पर लोहे के दरवाजे आपके अतीत को बंद करके

मौत में बदल रहे हैं। अब दूसरे बटन को स्पर्श करिये और फिर उस पर भविष्य का पर्दा डाल दीजिये। यही है आपका आने वाला कल। अब आप सुरक्षित हैं। कम से कम आज के लिए तो यकीनन। भविष्य आज ही है और यहाँ कोई कल नहीं है। यही मनुष्य की मुक्ति का दिन है। ऊर्जा की बर्बादी, मानसिक तनाव, घबराहट और भविष्य के बारे में चिंता किसी व्याकुल व्यक्ति का पीछा नहीं छोड़ती हैं। आपको अपनी सोच बदलनी होगी। फिर आप अपने जीवन की तमाम आदतों के साथ जीने का हुनर सीख सकते हैं।

क्या डॉ ओस्लर के कहने का मतलब यह था कि हमें कल के लिए कोई प्रयास नहीं करना चाहिए? नहीं उनका बिलकुल ये मतलब नहीं था। लेकिन उन्होंने अपने उस सम्बोधन में यह भी कहा था कि कल के लिए तैयारी करने का सबसे अच्छा तरीका है कि आप अपने सभी लक्ष्यों पर बुद्धिमानी, उत्साह और आज के काम को शानदार ढंग से करने पर ध्यान दें। यही ऐसा एकमात्र तरीका है जो सम्भवता आप अपने भविष्य को तैयार करने के लिए कर सकते हैं।

युद्ध के दौरान हमारे मिलेटरी लीडर्स ने भविष्य के लिए एक योजना बनाई। लेकिन इसको लेकर वो बिलकुल चिंतित नहीं थे। एडमिरल अर्नेस्ट जे किंग का कहना था कि उन्होंने युद्ध के दौरान सबसे अच्छे उपकरणों के साथ सबसे अच्छे सैनिक उपलब्ध कराये थे। उन्होंने यूनाइटेड स्टेट्स की नेवी को निर्देशित करने के साथ उन्हें एक ऐसा मिशन दिया जो सबसे अक्लमंदी का मिशन प्रतीत होता है। अर्नेस्ट जे किंग का कहना था कि मैं बस यही कर सकता हूँ।

एडमिरल किंग ने कहा कि अगर एक जहाज डूब गया है तो मैं उसको ऊपर नहीं ला सकता। अगर वो डूबने वाला है

तो मैं उसको रोक नहीं सकता। मैं गुजरे हुए कल की समस्या के बारे में चिंता करने की बजाय आने वाले कल की समस्या पर काम करने में अपने समय का बेहतर उपयोग कर सकता हूँ। इसके अलावा जो चीजें मुझे मिली हैं और अगर मैं उन्हें जाने दूँ तो मैं लंबे समय तक टिक नहीं पाउँगा।

चाहे युद्ध हो या शांति, अच्छी सोच और बुरी सोच के बीच मुख्य अंतर यह है कि अच्छी सोच वजहों तथा प्रभावों से संबंधित होती है और

तर्क-संगत और रचनात्मक योजनाओं की तरफ ले जाती है। वहीं बुरी सोच अक्सर तनाव और नर्वस ब्रेकडाउन का कारण बनती है। हमारे आज जीवन जीने के तरीके में सबसे डराने वाली बात यह है कि हमारे अस्पतालों में आधे बिस्तर परेशान और मानसिक बीमारी से जूझ रहे रोगियों के लिए आरक्षित हो चुके हैं। ऐसे रोगी जो बीते और आने वाले डरावने कल के बोझ के नीचे दबे हुए हैं। लेकिन फिर भी हो सकता है ऐसे लोगों का एक काफिला आज भी सड़कों पर पैदल चल रहा हो। हो सकता है वे आज सुखी हों और बेहतर जीवन जी रहे हों। लेकिन अगर उन्होंने सर विलियम ऑस्लर के शब्दों पर ध्यान दिया होता कि वर्तमान में जीने का हुनर सीखो तो शायद वे और ज्यादा सुखी रह सकते थे।

मैं मानव स्वभाव के बारे में जो सबसे दुखद बात जानता हूँ वह यह है कि हम सभी जीने की लालसा छोड़ देते हैं। हम सभी अपनी खिड़कियों के बाहर खिले हुए गुलाबों का आनंद लेने के बजाय क्षितिज पर किसी जादुई बगीचे का सपना देखते हैं। हम इतने मूर्ख क्यों हैं और वो भी ऐसे मूर्ख?

स्टीफन लीकॉक ने लिखा है कि यह भी कितना अजीब है, हमारा जीवन एक छोटे से जुलूस की तरह है, एक बच्चा कहता

है, जब मैं बड़ा हो जाऊंगा लेकिन वहीं एक बड़ा लड़का कहता है कि, जब मैं और भी बड़ा हो जाऊंगा, और फिर बड़े होकर वह कहता है, जब मेरी शादी हो जाएगी। लेकिन शादी करने के बाद वो सोचता है कि जब मैं सेवामुक्त हो जाऊंगा। उसके बाद जब सेवानिवृत्ति का समय आता है, तब वह पीछे मुड़कर जिन्दगी में गुजर चुकी सारी तस्वीरों को देखता है। जीवन का हर दृश्य उसकी आँखों के सामने होता है। फिर अचानक एक ठंडी हवा का झोंका सब कुछ बहा ले जाता है। जैसे उसने सब कुछ खो दिया हो, सब खत्म हो चुका हो। वाकई जिन्दगी में हम बहुत देर से सीख पाते हैं। हालाँकि हमें जीवन के हर दिन और हर पल के एक एक पल का आनंद लेना चाहिए।

डेट्रायट के स्वर्गीय एडवर्ड एस इवांस ने जीवन के एक-एक दिन और एक-एक पल के हर-हर पल का मजा लेने से पहले ही खुद को चिंता से चिता तक पहुंचा दिया था। गरीबी में पले-बढ़े एडवर्ड इवांस ने अपनी पहली आमदनी अखबार बेचकर की। फिर वह एक पंसारी की दुकान में क्लर्क के रूप में काम करने लगे। इसके बाद उन्हें एक सहायक लाइब्रेरियन के रूप में नौकरी मिल गई और इसी बीच सात लोग जीवन यापन के लिए उन पर निर्भर हो गए। उनका वेतन कम था लेकिन वह नौकरी छोड़ने से डरते थे। इसीलिए अपना कारोबार शुरू करने की हिम्मत जुटाने में उनको आठ साल लग गए। लेकिन इसके बाद उन्होंने पचपन डॉलर उधार लिए और उसे अपने खुद के व्यवसाय में निवेश कर दिया, जिससे उन्हें एक वर्ष में बीस हजार डॉलर की आमदनी हुई। फिर उनके जीवन में सन्नाटा हो गया, एक जानलेवा सन्नाटा, जिसने उन्हें एक बार फिर दिन में तारे दिखा दिए। उन्होंने अपने एक मित्र का व्यवसाय में बहुत साथ दिया और वह मित्र दिवालिया हो गया। जल्दी ही एक

और बड़ी आपदा उन पर टूट पड़ी। जिस बैंक में उनका सारा पैसा जमा था, वह बैंक बर्बाद हो गया। इससे उन्होंने ना केवल अपनी कमाई का एक-एक पैसा खो दिया बल्कि वह सोलह हजार डॉलर के कर्ज में भी डूब गए। वह इसको बर्दाश्त नहीं कर सके। उन्होंने मुझसे कहा, मैं ना ही सो पा रहा हूँ, ना ही कुछ खा पा रहा हूँ। मैं बीमार पड़ गया हूँ। ये सब चिंता की वजह से है, चिंता के अलावा कुछ नहीं है। मेरी बीमारी का कारण यही है। उन्होंने कहा कि एक दिन जब मैं सड़क पर कहीं जा रहा था, तो मैं बेहोश होकर फुटपाथ पर गिर गया। मैं अब चल फिर भी नहीं सकता। मुझे बेड पर लिटा दिया गया और मेरे शरीर में फोड़े निकल आए। इन फोड़ों का मुँह अंदर की तरफ था। ऐसे में बिस्तर पर लेटे रहना ही किसी भयानक दर्द से कम नहीं था। मैं हर दिन बहुत कमजोर होता जा रहा था। आखिर में एक दिन मेरे डॉक्टर ने मुझे बताया कि मेरे पास जीने के लिए सिर्फ दो सप्ताह का वक्त है। मुझे धक्का लगा। तब मैंने अपनी वसीयत तैयार की और बिस्तर पर लेट कर अपनी मौत का इंतजार करने लगा। अब किसी संघर्ष या घबराने का कोई फायदा नहीं था। मैंने अपनी हार मान ली, कुछ आराम किया और फिर सो गया। मैं हफ्तों से लगातार दो घंटे कभी नहीं सोया था। लेकिन क्योंकि अब मेरी सारी सांसारिक समस्याएं खत्म होने वाली थीं तो मैं एक बच्चे की तरह सोने लगा। मेरी थकान दूर होती गई। मुझे भूख लगने लगी और मेरा वजन भी बढ़ने लगा।

कुछ हफ्तों के अंदर ही मैं बैसाखियों के सहारे चलने लगा। फिर छह सप्ताह के बाद मैं काम पर वापस जाने में सक्षम हो गया। एक समय था कि मैं एक वर्ष में बीस हजार डॉलर कमा रहा था लेकिन अब मैं तीस डॉलर प्रति सप्ताह की नौकरी

पाकर बहुत खुश था। मुझे काम मिल गया था। जब ब्लॉक्स का माल आता था तो उसको मैं गाड़ी में लाद कर बेचता था। मैंने अब अपना सबक अच्छी तरह सीख लिया था। मुझे अब कोई फिक्र नहीं थी। अतीत में जो कुछ भी हुआ था, आज उसके बारे में भी मुझे कोई पछतावा नहीं था। यहाँ तक कि मुझे अब भविष्य का भी कोई डर नहीं था। मैंने अपना सारा समय, ऊर्जा और उत्साह उन ब्लॉक्स को बेचने में लगा दिया। एक बार फिर एडवर्ड एस. इवांस तेजी से आगे बढ़ने लगे। कुछ ही वर्षों में वह इवांस प्रोडक्ट्स कंपनी के अध्यक्ष बन गए।

न्यूयॉर्क स्टॉक एक्सचेंज में ये वर्षों से सूचीबद्ध है। अगर आप कभी ग्रीनलैंड के लिए उड़ान भरते हैं तो आप इवांस फील्ड पर उतर सकते हैं। ये फ्लाइंग फील्ड उनके सम्मान में बनाई गई थी। अगर एडवर्ड एस इवांस ने जीना नहीं सीखा होता और अपने दिन बदहाली में ना गुजारे होते तो वो कभी भी इतनी बड़ी सफलता हासिल नहीं कर सकते थे।

हर दिन एक विकल्प देता है, आपको तनाव का अभ्यास करना चाहिए या शांति का।

—जोन बोरिसेंको

किसी भी चीज की चिंता करने के लिए जीवन बहुत छोटा है। बेहतर होगा आप इसका आनंद लें क्योंकि अगला दिन कोई भी वादा नहीं करता।

—एरिक डेविस

5
आपकी परेशानी की जड़ चिंता है

कुछ समय पहले एक शाम मेरे पड़ोसी ने मेरे दरवाजे की घंटी बजाई और मुझसे और मेरे परिवार से चेचक का टीका लगवाने का आग्रह किया। आजकल जो पूरे न्यूयॉर्क शहर में दरवाजे पर दस्तक दे रहे थे, वह उन्हीं हजारों स्वयंसेवकों में से एक था। एक ही समय में डरे सहमे लोग टीका लगवाने के लिए घंटों से लाइन में खड़े थे। सिर्फ सभी अस्पतालों में ही नहीं बल्कि फायरहाउस, पुलिस परिसर और बड़े- बड़े औद्योगिक संयंत्रों में भी टीकाकरण केंद्र खोल दिए गए थे। दो हजार से ज्यादा डॉक्टर और नर्स भीड़ को टीका लगाने के लिए दिन- रात काम कर रहे थे। लेकिन इतने बड़े पैमाने पर इतनी उत्तेजना का क्या कारण था? असल में न्यूयॉर्क शहर में आठ लोगों को चेचक निकली थी और उनमें से दो की मृत्यु हो गई थी। लगभग आठ मिलियन की आबादी वाले शहर में चेचक से सिर्फ दो की मौत।

मैं न्यूयॉर्क शहर में सैंतीस वर्षों से भी ज्यादा समय से रह रहा हूँ। मैं इतने वर्षों से भावनात्मक चिंता जैसी बीमारी से जूझ रहा हूँ लेकिन चेतावनी देने के लिए अभी तक किसी ने मेरे दरवाजे पर दस्तक नहीं दी। मेरी बीमारी तो चेचक से ज्यादा नुकसानदेह है। पिछले सैंतीस वर्षों के दौरान इसने चेचक

से दस हजार गुना ज्यादा नुकसान पहुँचाया है।

मुझे कभी भी किसी ने दरवाजे की घंटी बजा कर ये चेतावनी नहीं दी कि इस संयुक्त राज्य अमेरिका में रहने वाला दस में से एक व्यक्ति नर्वस ब्रेकडाउन का शिकार है। चिंता और भावनात्मक जैसे अधिकांश मामले संघर्ष से प्रेरित होते हैं। इसलिए मैं यहाँ लिख रहा हूँ कि यह अध्याय आपके दरवाजे पर दस्तक जरूर देगा और आपको चेतावनी भी देगा।

मैंने हाल ही में मेयो क्लिनिक के डॉ हेरोल्ड सी. हबीन के साथ कुछ पत्राचार किया था। अमेरिकन एसोसिएशन ऑफ इंडस्ट्रियल फिजिशियन एंड सर्जन की वार्षिक बैठक में उन्होंने एक पेपर पढ़ा था। जिसमें कहा गया था कि उन्होंने 176 बिजनेस एक्जीक्यूटिव्स का अध्ययन किया था जिसमें उन्होंने उन बिजनेस एक्जीक्यूटिव्स की औसत आयु 44.3 वर्ष पाई गई थी। उन्होंने बताया कि इनमें से एक तिहाई से ज्यादा अधिकारियों को इन तीन बीमारियों में से कोई ना कोई एक मर्ज जरूर था। जैसे हाई टेंशन वाले जीवन के लिए खास तरह का हृदय रोग, पेट में अल्सर और उच्च रक्तचाप की शिकायत। जरा इसके बारे में सोचिये। हमारे एक तिहाई से अधिक व्यवसायिक अधिकारी अपने शरीर को बर्बाद कर रहे है। पैंतालीस साल के होने से पहले ही वो हृदय रोग, अल्सर और उच्च रक्तचाप के शिकार हो चुके हैं। क्या ऐसा कोई आदमी सफल हो सकता है जो व्यापार में उन्नति के लिए पेट के अल्सर और दिल की बीमारी के साथ जी रहा है?

अगर वह पूरी दुनिया हासिल भी कर लेता है लेकिन अपना स्वास्थ्य खो देता है तो इससे उस आदमी को क्या फायदा होगा? भले ही वह पूरी दुनिया का मालिक हो लेकिन वह एक समय में वो केवल एक बिस्तर पर सो सकता है और दिन में सिर्फ

तीन बार भोजन कर सकता है। यहां तक कि एक गड्ढा खोदने वाला मजदूर भी ऐसा कर सकता है। हो सकता है कि वह शायद आपसे अधिक सोता हो और किसी अफसर की तुलना में अपने भोजन का ज्यादा आनंद लेता हो। सच कहूँ तो मैं अपने पैरों में बैंजो बांध कर अलबामा में खेती कर सकता हूँ लेकिन पैंतालीस साल की उम्र में अपनी तबियत खराब करने के लिए रेलरोड या सिगरेट कंपनी चलाने की कोशिश बिलकुल नहीं करूँगा। डॉक्टरों का अनुमान है कि अब हर बीस में से एक अमेरिकी अपने जीवन का एक हिस्सा किसी संस्था में मानसिक तौर से बीमार होकर गुजारेगा। द्वितीय विश्व युद्ध में बुलाए गए हमारे हर छह जवानों में से एक को मानसिक रूप से बीमार या दोषपूर्ण पाया गया और उसे अस्वीकार कर दिया गया था।

पागलपन का क्या कारण है? इसके सभी जवाब कोई नहीं जानता। लेकिन इस बात की अत्यधिक संभावना है कि कई मामलों में भय और चिंता इसमें योगदान के कारण हो सकते हैं। चिंतित और परेशान व्यक्ति जो इस कठोर दुनिया में सच का सामना करने में असमर्थ है, वो अपने आस पास के सभी संपर्कों को तोड़ देता है और अपने द्वारा बनाई गई सपनों की दुनिया में खो जाता है। इससे उसकी चिंता की समस्या का समाधान हो जाता है।

गठिया और गठिया को लेकर आपकी चिंता आपको व्हील चेयर तक ले जा सकती है। कॉर्नेल यूनिवर्सिटी मेडिकल स्कूल के डॉ. रसेल एल. सेसिल, गठिया पर एक विश्व-मान्यता प्राप्त और इस मर्ज के सबसे माहिर डॉक्टर हैं। गठिया की बीमारी क्यों और कैसे होती है, इसके लिए उन्होंने चार सबसे सामान्य स्थितियां बताई हैं।

1. वैवाहिक जीवन का ठीक ना होना
2. आर्थिक विपत्ति और दु:ख
3. अकेलापन और चिंता
4. लंबे समय से कोई नाराजगी

हालाँकि स्वाभाविक रूप से ये चार भावनात्मक स्थितियां गठिया होने का एकमात्र कारण नहीं हैं। गठिया होने के कई कारण हो सकते हैं और ये कई प्रकार की होती है। लेकिन गठिया को लाने वाली चार स्थितियां जो डॉ. रसेल एल. सेसिल द्वारा बताई गई हैं, वही सबसे सामान्य स्थितियां हैं।

वैसे अगर आप चिंता करेंगे तो आपके दांत भी खराब हो सकते हैं। डॉ विलियम आईएल मैकगोनिगल ने अमेरिकन डेंटल एसोसिएशन के समक्ष अपने एक संबोधन में कहा था कि अप्रिय भावनाएं जैसे चिंता, भय और टीका-टिप्पड़ी के कारण शरीर में कैल्शियम का संतुलन बिगड़ सकता है और इससे दांत खराब हो सकते हैं। डॉ मैक्गोनिगल ने अपने एक मरीज के बारे में बताया कि उसके दांत हमेशा उत्तम और मजबूत रहते थे। लेकिन फिर उसे अपनी पत्नी की अचानक बीमारी की चिंता सताने लगी और उसके दांत खराब होने लगे। जब उसकी पत्नी तीन हफ्ते के लिए अस्पताल में थी तो इसी दौरान उसके दांत में नौ कैविटीज विकसित हो गईं और ये कैविटीज सिर्फ चिंता से उत्पन्न हुई थीं।

क्या आपने कभी किसी व्यक्ति को बहुत ज्यादा सक्रिय थायरॉइड से पीड़ित देखा है?

कुछ समय पहले मैं अपने एक दोस्त के साथ फिलाडेल्फिया गया था। मेरे मित्र को यह रोग है। हमने डॉ इजराइल ब्रैम, जिनका क्लीनिक 1633 स्प्रूस स्ट्रीट पर है उनसे परामर्श किया।

वो एक प्रसिद्ध विशेषज्ञ हैं जो अड़तीस वर्षों से इसी बीमारी का इलाज कर रहे हैं। उनके क्लिनिक की दीवार पर एक सलाह लिखी हुई थी। एक बड़ी सी लकड़ी पर पेंट की हुई। जब मैं उस प्रतीक्षालय में बैठा था, तब मैंने उसको एक लिफाफे के पीछे कॉपी कर लिया था।

आराम और मनोरंजन

सबसे अधिक आराम देने वाली शक्तियाँ हैं स्वास्थ्य, धर्म, नींद, संगीत और हँसी।

ईश्वर में विश्वास रखें और अच्छी नींद लेना सीखें।

अच्छे संगीत से प्यार करें और जीवन का मजेदार पहलू देखें।

इससे आपका स्वास्थ्य और प्रसन्नता दोनों बने रहेंगे।

जब मैंने अदाकारा मेरल ओबेरॉन का साक्षात्कार किया तो उसने मुझे बताया कि अब उसे किसी बात की चिंता नहीं है क्योंकि वह जानती थी कि चिंता करने से मोशन-पिक्चर स्क्रीन पर उसकी अपनी दौलत यानी उसकी खूबसूरती खत्म हो जाएगी। उसने मुझे बताया कि जब मैं शुरू शुरू में फिल्मों में आने की कोशिश कर रही थी, उस वक्त मैं थोड़ा चिंतित और डरी हुई थी। मैं अभी-अभी भारत से आई थी और लंदन में किसी को नहीं जानती थी। हालाँकि लंदन में मैं नौकरी ढूंढने की कोशिश कर रही थी। मैं कुछ निर्माताओं से मिली लेकिन किसी ने मुझे कोई काम नहीं दिया। जो थोड़े बहुत पैसे मेरे पास थे, वो भी खत्म होने लगे। दो सप्ताह तक मैं क्रैकर्स और पानी के अलावा कुछ नहीं खा रही थी। उस समय मैं सिर्फ चिंतित ही नहीं थी बल्कि मुझे भूख भी लगी थी। तब मैंने अपने आप से कहा, शायद तुम मूर्ख हो। शायद तुमको कभी फिल्मों में ब्रेक नहीं मिल सकता। इसके अलावा तुम्हारे पास कोई अनुभव नहीं है, तुमने कभी अभिनय नहीं किया है, तुम्हारे पास सिवाय एक सुंदर

चेहरे के और है क्या? तब मैं आईने के सामने गई और जब मैंने उस आईने में देखा, तो मैंने देखा कि चिंता मेरी खूबसूरती को खराब कर रही थी, मैंने देखा कि मेरे चेहरे पर लकीरें पड़ रही थीं। मैंने आईने में अपनी चिंतित सूरत देखी। फिर मैंने खुद से कहा, तुम्हें इसे फौरन रोकना होगा। तुम चिंता के साथ नहीं रह सकतीं। तुम्हारे पास बस एक चीज है और वो है तुम्हारा रूप, तुम्हारी चिंता तुम्हारे इस रूप को बर्बाद कर देगी। हालाँकि कुछ चीजें एक महिला में ज्यादा खटास भर सकती हैं। लेकिन चिंता उसके रूप को कुछ जल्दी ही नष्ट कर सकती हैं। चिंता उसकी अभिव्यक्ति को रूखा बना देती है। चिंता उसे खा जाती है और चेहरे को झुर्रियों से भर देती है। उसकी त्योरियां हमेशा चढ़ी रहती हैं। इससे बाल सफेद होते हैं और वो झड़ने लगते हैं। इससे चेहरे की रंगत बर्बाद हो सकती है। इससे त्वचा पर चकत्ते, फोड़े और फुंसियां भी निकल सकती हैं। इससे शक्ल हमेशा के लिए खराब भी हो सकती है।

आज अमेरिका में हृदय रोग पहले नंबर का हत्यारा है। द्वितीय विश्व युद्ध के दौरान लगभग एक तिहाई लाख लोग युद्ध में मारे गए। लेकिन उसी समय हृदय रोग ने बीस लाख नागरिकों की जान ली थी। उनमें से दस लाख लोगों की मौत ऐसे हृदय रोग से हुई जो चिंता और तनाव में रहते थे।

यहां एक सबसे चौंका देने वाला और लगभग अविश्वसनीय तथ्य ये है कि हर साल पांच सबसे भयंकर बीमारियों से मरने के बजाए अधिकतर अमेरिकी आत्महत्या करते हैं।

लेकिन क्यों? इसका उत्तर है चिंता!

जब युद्ध में चीनी क्रूर राजा अपने कैदियों को यातना देना चाहते थे तो वे अपने कैदियों के हाथ और पैर बांध देते थे। उन्हें पानी के एक थैले के नीचे बिठा देते थे। पानी की बूँदें

लगातार उनके सरों पर टपकती रहती थीं। टप, टप, टप, और ये आवाजें दिन-रात आती थीं। ये बूँदें लगातार सिर पर गिरती थीं। ये आवाज धीरे धीरे हथौड़े के वार की जैसी लगने लगती थीं। इसने लोगों को पागल कर दिया था। यातना के इसी तरीके का इस्तेमाल हिटलर द्वारा स्पैनिश इंक्वायरी के दौरान जर्मन शिविरों में भी किया गया था।

चिंता भी पानी की इन्हीं निरंतर टपकती हुई बूंदों की तरह है जो लगातार टपकती रहती है। यही टप, टप की आवाज लोगों की चिंता बनकर उन्हें पागलपन और आत्महत्या के लिए मजबूर कर देती है।

क्या आप जीवन से प्यार करते हैं? क्या आप अपने अच्छे स्वास्थ के साथ ज्यादा जीना चाहते हैं और उसका आनंद लेना चाहते हैं? क्या आप इतने कोलाहल के बीच अपने अंदर की शांति को बनाए रख सकते हैं। अगर आप एक सामान्य व्यक्ति हैं, तो आपका उत्तर हां हो सकता है। हममें से ज्यादातर लोग जितनी चिंता महसूस करते हैं उससे कहीं ज्यादा मजबूत हैं। हमारे पास अपने संसाधन हैं जिनका हमने शायद कभी उपयोग भी नहीं किया है।

'हममें से कुछ सोचते हैं कि एक जगह टिके रहना हमें मजबूत बनाता है, लेकिन कभी-कभी यह सही नहीं होता'

—हरमन हेस

चिंता, मुसीबत आने से पहले ही उसका चुकाया जाने वाला ब्याज है।

—विलियम राल्फ इंग

भाग 3

6

अपने दिमाग से बेकार की चिंता को बाहर कैसे निकालें

मैं कुछ साल पहले की वो रात कभी नहीं भूल सकता। मैरियन जे. डगलस मेरी कक्षा का एक छात्र था। मैं उसका असली नाम नहीं बता सकता क्योंकि उसने मुझसे व्यक्तिगत कारणों से अपनी पहचान उजागर ना करने का अनुरोध किया है। लेकिन उसकी ये कहानी सच्ची है जो उसने एक प्रौढ़-शिक्षा की क्लास में मुझे सब के सामने सुनाई थी। उसने बताया कि कैसे उसके घर पर एक मुसीबत आई थी। एक बार नहीं, बल्कि दो बार आई थी ऐसी आपदा। पहली बार उसने अपनी पांच साल की बेटी को खोया था, जिससे वह बहुत प्यार करता था।

उसने और उसने और उसकी पत्नी ने सोचा कि वे इस सदमे को सहन नहीं कर पाएंगे। लेकिन डगलस ने आगे बताया कि दस महीने बाद ही भगवान ने हमें एक और छोटी सी बेटी दी लेकिन वह भी पाँच दिनों के अंदर ही चल बसी। मैरियन जे. डगलस जो उन बच्चियों के पिता थे उन्होंने बताया कि, मेरे लिए यह दोहरा सदमा था, जिसे सहन करना बहुत मुश्किल था।

मैं इतना दुःख नहीं बर्दाश्त कर सकता था, मैं ना तो सो पा रहा था, ना ही कुछ खाता था और आराम भी नहीं

करता था। मेरा रोम रोम पूरी तरह से हिल चुका था और मेरा आत्मविश्वास भी खत्म हो गया था। फिर उसे डॉक्टरों के पास जाना पड़ा। एक डॉक्टर ने नींद की गोलियां लेने की सलाह दी और दूसरे ने उसे किसी यात्रा पर जाने को कहा। उसने दोनों ही तरह से कोशिश की लेकिन कोई फायदा नहीं हुआ। उसने बताया कि मुझे ऐसा महसूस होता था कि जैसे कोई मेरे शरीर को शिकंजे में जकड़ कर अपने जबड़े से मुझे सख्ती से दबा रहा हो। ये दुःख में होने वाला तनाव था। अगर आप भी कभी ऐसे दुःख से गुजरे हों तो आप समझ सकते हैं कि उसका क्या मतलब था। लेकिन भगवान का लाख लाख शुक्र है, मेरा एक बच्चा अभी था, एक चार साल का बेटा। उसी ने मुझे मेरी समस्या का समाधान किया। एक दिन दोपहर को जब मैं बैठा अपने आप ही कुछ सोच रहा था, तो उसने पूछाद; डैडी, क्या आप मेरे लिए एक नाव बनाएंगे? उस समय मेरी नाव बनाने की बिलकुल भी इच्छा नहीं थी। असल में मेरा कुछ भी करने का मन नहीं कर रहा था। लेकिन मेरा बेटा बहुत जिद्दी है। मुझे उसकी बात माननी पड़ी।

उस नाव के खिलौने को बनाने में मुझे लगभग तीन घंटे लग गए। जब यह काम खत्म हुआ तब मुझे एहसास हुआ कि जो तीन घंटे मैंने उस नाव को बनाने में बिताए थे, वो मेरे लिए मानसिक विश्राम और शांति के पहले ऐसे घंटे थे, जो मुझे महीनों बाद मिले थे। नाव की खोज ने मेरी सुस्ती को झकझोर दिया और मुझे कुछ अच्छा सोचने के लिए प्रेरित किया। महीनों बाद ये मेरी पहली वास्तविक सोच थी। मैंने महसूस किया कि जब आप किसी काम में व्यस्त होते हैं और उसमें किसी योजना बनाने और सोच की जरूरत होती है तो चिंता आपसे दूर रहती है। मेरे मामले में भी ऐसा ही हुआ। नाव के निर्माण ने मेरी

चिंता को भी दिमाग से बाहर निकाल दिया था। इसलिए अब मैंने व्यस्त रहने का फैसला कर लिया।

अगली रात मैं घर के एक-एक कमरे में गया। जो काम होने थे, मैंने उन कामों की एक सूची तैयार की। घर में जिन चीजों की मरम्मत होनी थी जैसे, बुककेस, सीढ़ियाँ, खिड़कियाँ, खिड़कियों के शेड, नॉब्स, ताले, टपकता हुआ नल इत्यादि को मैंने देखा। आश्चर्यजनक रूप से मैंने दो सप्ताह के दौरान 242 वस्तुओं की एक सूची बनाई, जिनको ठीक कराना बहुत जरूरी था।

पिछले दो वर्षों के दौरान मैंने उनमें से ज्यादातर कामों को पूरा कर लिया है। इसके अलावा मैंने अपने जीवन को प्रेरणादायक गतिविधियों से भर दिया है। मैं न्यूयॉर्क में हर सप्ताह दो रातें प्रौढ़-शिक्षा की क्लासेज लेने जाता हूँ। मैं अब अपने शहर में स्कूल बोर्ड का अध्यक्ष हूं और जनता की सेवा में लगा हुआ हूँ। इसके अतिरिक्त सैकड़ों बैठकों में भाग लेता हूं। रेड क्रॉस के लिए पैसे इकट्ठा करने में मदद करता हूं। मैं अब इतना व्यस्त हो गया हूं कि मेरे पास चिंता करने के लिए समय नहीं है।

जब युद्ध अपने चरम पर था और विंस्टन चर्चिल एक दिन में अठारह-अठारह घंटे काम कर रहे थे तो उन्होंने भी ठीक यही बात कही थी। जब उनसे पूछा गया था कि क्या वह अपनी बहुत ज्यादा जिम्मेदारियों के कारण चिंतित हैं, तो उन्होंने कहा, मैं बहुत व्यस्त हूँ। मेरे पास चिंता करने का समय नहीं है।

महान वैज्ञानिक पाश्चर ने पुस्तकालयों और प्रयोगशालाओं में पाई जाने वाली शांति की बात की थी। वहां शांति क्यों होती है? इसका कारण है कि पुस्तकालयों और प्रयोगशालाओं में पुरुष आमतौर पर खुद के बारे में चिंता करने के बजाय अपने काम में खोये रहते हैं। एक शोध के अनुसार ऐसे पुरुषों को शायद

ही कभी नर्वस ब्रेकडाउन होता हो। उनके पास ऐसी विलासिता के लिए समय नहीं है।

व्यस्त रहना तो एक साधारण सी बात है। फिर इससे चिंता को दूर करने में मदद कैसे मिलती है? इसका भी एक नियम है। एक ऐसा मौलिक कानून जो मनोविज्ञान द्वारा सामने आता है। वह नियम ये है कि एक समय में एक से ज्यादा चीजों के बारे में सोचना किसी के लिए बिलकुल असंभव है, वह चाहे कितना भी प्रतिभाशाली क्यों न हो। क्या आपको इस पर विश्वास नहीं है? तो चलिए, फिर एक प्रयोग करके देखते हैं।

मान लीजिए कि आप अभी अपनी आँखें बंद करके पीछे की ओर झुकते हैं और उसी पल स्टेचू ऑफ लिबर्टी के बारे में सोचने का प्रयास करते हैं, साथ ही आप कल सुबह की अपनी योजना के बारे में भी सोचना चाहते हैं। (आइये और यह कोशिश करके देखिये)

आपको कुछ पता चला या आप कुछ भी नहीं समझ सके। असल में आप एक बार में किसी एक विचार पर ध्यान केंद्रित कर सकते हैं, कभी भी दोनों पर एक साथ नहीं? भावनाओं के क्षेत्र में भी यही बात लागू होती है। हम किसी एक समय में रोमांच के द्वारा उत्साह और उसी समय किसी चिंता को महसूस नहीं कर सकते। एक भावना दूसरी तरह की भावना को बाहर निकाल देती है। यह एक ऐसी सरल खोज थी जिसने युद्ध के दौरान सेना के मनोचिकित्सकों को ऐसे चमत्कार करने में सक्षम बनाया था।

युद्ध के बाद जब सैनिक वापस आए तो वो अपने अनुभव से इतना हिल गए थे कि उन्हें साइकोन्यूरोटिक सेना कहा जाने लगा था। तब डॉक्टरों ने उन्हें व्यस्त रखने का इलाज बताया था।

इन घबराये हुए सैनिकों का हर मिनट किसी ना किसी

प्रकार की गतिविधियों से भर दिया गया था। आमतौर पर बाहरी गतिविधियां, जैसे कि मछली पकड़ना, शिकार करना, बाल खेलना, गोल्फ खेलना, फोटो खींचना, बागबानी करना और नृत्य करना आदि उनकी दिनचर्या में शामिल थे। उनको अपने भयानक अनुभवों को सोचने के लिए समय नहीं दिया गया था।

ऑक्यूपेशनल थेरेपी शब्द अब मनोचिकित्सा में उपयोग किया जाता है। ये चिकित्सा मनोविज्ञान द्वारा प्रयोग किया जाने वाला ऐसा शब्द, जिसका मतलब है कि जब काम इस तरह दिया जाये जैसे की वो दवा हो। हालाँकि यह कोई नई बात नहीं है। ईसा के जन्म से लगभग पांच सौ साल पहले ही यूनानी वैद्य इसकी वकालत करते रहते थे।

कोई भी मनोचिकित्सक आपको यही बताएगा कि काम में व्यस्त रहना थकी हुई तंत्रिकाओं के लिए सबसे अच्छे एनेस्थेटिक्स में से एक माना जाता है। हेनरी डब्ल्यू लॉन्गफेलो को ये बात तब पता चली जब उसकी युवा पत्नी की मृत्यु हो गई। एक दिन उसकी पत्नी मोमबत्ती की मोम पिघला कर सील लगा रही थी तभी उसके कपड़ों में आग लग गई। लॉन्गफेलो ने उसके रोने की आवाज सुनी और समय पर पहुँचने की कोशिश करी लेकिन तब तक वह जल के मर चुकी थी। कुछ समय के लिए लॉन्गफेलो को उस भयानक अनुभव और उसकी पत्नी की याद ने इतना सताया कि वह लगभग पागल हो गया। लेकिन ये उसका सौभाग्य था कि उसके तीन छोटे बच्चों को उसकी जरूरत थी। अपने तमाम दुखों के बावजूद लॉन्गफेलो ने तय कर लिया कि वह अपने बच्चों को माँ-बाप दोनों का प्यार देगा। वह उन्हें घुमाने ले जाता, उन्हें कहानियाँ सुनाता, उनके साथ खेलता और अपनी एक कविता, द चिल्ड्रनस आवर में उसने इस मोहब्बत को अमर भी कर दिया। उसने दांते की कविताओं

का अनुवाद किया और इन सभी चीजों ने मिलकर उसे इतना व्यस्त कर दिया कि वह खुद को पूरी तरह से भूल गया और इस तरह उसने अपने मन की शांति फिर से वापस पा ली।

हम में से अधिकांश लोग लीन होने को जी का जंजाल समझते हैं। हमारी समस्या यही है कि हम रोजमर्रा के कामों में सब कुछ छोड़ के व्यस्त हो जाते और दिन भर अथक परिश्रम करते हैं। लेकिन काम के बाद का समय खतरनाक होता है। जब हमें खुद ही आराम और सुकून मिलना चाहिए तब हमें चिंता सताना शुरू कर देती है। तभी हमें इसकी भी चिंता सताने लगती है कि क्या हम जिन्दगी में आगे बढ़ रहे हैं, क्या हम एक ही जगह अटके हुए हैं, क्या बॉस की बात का कोई गलत मतलब था या शायद मेरे बाल झड़ने लगे हैं।

जब हम व्यस्त नहीं होते हैं तो हमारा दिमाग करीब-करीब खाली होता है। भौतिकी का हर छात्र यह जानता है प्रकृति को खालीपन से नफरत है। हमारे और मस्तिष्क के बीच खिंचाव की सबसे करीबी चीज कुछ ऐसी होती है जैसे एक इलेक्ट्रिक बल्ब का फिलामेंट जुड़ा रहता है। जिस तरह एक लाइट बल्ब में हवा नहीं जा सकती और उसके टूटते ही जब हवा उसमें जाती है तो उसका खालीपन भर जाता है।

प्रकृति भी खाली दिमाग के खानों को भर देती है। किससे? आमतौर पर भावनाओं से। क्यों? क्योंकि भावनात्मक चिंता, भय, घृणा, ईर्ष्या और चाहत असल में पुरानी शक्तियों और जंगल की गतिशील ऊर्जा द्वारा संचालित होते हैं। ऐसी भावनाएँ इतनी हिंसक होती हैं कि वे हमारे मन से तमाम शांति, अच्छे विचार और भावनाओं को बाहर निकाल देती हैं।

दुनिया की सबसे प्रसिद्ध महिला अन्वेषक ओसा जॉनसन ने हाल ही में मुझे बताया था कि कैसे उन्होंने चिंता और दु:ख

से मुक्ति पाई। आपने उनके जीवन की कहानी पढ़ी होगी। इसे आई मैरिड एडवेंचर कहते हैं। अगर किसी महिला की कभी शादी हुई हो तो निश्चित रूप से उसने ऐसा साहसिक काम किया होगा। जब वह सोलह वर्ष की थी तब मार्टिन जॉनसन ने उससे शादी कर ली और वे चान्यूट, कंसास से जाकर बोर्नियो के खतरनाक जंगल में बस गए। कंसास का ये जोड़ा लगभग पच्चीस वर्षों तक पूरी दुनिया की सैर करता रहा। उन्होंने एशिया और अफ्रीका के लुप्त हो रहे वन्य जीवन पर फिल्में बनाईं। नौ साल पहले वो अमेरिका वापिस आ गए। अब वो लेक्चर देते थे और अपनी प्रसिद्ध फिल्मों को दिखाने के लिए दौरा करते थे। एक दिन उन्होंने डेनवर से समुद्र की तरफ उड़ान भरी। लेकिन उनका विमान एक पहाड़ी से टकरा गया। मार्टिन जॉनसन की मौके पर ही मौत हो गई। ओसा के बारे में डॉक्टर्स ने कहा कि वो कभी अपने बिस्तर से नहीं उठ सकेंगी। लेकिन वे ओसा जॉनसन को नहीं जानते थे। तीन महीनों बाद वह एक व्हील चेयर पर बैठी एक बड़े दर्शकों के समूह के सामने भाषण दे रही थीं। वास्तव में उन्होंने उस सीजन में व्हील चेयर से सौ से अधिक बार लोगों को संबोधित किया। जब मैंने उनसे पूछा कि उसने ऐसा क्यों किया तो उनका जवाब था, मैंने ऐसा इसलिए किया ताकि मेरे पास दुःख और चिंता के लिए कोई समय ही ना बचे।

अगर आप और मैं चिंतित हैं, तो याद रखें, हम इस काम को पुराने जमाने की दवा की तरह इस्तेमाल कर सकते हैं। अगर आप और मैं व्यस्त नहीं हैं तो हम आपस में बैठकर सोच-विचार करें। असल में हम अपने दिमाग में ऐसी चीजें बना लेते हैं जिसे चार्ल्स डार्विन वाइबर गिबर्स कहते थे और ये वाइबर गिबर्स ज्यादा कुछ नहीं बस पुराने जमाने के ग्रेमलिन

हैं जो हमें खोखला करके हमारी कार्य करने की शक्ति और हमारी इच्छा शक्ति को खत्म कर देते हैं।

चिंता की आदत को विराम देने के लिए, यह है,

नियम 1: व्यस्त रहिये। चिन्तित व्यक्ति को काम में खुद को डुबो देना चाहिए, कहीं ऐसा न हो कि निराशा में वह खुद मुरझा जाए।

> आप केवल उसी को खो सकते हैं,
> जिससे आपको लगाव होता है।
>
> —महात्मा बुद्ध

> प्रसिद्ध होने के बजाए अच्छा काम करने के बारे में चिंता करें, फिर सब कुछ आपके पास खुद आएगा।
>
> —आइस क्यूब

7
छोटी-मोटी चीजों से खुद को टूटने ना दें

ये एक नाटकीय कहानी है जो शायद मुझे तब तक याद रहेगी जब तक मैं जीवित हूँ। यह कहानी मुझे रॉबर्ट मूर जो कि 14, हाईलैंड एवेन्यू, मेपलवुड, न्यू जर्सी में रहते हैं, उन्होंने सुनाई थी।

उन्होंने बताया कि मैंने मार्च 1945 में अपने जीवन का सबसे बड़ा सबक सीखा था। मैंने ये सबक भारत-चीन के तट पर 276 फीट पानी के नीचे सीखा। मैं भी पनडुब्बी बाया, एसएस 318, में सवार अठासी लोगों में से एक था। हमें रडार द्वारा पता लगा था कि एक छोटा जापानी दस्ता हमारी तरफ आ रहा था। जैसे ही सुबह हुई हम हमला करने के लिए पानी के अंदर चले गए। मैंने पेरिस्कोप के माध्यम से देखा तो हमें एक जापानी विध्वंसक नाशक दल, एक टैंकर और सुरंग बिछाने वाला जहाज दिखाई दिए। हमने तीन टॉरपीडो विध्वंसक नाशक दल की तरफ दागे लेकिन हमारा निशाना चूक गया। हमारे प्रत्येक टारपीडो की मशीनरी में कुछ खराबी आ गई। विध्वंसक नाशक दल यह नहीं जानते थे कि उन पर हमला किया गया था। इसलिए उन्होंने आगे बढ़ना जारी रखा। हम आखिरी जहाज पर हमला करने के लिए तैयार हो रहे थे कि तभी अचानक वह जहाज मुड़ा और सीधे हमारी तरफ आने लगा। एक जापानी

विमान ने हमें साठ फीट पानी के नीचे देख लिया था और रेडियो के द्वारा हमारी स्थिति जापानी माइन लेयर को बता दी थी। उन्हें हमारा पता ना चले इससे बचने के लिए हम पानी में 150 फीट नीचे चले गए ताकि वो हमें देख ना पाएं और पनडुब्बी को डेप्थ चार्ज समझें। फिर हमने चेज पर अतिरिक्त बोल्ट लगाए और बिल्कुल शांति रखने के लिए हमने पंखे, कूलिंग सिस्टम और सभी बिजली के गियर आदि बंद कर दिए।

मैं इतना ज्यादा डर गया था कि मुश्किल से सांस ले पा रहा था। मैं बार-बार खुद से कह रहा था; यह मौत है, यह मौत है। पंखे और कूलिंग सिस्टम बंद होने की वजह से पनडुब्बी के अंदर का टेम्प्रेचर सौ डिग्री से भी ज्यादा था। लेकिन मैं डर के मारे बर्फ की तरह इतना ठंडा हो गया था कि मैंने एक स्वेटर और एक फर-लाइन वाली जैकेट पहन ली। इसके बावजूद मैं अब भी ठंड से कांप रहा था। मेरे दांत किटकिटा रहे थे। मैं ठंड और चिपचिपे पसीने के बीच टूट चुका था। ये हमला पंद्रह घंटे तक जारी रहा। उसके बाद अचानक रुक गया।

जाहिर तौर पर यही लग रहा था कि जापानी माइन लेयर में डेप्थ चार्जेज की आपूर्ति भाप बन कर उड़ चुकी थी। मुझे वो पन्द्रह घंटे का आक्रमण पन्द्रह करोड़ वर्ष के बराबर लग रहा था। मेरे जीवन की सारी समीक्षा मेरी आँखों के सामने से गुजर रही थी। मैंने उन सभी बुरे कामों को याद किया जो मैंने कभी किए थे, वे सभी छोटी-छोटी बेतुकी बातें जिन्हें याद करके मैं चिंतित रहता था। नौसेना में शामिल होने से पहले मैं एक बैंक कलर्क था। मैं खराब वेतन, खराब संभावनाओं और अपनी तरक्की को लेकर हमेशा चिंतित रहा करता था। मैं इसलिए भी चिंतित रहता था क्योंकि मैं अपना खुद का घर नहीं बना सकता था, नई कार नहीं खरीद सकता था और अपनी पत्नी

के लिए अच्छे कपड़े नहीं खरीद सकता था। मैं अपने पुराने बॉस से बहुत नफरत करता था। वो हमेशा मुझे डांटता था और मेरे साथ बदसुलूकी करता था।

मुझे याद आ रहा था कि मैं कैसे गुस्से में रात को घर आता था और छोटी-छोटी बातों पर पत्नी से झगड़ा करता था। मैं उस निशान को लेकर भी चिंतित था, जब एक ऑटो दुर्घटना में मेरे माथे पर एक गहरा दाग पड़ गया था। वर्षों पहले वे सारी चिंताएँ कितनी बड़ी लगती थीं। लेकिन कितने बेहूदा थे वो, जो एक राज्य के लिए हमें बम से उड़ाना चाह रहे थे। मैंने तब वहीं खुद से वादा किया था कि अगर मैं सूरज और सितारों को कभी फिर से देख पाया तो मैं कभी भी चिंता नहीं करूंगा। कभी नहीं! कभी नहीं! मैंने उन भयानक पंद्रह घंटों में जीने का जो हुनर उस पनडुब्बी में सीखा, उतना मैंने सिरैक्यूज विश्वविद्यालय में चार साल तक किताबों का अध्ययन करके भी नहीं सीखा था।

हम अक्सर जीवन में बड़ी मुसीबतों का सामना बहादुरी से करते हैं लेकिन छोटी-छोटी बातों से हमारी गर्दन झुक जाती है। इसी तरह सैमुअल पेपिस ने लंदन में सर हैरी वेन का कटा हुआ सर देखने के बारे में अपनी डायरी में लिखा था। जैसे ही सर हैरी प्लेटफॉर्म पर चढ़ा, तब वह अपने जीवन की भीख नहीं मांग रहा था बल्कि जल्लाद से विनती कर रहा था कि वह उसे न मारे क्योंकि उसकी गर्दन पर दर्दनाक फोड़ा है। यह एक और बात थी जिसे एडमिरल बर्ड ने ध्रुवीय क्षेत्र की भयानक ठंड और अँधेरी रातों में पाया था कि लोग बड़ी चीजों के बजाय गर्दन के दर्द से ज्यादा परेशान रहते हैं। वे बिना किसी शिकायत, खतरों, मुश्किलों और ऐसी ठंड जो अक्सर शून्य से अस्सी डिग्री नीचे होती थी, उससे ऊब जाते थे। लेकिन

एडमिरल बर्ड कहते हैं, मैं बंकमेट्स यानी हर दूसरे आदमी के बारे में जानता हूं जिन्हें लगता था कि उनकी जगह पर कोई अपना बैग रखकर कब्जा करना चाहता है। लोगों को एक दूसरे से इतनी तकलीफ होने लगी थी कि एक आदमी तो तब तक खाना नहीं खाता था जब तक वह बहुत ज्यादा चबा कर खाने वाले से बहुत दूर ना बैठा हो। एडमिरल बर्ड कहते हैं कि ऐसी छोटी-छोटी चीजें भी इतनी ठंडी जगह पर एक अनुशासित आदमी को पागलपन की हद तक ले जा सकती हैं। एडमिरल बर्ड आप ये भी कह सकते हैं कि अक्सर शादीशुदा जिन्दगी में भी छोटी-छोटी चीजों से ही आधी दुनिया के लोगों के दिल में दर्द पैदा हो जाता है। कम से कम अधिकारियों का तो यही कहना है। उदाहरण के तौर पर शिकागो के जोसेफ सबथ ने न्यायाधीश के पद पर कार्य करने के बाद लगभग चालीस हजार से अधिक दु:खी विवाहों में मध्यथता की भूमिका निभाई थी। ये तो पता है कि अधिकांश वैवाहिक जीवन के पीछे दु:ख और तुच्छता छुपी होती है। न्यूयॉर्क काउंटी के डिस्ट्रिक्ट अटॉर्नी फ्रैंक एस होगन कहते हैं कि हमारे यहां आपराधिक अदालतों में लगभग आधे से ज्यादा मामले छोटी-छोटी बातों से उत्पन्न होते हैं। बार रूम का हंगामा, घरेलू तकरार, अपमानजनक टिप्पड़ियां, उपेक्षित शब्द और एक असभ्य कार्य ऐसी छोटी-छोटी चीजें हैं जो मारपीट और हत्या का कारण बनती हैं। हममें से बहुत कम लोग ऐसे क्रूर हैं जिन्होंने बहुत ज्यादा अन्याय किया है। यह हमारे स्वाभिमान पर लगे छोटे-छोटे आघात हैं, अपमान हैं, हमारे अहंकार के लिए छोटे-छोटे झटके हैं, जो आधी दुनिया के लिए दिल के दर्द की वजह बनते हैं।

मैंने और श्रीमती कार्नेगी ने शिकागो में एक मित्र के घर पर रात का भोजन किया। मांस तराशते समय मेरे दोस्त से कुछ

गलती हो गई। हालाँकि मैंने उसपर ध्यान नहीं दिया और वैसे भी अगर मैंने इस पर ध्यान दिया होता तब भी मैं उसकी परवाह नहीं करता। लेकिन उसकी पत्नी ने यह देख लिया और नीचे कूद कर हमारे सामने उसकी गर्दन पकड़ ली। उसने चिल्लाते हुए कहा, जॉन, देखो तुम क्या कर रहे हो? क्या तुम कभी ठीक से खाना परोसना नहीं सीख सकते।

फिर उसने हमसे कहा, यह हमेशा गलतियाँ करता है। थोड़ा सा भी सुधरने का प्रयास नहीं करता। मैंने सोचा, शायद उसने मांस तराशने की कोशिश ना की हो लेकिन बीस साल तक उसके साथ रहने की कोशिश करने का श्रेय मैं निश्चित रूप से जॉन को देता हूं। सच कहूं तो मैं उसकी डांट सुनकर पेकिंग बत्तख और शार्क पंखों का भोजन करने की तुलना में शांति के माहौल में सरसों के साथ एक-दो हॉट डॉग खाना ज्यादा पसंद करूंगा।

उस अनुभव के कुछ ही समय बाद, मैंने और श्रीमती कार्नेगी ने कुछ दोस्तों को अपने घर रात के खाने के लिए बुलाया। दोस्तों के आने से थोड़ा पहले श्रीमती कार्नेगी ने देखा कि तीन नैपकिन मेजपोश से मेल नहीं खा रहे थे।

तब श्रीमती कार्नेगी किचन में गई और पता चला कि अन्य तीन नैपकिन धुलने के लिए गए हुए थे। ये बात श्रीमती कार्नेगी ने मुझे बाद में बताई। मेहमान दरवाजे तक आ चुके थे। नैपकिन बदलने का समय नहीं था। मुझे ऐसा लगा कि मैं फूट-फूट कर रोने लगूँ। मैं बस यही कर सकता था। क्या मेरी इस मूर्खतापूर्ण गलती से पूरी शाम खराब हो जाएगी? मैंने सोचा, अच्छा,चलो जाने दो? फिर मैं जब डिनर करने गया तो मैं चाहता था कि कि मैं खुश रहूं और रहा भी। अच्छा होता अगर मेरे दोस्त ये सोचते कि श्रीमती कार्नेगी घर में सफाई नहीं रखतीं लेकिन श्रीमती

कार्नेगी ने मुझसे कहा कि मैं हर समय सफाई रखने वाली और गुस्से में रहने वाली नहीं लगना चाहती। हालाँकि जहाँ तक मुझे लगा किसी ने भी नैपकिन की तरफ ध्यान नहीं दिया। एक प्रसिद्ध कानूनी कहावत है कि डी मिनिमिस नॉन क्यूरेट लेक्स यानी कानून छोटी-छोटी बातों की परवाह नहीं करता। अगर मन की शांति चाहिए तो चिंतित नहीं होना चाहिए। यहां तक कि रुडयार्ड किपलिंग जैसी शानदार हस्ती भी कई बार ये भूल जाती थी कि छोटा होने के लिए जीवन बहुत छोटा है। इसका परिणाम? उन्होंने और उनके बहनोई ने वरमोंट के इतिहास में सबसे प्रसिद्ध अदालती लड़ाई लड़ी थी। एक ऐसी लड़ाई जिसका जश्न मनाया गया। इस बारे में रुडयार्ड किपलिंगस वरमोंट फ्यूड नाम से एक किताब भी लिखी जा चुकी है।

ये कहानी कुछ इस तरह है कि किपलिंग ने एक वरमोंट की एक लड़की, कैरोलीन बैलेस्टियर से शादी की, ब्राटलबोरो, वरमोंट में एक शानदार घर बनाया और फिर वो अपना शेष जीवन वहीं बिताने की उम्मीद से वहीं बस गए। उनके बहनोई बीट्टी बैलेस्टियर, किपलिंग के सबसे अच्छे दोस्त बन गए। वे दोनों एक साथ काम करते और खेलते थे।

तब किपलिंग ने बैलेस्टियर से कुछ जमीन खरीदी। किपलिंग ने समझा कि बैलेस्टियर उन्हें हर मौसम में घास काटने की अनुमति देंगे। एक दिन बैलेस्टियर ने किपलिंग को घास के मैदान में फूलों का बगीचा लगाते हुए देखा। उसका खून खौल गया। उसने छत की तरफ गोली दाग दी। किपलिंग ने भी फायर का जवाब फायर से दिया। वरमोंट के ग्रीन माउंटेन की हवा में बारूद की महक शामिल हो गई। इसके कुछ दिनों बाद जब किपलिंग अपनी साइकिल चला रहे थे। तभी पास से उनके बहनोई बग्घी और घोड़े लेकर वहां से गुजर रहे थे और इस

वजह से किपलिंग साईकिल से गिर गए। किपलिंग वो आदमी है जिसने लिखा था कि एक इंसान को शांति तब भी रखनी चाहिए जब बाकी सब आप पर इलजाम लगा रहे हों। लेकिन उसको खुद इतना गुस्सा आया कि उसने बैलेस्टियर की गिरफ्तारी वारंट के लिए कसम खा ली। एक सनसनीखेज जाँच हुई। बड़े-बड़े शहरों से रिपोर्टर कस्बे में उमड़ पड़े। ये खबर सारी दुनिया में फैल गई। कुछ तय नहीं हुआ। लेकिन इस झगड़े की वजह से किपलिंग और उसकी पत्नी को अपना वह अमेरिकी घर जीवन भर के लिए छोड़ना पड़ा। इतनी सारी चिंता और कड़वाहट एक छोटी सी बात पर। सिर्फ एक घास के लिए।

इससे पहले कि चिंता आपको तोड़े, आप चिंता को तोड़ दीजिये, इस तरह,

नियम 2: आइए छोटी-छोटी बातों से खुद को परेशान न होने दें। हम तिरस्कार करें लेकिन उसे भूल जाएँ। याद रखिये की जीवन छोटे से भी बहुत छोटा है।

> *मैं जो हूं, जब मैं वो नहीं रहता, तो मैं वह बन जाता हूं जो मैं हो सकता हूं। मेरे पास जो है, जब मैं उसे छोड़ देता हूं, तो मुझे वह मिल जाता है जिसकी मुझे आवश्यकता होती है।*
>
> —ताओ ते चिंग

> *मैं समस्या के बारे में कभी चिंता नहीं करता। मुझे समाधान की चिंता है।*
>
> —शाकिल ओ नील

8

एक ऐसा नियम जो खत्म करेगा आपकी चिंताएं

मेरा बचपन मिसौरी के खेतों में गुजरा है। एक दिन जब मैं अपनी माँ के साथ चेरी बोने में उसकी मदद कर रहा था, तभी मैं रोने लगा। मेरी माँ ने पूछा, डेल, तुम किस लिए रो रहे हो? मैंने रोते हुए कहा, मुझे डर है कि मुझे जिंदा दफना दिया जाएगा

उन दिनों मैं बहुत चिंता में डूबा रहता था। जब भी आंधी तूफान आता था, तो मुझे ये डर सताने लगता था कि मैं बिजली गिरने से मर जाऊँगा। फिर जब कठिन समय आया, तो मुझे ये डर था कि हमारे पास खाने के लिए पर्याप्त राशन नहीं होगा। मैं इस डर से भी कांप जाता था कि मरने के बाद मैं नरक में जाऊँगा। मैं इस डर से भी सहम जाता था कि एक बड़ा लड़का सैम व्हाइट जिसने मुझे धमकी दी थी, वह मेरे कान काट देगा। मैं इस डर से भी चिंतित रहता था कि अगर मैंने अपनी टोपी के बारे में उन्हें बताया तो लड़कियां मुझ पर हंसेंगी। मुझे ये डर भी सताता था कि कोई भी लड़की मुझसे कभी शादी करने को तैयार नहीं होगी। मैंने ये सपना भी देखा था कि हम किसी खूबसूरत वादियों वाले छोटे से शहर के किसी चर्च में शादी करेंगे और फिर यूनाइटेड किंगडम के टाउन सरे जायेंगे।

फिर हम अपने बाग तक गाड़ी से जायेंगे। मगर मैं बाग पहुँचने तक उससे कैसे बात करूँगा? कैसे? जब मैं हल जोत रहा था तो यही सोचते सोचते मुझे कई घंटे बीत गए।

जैसे-जैसे साल बीतते गए, मुझे धीरे-धीरे पता चला कि जिन निन्यानबे प्रतिशत चीजों के बारे में मुझे कभी चिंता थी, वैसा तो कुछ भी घटित नहीं हुआ। जैसा कि मैं पहले कह चुका हूँ कि एक बार मैं बिजली गिरने से डर गया था। लेकिन मुझे अब पता है कि राष्ट्रीय सुरक्षा परिषद के अनुसार किसी एक वर्ष में आकाश से बिजली गिरने से तीन सौ पचास हजार लोगों में से केवल एक आदमी की मृत्यु हुई थी।

इसी तरह जिंदा दफन होने का मेरा डर और भी बेतुका था। अब मैं ये कल्पना नहीं कर सकता। हालांकि पहले भी ये नियम था कि लगभग दस लाख लोगों में से किसी एक व्यक्ति को जिंदा दफनाया जाता था। एक बार मैं इसी डर से रोया भी था। असल में हर आठ लोगों में से एक की मौत कैंसर से होती है। अगर मुझे चिंता करनी चाहिए थी तो वो था कैंसर और मुझे बिजली गिरने से मारे जाने या जिंदा दफन होने के बजाय कैंसर से भयभीत होना चाहिए था।

ये सच है कि मैं युवाओं और किशोरावस्था की चिंताओं के बारे में बातें करता रहा हूं। लेकिन हमारे कई वयस्कों की चिंता लगभग बेतुकी है। तुम और मैं अपनी चिंताओं का लगभग नौ से दसवां हिस्सा शायद फौरन दूर कर सकते हैं अगर हम अपनी झक छोड़ कर ये देखें कि इससे क्या होता है या इसे कैसा होना चाहिए तो शायद हमें हमारी चिंताओं की असली वजह मिल सकती है।

मैंने इस पुस्तक के कई अध्याय कनेडियन रॉकीज में बो लेक के किनारे, जेम्स सिम्पसन के नम-टी-गाह लॉज में लिखे

थे। गर्मियों में वहाँ रुकने के दौरान मैं मिस्टर और मिसेज हर्बर्ट एच. सालिंगर से मिला जो 2298, पैसिफिक एवेन्यू, सैन फ्रांसिस्को में रहते थे। मुझे श्रीमती सालिंगर, एक संतुलित और शांत महिला लगीं। उनसे मिलकर मुझे ऐसा लगा जैसे वो कभी चिंतित नहीं होतीं। एक शाम हम एक दहकती हुई चिमनी के सामने बैठे थे। तब मैंने उनसे पूछा कि क्या वह कभी चिंता से परेशान नहीं होतीं। उनका जवाब था चिंता से और परेशान?

मेरा जीवन चिंता से लगभग बर्बाद हो गया था। इससे पहले कि मैं चिंता पर विजय प्राप्त करना सीखूं, मैं ग्यारह साल तक अपने ही द्वारा बनाये गए नरक में रही। मैं स्वभाव से चिड़चिड़ी और गर्म-मिजाज थी। मैं बहुत ज्यादा तनाव में रहती थी। मैं अपने घर सैन मेटो से हर हफ्ते बस के द्वारा खरीदारी करने के लिए सैन फ्रांसिस्को जाती लेकिन खरीदारी करते समय भी मैं यही सोचती कि शायद मैं बिजली की इस्तरी का प्लग खुला छोड़ आई हूँ। हो सकता है घर में आग लग गई हो। शायद नौकरानी बच्चों को छोड़कर भाग गई हो। या फिर ये भी हो सकता है कि बच्चे अपनी साइकिल पर निकले हों और किसी कार की चपेट में आ गए हों। मैं अपनी खरीदारी के बीच में अक्सर इन्हीं चिंताओं के कारण पसीने पसीने हो जाती और फिर फौरन बाहर निकलकर यह देखने के लिए कि सब कुछ ठीक है, बस से घर वापिस आ जाती थी। मुझे कोई आश्चर्य नहीं होगा अगर मेरी पहली शादी इसी मुसीबत की वजह से खत्म हुई हो। मेरे दूसरे पति एक वकील हैं। वह शांत स्वभाव के हैं। वह ऐसे आदमी हैं जो कभी किसी चीज की चिंता नहीं करते। जब मैं तनावग्रस्त और चिंतित होती हूँ तो वह मुझसे कहते हैं, आराम करो। आप वास्तव में किस बात से चिंतित हैं इस पर विचार कीजिये? चलिए इस नियम की औसतन जांच

करके देखते हैं कि ऐसा होना संभव है या नहीं।

एक उदाहरण के तौर पर मुझे वह समय याद है जब हम अल्बुकर्क, न्यू मैक्सिको से कार्ल्सबैड गाड़ी चला के जा रहे थे। तब हम गुफाओं के बीच टूटी सड़क पर गाड़ी चलाते हुए एक जबरदस्त बारिश के तूफान में फंस गए थे। कार सड़क पर फिसल रही थी और धीरे-धीरे लुढ़क रही थी। हम इसे नियंत्रित नहीं कर पा रहे थे। मुझे लग रहा था कि हम सड़क के किनारे बनी किसी खाई में गिर जायेंगे लेकिन मेरे पति बार-बार मुझसे यही कह रहे थे कि मैं बहुत धीरे-धीरे गाड़ी चला रहा हूँ। कोई गंभीर बात नहीं है। हो सकता है कि कार खाई में गिर जाए, लेकिन हमें चोट नहीं लगेगी। उनके धीरज और आत्मविश्वास को देखकर मैं खामोश हो गई।

कुछ साल पहले कैलिफोर्निया में जहाँ हम रहते थे बच्चों में लकवे की महामारी फैल गई थी। उन दिनों मैं पागल हो गई थी। लेकिन मेरे पति ने मुझे शांति से काम लेने के लिए मना लिया। हमने वह सभी सावधानियां बरतीं जो हम कर सकते थे। हमने अपने बच्चों को भीड़ से दूर रखा। उन्हें स्कूल और सिनेमा हाल भी नहीं जाने दिया। स्वास्थ्य बोर्ड से हमें पता चला कि सबसे खराब शिशु-पक्षाघात के बावजूद, जिसे कैलिफोर्निया कभी नहीं भूल सकता, पूरे कैलिफोर्निया राज्य में केवल 1835 बच्चे ही इस महामारी की चपेट में आए थे। हालाँकि ज्यादातर ये आंकड़ा लगभग दो सौ या तीन सौ का ही रहता था। वैसे ये आंकड़े भी दुखद हैं। मगर इन्हें देख के लगा कि औसतन किसी एक बच्चे के बीमार होने की संभावना बहुत कम थी।

औसत के नियम के अनुसार ऐसा नहीं होगा। इस मुहावरे ने मेरी लगभग नब्बे प्रतिशत चिंताओं को खत्म कर दिया और मेरे जीवन के पिछले बीस वर्षों को मेरी उच्चतम अपेक्षाओं से

परे सुंदर और शांतिपूर्ण बना दिया। अपने आदमियों के मनोबल को बढ़ाने के लिए यूनाइटेड स्टेट्स नेवी ने औसत के कानून के आंकड़ों का इस्तेमाल किया। एक पूर्व-नाविक ने मुझे बताया कि जब उसे और उसके शिप के साथियों को हाई ऑक्टेन टैंकर सौंपे गए तो वो बहुत चिंतित थे। उन सभी का मानना था कि अगर हाई-ऑक्टेन गैसोलीन से लदा एक टैंकर किसी टारपीडो से टकराएगा तो वह फट जायेगा और सब लोग मारे जायेंगे।

हालाँकि अमेरिकी नौसेना जानती थी। इसलिए नौसेना ने सटीक आंकड़े जारी किए। जिसमें दिखाया गया कि टॉरपीडो से टकराए सौ टैंकरों में से साठ बच गए और जो चालीस डूब गए उनमें से सिर्फ पांच टैंकर दस मिनट से भी कम समय में डूबे। इसका मतलब जवानों को शिप से उतरने का समय मिल जाता था। इसका मतलब यह भी था कि हताहतों की संख्या बहुत कम हो सकती थी। क्या इससे मनोबल बढ़ाने में मदद मिली? वह आदमी जिसने यह कहानी सुनाई थी, उसका नाम क्लाइड डब्ल्यू मास था जो 1969 वॉलनट स्ट्रीट, सेंट पॉल मिनेसोटा, में रहता था। उसने बताया कि औसत के नियम के इस ज्ञान ने मेरी घबराहट को काफी हद तक कम कर दिया था। अब पूरा दल बेहतर महसूस कर रहा था। हमें पता था कि हमारे पास एक मौका है और वह है औसत का नियम, हम शायद मारे नहीं जाएँगे। इससे पहले कि चिंता आपको तोड़े, आप चिंता को तोड़ दीजिये। इस तरह,

नियम 3: आइए रिकॉर्ड देखते हैं और अपने आप से पूछते हैं, औसत के नियम के अनुसार क्या संभावनाएं हैं, वह घटना जिसके बारे में मैं चिंतित हूँ, क्या वह कभी घटित होगी?

*तनाव के खिलाफ हमारा सबसे बड़ा हथियार है,
एक विचार को दूसरे पर चुनने की क्षमता।*

—विलियम जेम्स

*जब आपको चिंता सताने लगे, तो कुछ
करने के लिए कुछ और ढूंढिए।*

—जॉइस मेयर

9

ये जरूरी है कि जो होने वाला है, उसका सहयोग करें

जब मैं छोटा था, तो मैं उत्तर पश्चिमी मिसौरी में अपने कुछ दोस्तों के साथ खाली पड़े एक पुराने लकड़ी के घर में छत पर खेल रहा था।

जब मैं छत से नीचे उतरने लगा तो मैंने अपने पैरों को एक पल के लिए खिड़की की चौखट पर टिका दिया और फिर नीचे कूद गया। मैं ऊँगली में एक अंगूठी पहने था। मैं जैसे ही कूदा, अंगूठी एक कील में फँसी और मेरी उंगली कट गई।

मैं चीख उठा। मैं बुरी तरह सहम गया और ये सोचने लगा कि मैं मरने वाला हूँ। लेकिन जख्म भरने के बाद मुझे एक सेकंड के लिए भी कोई चिंता नहीं हुई। इससे क्या फायदा हुआ? मैंने जो बहुत जरूरी था, उसे स्वीकार कर लिया।

अब मैं अक्सर एक महीने में एक बार इस सच के बारे में सोचता हूं कि अब मेरे पास बाएं हाथ में सिर्फ तीन उंगलियां और एक अंगूठा है।

कुछ साल पहले मैं एक ऐसे व्यक्ति से मिला था जो न्यूयार्क शहर के एक भवन में माल ढोने वाली लिफ्ट चलाता था। तब मैंने देखा कि उसका बायां हाथ कलाई से कटा हुआ था। मैंने उससे पूछा था कि क्या उसे एक हाथ ना होने से

परेशानी होती है। उसने कहा, अरे नहीं, इसके बारे में तो शायद मैं कभी सोचता भी नहीं हूं। मैंने शादी नहीं की है और बस मैं तभी इस बारे में सोचता हूं जब मैं सुई में धागा पिरोने की कोशिश करता हूँ।

यह भी हैरत की बात है कि हम कितनी जल्दी किसी भी स्थिति को स्वीकार कर लेते हैं। अगर हमें कुछ करना है और खुद को उसके अनुकूल बनाना है तो हमारे लिए सब कुछ भूलना ही बेहतर होगा।

मैं अक्सर एम्स्टर्डम, हॉलैंड के पंद्रहवीं शताब्दी के कैथेड्रल खंडहरों के एक शिलालेख के बारे में सोचता हूं। इस शिलालेख पर फ्लेमिश भाषा में लिखा है, ऐसा ही है। वरना यह नहीं हो सकता।

जब तुम और मैं एक साथ दशकों तक समय बिताएंगे तो ऐसी भी कुछ चीजें आएँगी जो अच्छी न हों और उसके लिए हम कुछ भी ना कर सकें। ये हमारी अपनी पसंद है। हम या तो उन्हें अनिवार्य समझ के मान सकते हैं और खुद को उसी के अनुकूल ढाल सकते हैं या फिर हम विद्रोह करके अपने जीवन को बर्बाद कर सकते हैं और शायद नर्वस ब्रेकडाउन का शिकार हो सकते हैं।

ये कुछ ऐसी ही समझदारी की राय है जो मेरे पसंदीदा दार्शनिक विलियम जेम्स ने दी थी। उन्होंने कहा था कि तुम इसके लिए हमेशा तैयार रहना कि तुम्हारे साथ जब भी कुछ गलत हो तो उसको पूरी तरह समझ लेना और किसी भी बुरी चीज पर काबू पाने का यही पहला कदम है।

एलिजाबेथ कोनली जो, 2840 एन ई, 49 एवेन्यू, पोर्टलैंड, ओरेगॉन में रहती थीं, ये पता उनको उनके बुरे अनुभव से चला था। उन्होंने हाल ही में मझे एक पत्र लिखा था, उन्होंने लिखा;

उस दिन अमेरिका जब उत्तरी अफ्रीका पर हमारी सेना की जीत का जश्न मना रहा था, तभी मुझे युद्ध विभाग से एक तार मिला। मेरा भतीजा, जिसे मैं बहुत प्यार करती थी, वह ज्यादातर सैन्य कार्रवाई में गायब पाया गया था।

थोड़ी ही देर बाद, एक और तार आया जिसमें लिखा था कि वह मर चुका है।"

मैं बहुत दुखी थी। अभी तक मुझे लगता था कि जीवन मुझपर बहुत मेहरबान है। मेरे पास एक नौकरी थी, जो मुझे बहुत पसंद थी। मैंने अपने भतीजे को बड़ा करने में भी मदद की थी। एक अच्छे इंसान में जो भी अच्छाइयां होनी चाहिए, वो सब उसमें मौजूद थीं। मैंने अभी तक जो भी काम किये थे, उसका फल मुझे अब मिल रहा था। फिर यह टेलीग्राम? मेरी तो जैसे दुनिया ही खत्म हो गई। मुझे लगा कि अब जीने के लिए कुछ भी नहीं बचा है। मैं अपने काम में लापरवाही बरतने लगी और अपने दोस्तों की भी उपेक्षा करने लगी। मैंने सब कुछ छोड़ दिया। मैं कड़वाहट और क्रोध से भरी हुई थी। मेरा प्यारा भतीजा क्यों चला गया? एक अच्छा लड़का जिसके सामने पूरा जीवन पड़ा था, उसे क्यों मार दिया गया? मैं इसे बर्दाश्त नहीं कर सकती। मुझे इतना ज्यादा दुख था कि मैंने नौकरी छोड़ने का फैसला कर लिया और खुद को अपने आँसुओं और कड़वाहट में डुबो दिया।

फिर मैंने अपनी डेस्क साफ की और ऑफिस छोड़ने की तैयारी करने लगी। तभी मुझे एक पत्र मिला जिसे मैं भूल चुकी थी। अपने भतीजे का पत्र, जो मर चुका था। ये पत्र उसने मुझे कुछ साल पहले मेरी माँ की मौत पर लिखा था। उसने लिखा था, बेशक, हम सब उन्हें याद करेंगे और विशेष रूप से आप। लेकिन मुझे पता है कि जिन्दगी में आप आगे बढ़ेंगी। आपकी अपनी निजी फिलॉसफी आपको ऐसा करने से नहीं रोकेगी। आपने

मुझे जो अच्छी बातें सिखाई हैं, उन्हें मैं कभी नहीं भूलूंगा। मैं चाहे जहाँ भी रहूं या हम कितने ही दूर हों, मैं ये हमेशा याद रखूंगा कि आपने मुझे मुस्कुराना सिखाया और मुझे जो कुछ भी आता है, वो सब कुछ आपने ही सिखाया है।

मैंने वह पत्र कई बार पढ़ा। मुझे ऐसा लग रहा था जैसे वह मेरे बराबर में बैठा मुझसे बातें कर रहा हो। जैसे वह मुझसे कह रहा हो "आपने वह सब क्यों नहीं किया जो आपने मुझे सिखाया है? चाहे कुछ भी हो जाए, आगे बढ़िये। अपने निजी दुखों को एक मुस्कान के पीछे छुपाकर आगे बढ़िये।

इसके बाद मैं अपने काम पर वापस लौट आई। मैंने अपने अंदर की कड़वाहट और विद्रोह को बाहर निकाल दिया। मैं अपने आप से यही कहती रही, जो हो गया मैं उसको बदल नहीं सकती। लेकिन मैं वैसा तो ही कर सकती हूं और करती रहूंगी, जैसा कि वह चाहता है। अब मैंने अपना सारा दिमाग और ताकत अपने काम में लगा दी। मैंने कई लड़कों और सैनिकों को पत्र लिखे। मैं रात में प्रौढ़-शिक्षा की कक्षा में शामिल हो गई। अपने अंदर नई-नई रुचियां पैदा कीं और नए-नए दोस्त बनाये। अब मुझमें जो बदलाव आया है, मैं खुद उस पर विश्वास नहीं कर पा रही। मैंने अतीत पर शोक मनाना हमेशा के लिए छोड़ दिया है। मैं अब हर दिन मजे के साथ जी रही हूँ। ठीक उसी तरह जैसे मेरा भतीजा मुझसे चाहता था। मेरे जीवन में अब शांति है। मैंने अपने भाग्य के साथ जीना सीख लिया है। मैं अब पहले से कहीं ज्यादा अच्छा और सम्पूर्ण जीवन जी रही हूँ।

एलिजाबेथ कॉनले ने पोर्टलैंड, ओरेगॉन में वह सब सीखा जो हम सभी को कभी ना कभी सीखना होगा। इसका मतलब हमें जो भी जरूरी हो उसे स्वीकार करना और उसमें सहयोग करना चाहिए। इतना काफी है। वरना यह सबक सीखना आसान

नहीं है। ये तो राजसिंहासन पर बैठे राजा भी खुद को याद दिलाते हैं। बकिंघम पैलेस में दिवंगत जॉर्ज पंचम के पुस्तकालय की दीवार पर टंगे फ्रेम में लिखे हुए शब्द हैं, मुझे चाँद और गिरे हुए दूध के लिए रोना ना सिखाओ।

मैंने बारह साल मवेशियों के लिए काम किया है। फिर भी मैंने कभी किसी जर्सी गाय को खेत और चरागाह में गर्मी, बारिश या ओला और ठंड के कारण बुखार में नहीं देखा। मैंने ये भी नहीं देखा कि गाय का बदन इसलिए जल रहा हो कि उस गाय का प्रेमी किसी दूसरी बछिया पर ज्यादा ध्यान दे रहा है। जानवर शांति के साथ रात, तूफान और भूख का सामना करते हैं। इसलिए उन्हें कभी भी नर्वस ब्रेकडाउन या पेट का अल्सर नहीं होता और वे पागल भी नहीं होते।

क्या मैं इस बात की वकालत कर रहा हूं कि हम अपने रास्ते में आने वाली सभी मुश्किलों के सामने झुक जाएं? नहीं, ऐसा तो दूर-दूर तक संभव नहीं है। ये तो किस्मत की बात है। हम किसी स्थिति को तभी तक बचा सकते हैं, जब तक हमारे पास संघर्ष करने का मौका है।

लेकिन जब सामान्य बोध हमें इस बात की तरफ इशारा करता है कि हम जिसका प्रतिरोध कर रहे हैं वो चीज ऐसी ही होगी और उसमें किसी अन्यथा की कोई गुंजाइश नहीं है, तब हमारी समझदारी इसी में है कि हम किसी होनी और अनहोनी के पीछे ना पड़ें और ऐसी चीज के पीछे तो बिलकुल ना भागें जो है ही नहीं।

किसी भी जीवित व्यक्ति के पास अपरिहार्य से लड़ने के लिए पर्याप्त भावना और जोश नहीं है और साथ ही एक नया जीवन बनाने के लिए काफी कुछ बचा हुआ है। आपको भी एक चीज चुननी पड़ेगी। या तो भाग्य में जो होने वाला है आप उस

तूफान को आने दें या फिर उसका विरोध करके खुद टूट जाएँ।

शुरू में वे पेड़ अद्भुत तेजी के साथ बड़े हुए। फिर बर्फ के एक तूफान ने उन पेड़ों की एक-एक टहनी को बर्फ की भारी परत से ढक दिया। इतने बोझ के कारण शान से झुकने के बजाय इन पेड़ों ने गर्व से विरोध किया और टूट कर बिखर गए। उन्हें नष्ट तो होना ही था। उन्होंने उत्तर दिशा के जंगलों का ज्ञान नहीं सीखा था। मैंने कनाडा के सदाबहार जंगलों में सैकड़ों मील की यात्रा की है, फिर भी मैंने स्प्रूस या पाइन को कभी भी ओले या बर्फ की वजह से टूटते हुए नहीं देखा। ये सदाबहार जंगल जानते हैं कि अपनी शाखाओं को कैसे झुकाना है और जरूरत पड़ने पर कैसे सहयोग करना है।

जुजित्सु के उस्ताद अपने विद्यार्थियों को ओक की तरह विरोध करना नहीं बल्कि विलो की तरह झुकना सिखाते हैं।

इससे पहले कि चिंता आपको खत्म करे, आप चिंता को खत्म कर दीजिये।

नियम 4: जो कुछ होने वाला है उसके साथ आत्मीयता बरतें।

तनाव आधुनिक जीवन का कचरा है। हम सभी इसे
पैदा करते हैं। लेकिन अगर आप इसको ठीक से
व्यवस्थित नहीं करेंगे तो यह एक ढेर बनकर आपके
जीवन से आगे निकल जाएगा।

—टेरी गुइलमेट्स

बीती बातों को भुला कर और खुद को दूसरी जगह उलझा
कर, मैं चिंता करना भूल जाता हूँ।

—जैक डेम्पसे

भाग 4

10

कैसे दें अपनी जागी हुई जिन्दगी को हर दिन एक घंटा

मेरी किताब चिंता रोकने के लिए है तो मैं उसमें थकान के बारे में एक अध्याय क्यों लिख रहा हूँ? यह बहुत सरल है, थकान अक्सर चिंता पैदा करती है या कम से कम यह आपको चिंता करने के लिए अतिसंवेदनशील बना देती है। कोई भी मेडिकल छात्र आपसे यही बताएगा कि थकान से बुखार और सैकड़ों बीमारियों से लड़ने का शारीरिक प्रतिशोध कम हो जाता है और कोई भी मनोचिकित्स्क आपसे यही कहेगा कि थकान, डर और चिंता जैसी भावनाओं की तरफ आपका प्रतिशोध कम कर देती है। अगर आप थकान से बचते हैं तो आप चिंता से भी बच सकते हैं। क्या मैंने ये कहा कि चिंता से बच सकते हैं? ये तो मैंने आपको बहुत मामूली बात बताई है। डॉक्टर एडमंड जैकब्सन इससे कहीं आगे की बात करते हैं। डॉक्टर जैकब्सन जो यूनिवर्सिटी ऑफ शिकागो लेबोरेटरी फॉर क्लीनिकल फिजियोलॉजी में डाइरेक्टर हैं, उन्होंने विश्राम के ऊपर प्रोग्रेसिव रिलैक्सेशन और "यू मस्ट रिलैक्स" नामक दो किताबें लिखी हैं और उन्होंने विश्राम को एक मेडिकल अभ्यास के तौर पर खोजने में वर्षों बिताये हैं। उनका कहना है कि अगर आप विश्राम कर रहे हैं तो आपको भावुक या घबराना नहीं चाहिए। यही बात

कहने का एक और तरीका है कि अगर आप विश्राम कर रहे हों तो आप चिंतित नहीं हो सकते।

चिंता और थकान से बचने के लिए पहला नियम ये है कि इससे पहले कि आप थक जाएँ, आप आराम करिये।

ये इतना जरूरी क्यों है? इसकी वजह ये है कि थकान आश्चर्यजनक तेजी से बढ़ती है। यूनाइटेड स्टेट्स की आर्मी ने बार-बार परीक्षण करके ये पता लगाया कि फौजी भी जो सालों तक आर्मी के कड़े प्रशिक्षण से गुजरे हैं, अगर वो अपना बस्ता हर एक घंटे में दस मिनट के लिए रख कर थोड़ा आराम करें तो वे और भी ज्यादा देर तक मार्च कर सकते हैं। आर्मी भी उनसे यही करवाती है। आपका दिल भी यू एस आर्मी की तरह बुद्धिमान है। आपका का दिल एक दिन में इतना खून बनाता है कि रेलवे का एक टैंकर भर जाये। बीस टन कोयले को फावड़े से तीन फिट ऊंचे प्लेटफार्म पर रखने में जितनी ऊर्जा खर्च होती है, उतनी ही ऊर्जा आपका दिल चौबीस घंटों में निकाल देता है। ये इतना ज्यादा काम पचास, सत्तर या कभी-कभी नब्बे साल तक भी करता रहता है। ये इतनी मेहनत कैसे कर लेता है? हार्वर्ड मेडिकल स्कूल के डॉक्टर वॉटर बी. केनन ने यही समझाया है। उनका कहना है कि ज्यादातर लोगों की सोच होती है कि उनका दिल हर वक्त काम करता है। लेकिन सच्चाई ये है कि वह भी हर एक धड़कन के बाद कुछ पल के लिए विश्राम करता है। आमतौर पर दिल एक मिनट में सत्तर बार धड़कता है और इस हिसाब से चौबीस घंटे में वह सिर्फ नौ घंटे ही काम करता है। इसका मतलब ये हुआ कि आपका दिल एक दिन में लगभग पंद्रह घंटे आराम करता है।

दूसरे विश्व युद्ध के दौरान विंस्टन चर्चिल, जो कि लगभग

सत्तर की उम्र के हो रहे थे, वह सालों तक एक दिन में लगभग सोलह घंटे काम करते थे। उनके हाथ में ब्रिटिश अंपायर के युद्ध की बागडोर थी। ये एक कमाल का रिकॉर्ड है। इसका राज ये है कि वह रोज सुबह ग्यारह बजे तक अपने बिस्तर से ही काम करते थे। वह वहीं से रिपोर्ट्स पढ़ते थे, आदेश देते थे और फोन करते थे। साथ ही वह अपनी जरूरी मीटिंग्स भी वहीं निपटाते थे। दोपहर को खाना खाने के बाद वो वापस उसी बिस्तर पर जाकर एक घंटे के लिए सो जाते थे। वह रात आठ बजे खाना खाते थे लेकिन उससे पहले शाम को वह दो घंटे के लिए फिर सो जाते थे। इससे वो थकान नहीं मिटाते थे, उनको थकान मिटाने कि जरूरत ही नहीं थी क्योंकि वो थकान होने ही नहीं देते थे। चूँकि वह बीच-बीच में आराम करते रहते थे, तभी वो इतनी चुस्ती के साथ देर रात तक काम करते थे।

अपनी बहुत कमाल की किताब व्हाई बी टायर्ड? में डेनियल डब्लू. जोसेलिन ने लिखा है कि विश्राम का ये मतलब नहीं है कि आप कुछ ना करें। विश्राम का मतलब है अपने आप को ठीक रखना। थोड़े से आराम में भी इतनी राहत है कि पांच मिनट की नींद भी आपको थकान से बचा सकती है। कोनी मैक, जो कि बेस बॉल के सबसे पुराने खिलाड़ी और मैनेजर थे, उन्होंने मुझे बताया था कि गेम से पहले अगर वो दोपहर की नींद ना लें तो पांचवीं इनिंग तक थक के चूर हो जाते थे। लेकिन अगर वो सिर्फ पांच मिनट के लिए ही सो जाएँ तो वो लगातार बिना थके दो गेम खेल सकते थे। जब मैंने एलेनोर रोसवैल्ट से पूछा कि जिन बारह सालों में वो व्हाइट हाउस में काम कर रही थीं, तब वह इतना थका देने वाला शेड्यूल कैसे संभालती थीं। तब उन्होंने मुझे बताया कि जनता से मिलने या

कोई भाषण देने से पहले वो एक चेयर या सोफे पे आँख बंद करके आराम करती थीं।

ये सब आप पर कैसे लागू होता है? अगर आप एक स्टेनो ग्राफर हैं तो आप मिसिज रोजवेल्ट की तरह ऑफिस में शायद ना सो पाएं और अगर आप एक एकाउनटेंट हैं तो आप अपने मालिक को खाते के बारे में समझाते हुए शायद अंगड़ाई भी ना ले पाएं। लेकिन अगर आप एक छोटे शहर में रहते हैं और दोपहर का खाना खाने घर जाते हैं, तब आप शायद दस मिनट सो सकते हैं। ऐसा ही जेनेरल जॉर्ज सी मार्शल करते थे। वो जंग के समय भी ऐसा महसूस करते थे कि उनके लिए दोपहर का आराम बहुत जरूरी था, ताकि वो यू एस आर्मी को ठीक से चला सकें। अगर आपकी उम्र पचास साल से ज्यादा है और आपको ऐसा लगता है कि आप हमेशा जल्दी में रहते हैं तो आपको फौरन बहुत सारा जीवन बीमा ले लेना चाहिए। आजकल कोई कभी भी मर सकता है और हो सकता है आपकी पत्नी आपके बीमा का पैसा लेकर किसी जवान आदमी से शादी कर ले। मुझे अपनी बात दोहराने दीजिये और आप वही करिये जो आर्मी करती है। विश्राम के लिए समय निकालिये। जो आप का दिल करता है वो करिये। थकने से पहले आराम करिये। ऐसा करके आप अपने जागती हुई जिन्दगी में हर दिन एक घंटा और जोड़ पाएंगे।

जो अभी आपकी जिन्दगी में चल रहा है
उसे छोड़कर कुछ भी नया शुरू करने से
ब्रह्माण्ड में आपको कोई नहीं रोक सकता।

—गाए फिनले

मैं ये मानती हूँ कि आप सब कुछ अपने नियंत्रण में नहीं रख सकते। जो भी आपके नियंत्रण में नहीं है, उसकी आप चिंता भी नहीं कर सकते।

—एलिजाबेथ ओल्सन

11

थकान से बचें और जवान दिखें

पिछले साल शरद ऋतु में दुनिया के सबसे असाधारण मेडिकल क्लासेज के एक सत्र में भाग लेने के लिए मेरे एक सहयोगी ने बॉस्टन के लिए उड़ान भरी। मेडिकल? जी हाँ, बिलकुल। यह बैठक सप्ताह में एक बार बोस्टन डिस्पेंसरी में होती है और जो भी रोगी इसमें शामिल होते हैं, भर्ती होने से पहले उनकी नियमित रूप से पूरी चिकित्सा जांच होती है। लेकिन वास्तव में यह एक मनोवैज्ञानिक क्लीनिक है।

हालाँकि इसे आधिकारिक तौर पर एप्लाइड साइकोलॉजी क्लास कहा जाता है (थॉट कंट्रोल क्लास- ये पहले सदस्य द्वारा सुझाया गया नाम है), इसका असली मकसद ऐसे लोगों का इलाज करना है जो चिंता से बीमार हैं। इनमें गृहिणियां भी शामिल हैं, जो भावनात्मक रूप से परेशान हैं।

चिंता करने वालों के लिए ऐसी क्लासेज कैसे शुरू हुई? 1930 में डॉक्टर जोजफ एच प्रैट जो सर विलियम ओसियर के शिष्य थे, उन्होंने देखा कि बोस्टन डिस्पेंसरी में आने वाले बहुत से रोगियों के साथ शारीरिक रूप से कोई समस्या नहीं थी। लेकिन उनके सारे लक्षण शारीरिक रूप से बीमार इंसान के थे। एक औरत के हाथ गठिया होने की वजह से बेकार हो चुके थे और वह उनका इस्तेमाल नहीं कर पा रही थी। एक और

मरीज में पेट के कैंसर के तमाम दर्दनाक लक्षण थे। कुछ मरीजों को पीठ का दर्द, सर का दर्द, हमेशा रहने वाली थकान या शरीर में कहीं भी दर्द या चुभन रहती थी। उन सबको वास्तव में ये दर्द महसूस होता था। मगर पूरी तरह से मेडिकल जाँच के बावजूद उन औरतों में कोई भी शारीरिक बीमारी नहीं मिली। काफी पुराने ख्यालात के डॉक्टर्स यही कहते थे कि ये सब उन औरतों की कोरी कल्पना है और ये सब उनके दिमाग की उपज है। अगली बार जब हमें कोई भावनात्मक समस्या हो, तो क्यों ना हम किसी से बात करने की कोशिश करें?

मगर डॉक्टर प्रैट को ये अंदाजा लग गया कि इन मरीजों से ये कहने का कोई फायदा नहीं है कि घर जाओ और सब कुछ भूल जाओ। उन्हें पता था कि अधिकतर औरतें बीमार नहीं होना चाहती। अगर अपनी बीमारियां भूलना इतना ही आसान होता तो वे सब ऐसा खुद ही कर लेतीं। तो ऐसे में क्या किया जा सकता है?

उन्होंने इस क्लास में जिसको भी किसी बात पर संदेह था उनसे सवाल पूछने को कहा। फिर तो इस क्लास ने कमाल कर दिया। पिछले अठ्ठारह सालों में जब से ये क्लास शुरू हुई है, यहाँ आकर हजारों मरीज ठीक हो चुके हैं। कुछ मरीज यहाँ कई सालों से आ रहे हैं, उसी श्रद्धा के साथ जैसे वो चर्च जाते हैं। एक औरत जिसने पिछले नौ वर्षों में शायद ही कोई क्लास छोड़ी हो, मेरे सहायक ने उससे बात करी।

उसने बताया कि जब वो पहली बार इस क्लीनिक में आई तो उसे लगता था कि उसका गुर्दा अंदर ही अंदर कहीं खिसक गया है और साथ ही उसे दिल की बीमारी भी है। वो बहुत ज्यादा चिंतित और परेशान थी। कभी-कभी उसके देखने की शक्ति खत्म हो जाती थी और कुछ समय के लिए उसे कुछ

भी दिखना बंद हो जाता था। लेकिन आज वो आत्म-विश्वास से भरी, खुश और सेहतमंद है। उसकी उम्र चालीस साल के लगभग लग रही थी, लेकिन उसकी गोद में उसका पोता सो रहा था। उसने कहा की मैं अपनी पारिवारिक समस्याओं के कारण बहुत चिंतित रहती थी। मैं चाहती थी कि मैं मर जाऊं। मगर मैंने इस क्लिनिक में सीखा है कि चिंता करना बिलकुल बेकार है। मैंने चिंता को खत्म करना सीखा है। अब मैं कह सकती हूँ कि मेरा जीवन वास्तव में शांत है।

डॉक्टर रोज हिल्फरडिंग जो कि इस क्लास की मेडिकल सलाहकार थीं, उन्होंने कहा कि, उनकी सोच के अनुसार चिंता कम करने का सबस अच्छा उपाय ये है कि अपनी चिंताओं के बारे में किसी ऐसे व्यक्ति से बात करें, जिस पर आपको भरोसा हो। इसे हम दिल हल्का करना कहते हैं। जब यहाँ मरीज आते हैं तो जब तक उनकी चिंताएं उनके दिमाग से उतर ना जाएँ वो अपनी चिंताओं के बारे में सारी बातें कर सकते हैं।

अपनी चिंताओं के बारे में अकेले सोचते रहने से और उन्हें अपने तक सीमित रखने से काफी ज्यादा तनाव होता है। हम सबको अपनी तकलीफें बांटनी चाहिए। अपनी चिंताएं बांटनी चाहिए और ऐसा महसूस करना चाहिए कि कोई तो है जो हमें सुन और समझ सकता है।

मेरे सहायक ने एक महिला को अपनी चिंताएं बताने के बाद उसके चेहरे पर बहुत सुकून देखा। उसे घरेलू चिंताएं थीं और वो ज्यादा कुछ कह नहीं पा रही थी। लेकिन जब उसने बात करना शुरू की तो वो धीरे-धीरे खुलती गई। बात करते करते वो शांत होती गई। जब तक

साक्षात्कार खत्म हुआ, वो वास्तव में मुस्कुरा रही थी। क्या उसकी समस्या हल हो गई थी? नहीं, ये इतना आसान नहीं

था। उसमें ये बदलाव सिर्फ बात करने से आया था। थोड़ी सी सलाह और थोड़ी सी सहानभूति ने उसे थोड़ी देर के लिए खुश कर दिया। जिस चीज ने यहाँ वास्तव में काम किया था, वो था शब्दों के द्वारा उसका उपचार।

शब्दों की इसी उपचार करने की शक्ति पर कुछ हद तक मनोविश्लेषण भी आधारित है। फ्रायड के समय से ही विश्लेषकों को यह पता है कि अपनी अंदरूनी चिंताओं के बारे में बात करने से ही एक मरीज को आराम मिल सकता है। ऐसा क्यों है? शायद, क्योंकि बात करने से हम अपनी चिंताओं को अंदरूनी तौर पर समझ पाते हैं और हम एक बेहतर परिपेक्ष्य में सब कुछ देखते हैं। इसका पूरा जवाब तो शायद किसी को नहीं पता। लेकिन हम सबको ये पता है कि मन साफ करने से या दिल हल्का करने से हमें बहुत जल्दी राहत मिलती है।

अगली बार जब भी हमें कोई भावनात्मक समस्या हो, तो क्यों ना हम किसी से बात करने की कोशिश करके देखें? निश्चित रूप से मेरा ये मतलब नहीं है कि हम किसी को भी देख कर उससे अपनी शिकायत करने लगें। हमें किसी ऐसे व्यक्ति के बारे में सोचना चाहिए, जिस पर हम भरोसा करें और उससे मिल सकें। वो शायद कोई रिश्तेदार, डॉक्टर, वकील, मंत्री, या फिर कोई पुजारी भी हो सकता है। फिर हम उस व्यक्ति से कहें, मुझे आपकी सलाह की जरूरत है। मेरी एक समस्या है और मैं चाहता हूँ कि जब मैं अपनी समस्या के बारे में आपको बताऊं तो आप उसे सुनें। आप मुझे सलाह दे सकते हैं। मैं जिस चीज को खुद नहीं देख सकता आप उसे कई तरह से देख सकते हैं। हो सकता है कि आप मेरी कोई सहायता ना कर पाएं लेकिन अगर आप सिर्फ बैठकर मेरी बातें सुनेंगे तो वही मेरी सबसे बड़ी मदद होगी।

बॉस्टन डिस्पेंसरी में बातें करके अपना मन हल्का करना हमें सिखाया गया था। ये वहां के सैद्धांतिक उपचारों में से एक है। इसके अलावा भी हमें कक्षा में बहुत कुछ बताया गया, कुछ ऐसा, जिन्हें आप अपने घर में भी कर सकते हैं।

आप प्रेरणादायक पढ़ाई के लिए अपने साथ एक नोटबुक या स्क्रैपबुक रखिये। इसमें आप कविताएँ, छोटी-छोटी प्रार्थनाएँ या कोटेशंस, जो कुछ भी आपको अच्छा लगे और आपकी सोच को सकारात्मक बनाये, इसमें लिख सकते हैं। फिर किसी दोपहर की बारिश में जब आप निराश होते हैं तो शायद आप इस पुस्तक में अपनी निराशा को दूर करने का कोई नुस्खा ढूंढ सकते हैं। बहुत से रोगियों ने डिस्पेंसरी में वर्षों ऐसी नोटबुक रखी हैं। उनका कहना है कि यह एक आध्यात्मिक हथियार है।

दूसरों की कमियों पर तुम्हें ज्यादा ध्यान नहीं देना चाहिए। निश्चित रूप से ये तुम्हारे पति की गलती है। अगर वह एक संत होता तो तुमसे कभी शादी नहीं करता। ये बात सच है ना? कक्षा में एक महिला जिसमें गुस्सा, चिड़चिड़ाहट और चेहरे पर वहशीपन था और वह ये बात जानती थी, उससे एक छोटा सा सवाल किया गया। उससे पूछा गया कि अगर तुम्हारा पति मर जाये तो तुम क्या करोगी? वह इस सवाल से बहुत हैरान हुई और उसने तुरंत बैठकर अपने पति की सभी अच्छी बातों की एक सूची तैयार कर डाली। उसने काफी लम्बी लिस्ट बनाई। अगर अगली बार आपको भी लगता है कि आपकी शादी किसी मुक्केबाज अत्याचारी से हुई है तो आप भी ऐसी ही कोशिश क्यों नहीं कर सकतीं? शायद आप भी उसके गुणों को जानने के बाद यही सोचें कि वह एक ऐसा व्यक्ति है जिससे आप मिलना चाहती हों।

आप अपने पड़ोसियों में दिलचस्पी लीजिये। अपने पड़ोसियों के

साथ जीवन साझा करिये, उनसे दोस्ती कीजिये और एक स्वस्थ रुचि विकसित करिये। एक बीमार महिला जो खुद को इतना विशिष्ट समझती थी कि उसने किसी से दोस्ती नहीं की। उससे कहा गया कि अगली बार वह जिस व्यक्ति से भी मिले, उसके बारे में एक कहानी बनाने कि कोशिश करे। उसने गाड़ी में बैठते ही बाहर दिख रहे लोगों के बारे में कहानियां बुननी शुरू कर दीं। वह ये समझने की कोशिश कर रही थी कि उनका जीवन कैसा रहा होगा। पहली बात तो ये कि वह हर जगह लोगों से बात कर रही है। आज वह खुश है, सतर्क है और एक आकर्षक महिला लग रही है, जिसे अपने दर्द का इलाज मिल गया है। उसने आज रात को सोने से पहले कल के काम की योजना बना ली है। कक्षा में पता चला कि कई पत्नियां जिन कामों को उन्हें ही करना है, अपने घर के उन्हीं ना खत्म होने वाले कामों से परेशान हैं। वो अपना काम कभी पूरा नहीं करतीं। समय उन्हें मात पे मात दे रहा था। चिंता और आकुलता की इस घड़ी में एक प्रस्ताव ये आया कि अगले दिन के लिए उन्हें रात में ही एक योजना बना लेनी चाहिए या फिर योजना की रूप-रेखा तैयार कर लेनी चाहिए। फिर क्या हुआ? बहुत कम थकान के साथ क्या बहुत ज्यादा काम हो गया। ये तो एक उपलब्धि है, गर्व की बात है। अभी तो आराम करने के लिए बहुत समय बचा है। हर महिला को दिन के दौरान कुछ समय निकालकर सुंदर दिखने के लिए कुछ करना चाहिए। मेरा अपना अनुमान है कि जब एक महिला जानती है कि वह सुंदर दिखती है तो वह अपने उत्साह का बहुत कम उपयोग क्यों करती है।

आखिर में यही कहना है कि तनाव और थकान से बचें। आराम करें, खूब आराम करें। आपको तनाव और थकान के अलावा कोई भी जल्दी बूढ़ा नहीं कर सकता। आपकी ताजगी

और रूप का कोई विनाश नहीं करेगा। मेरा एक सहायक बोस्टन में ऐसे ही विचारों को नियंत्रित करने वाली कक्षा में एक घंटे तक बैठा रहा, जबकि आराम करने के नियम के बारे में जिसकी चर्चा हम पहले भी कर चुके हैं, डाइरेक्टर प्रोफेसर पॉल ई. जॉनसन, कई सिद्धांतों का अध्यन करते रहे। मेरे सहायक द्वारा क्लास में आराम देने वाली एक्सरसाइजेज कराने के लगभग दस मिनट के बाद ही वह लड़की अपनी कुर्सी पर सीधी बैठ कर सो चुकी थी। इस शारीरिक आराम पर इतना जोर क्यों दिया जाता है? जैसा कि क्लिनिक और अन्य डॉक्टर जानते हैं कि अगर आप लोगों की चिंता की गुथ्थियाँ सुलझा रहे हैं तो उन्हें बहुत आराम मिलेगा।

आप एक गृहिणी के रूप में आराम कर रही हैं। आपको इससे एक बड़ा फायदा है। आप कभी भी, कहीं भी यहाँ तक कि फर्श पर भी लेट सकती हैं। ये एक अजीब बात है, एक अच्छा सख्त फर्श आराम करने के लिए एक अच्छे गद्देदार स्प्रिंग बेड से बेहतर होता है। यह कुछ ज्यादा ही सख्त होता है लेकिन रीढ़ की हड्डी के लिए बहुत अच्छा होता है।

अभी कुछ और व्यायाम बाकी हैं जिन्हें आप अपने घर पर भी कर सकते हैं। इन्हें एक सप्ताह के लिए कर के देखें और ये भी देखें कि आप अपने रूप और स्वभाव के लिए क्या करते हैं।

जब भी आपको थकान महसूस हो तो फर्श पर सीधे लेट जाएं। जितना हो सके अपने शरीर को उतना ज्यादा खींचिए। चाहें तो खुद को लेटे- लेटे घुमाते रहिये। इसे एक दिन में दो बार करिये।

अब अपनी आँखें बंद करें। फिर जैसा कि प्रोफेसर जॉनसन ने आपको बताया था कि आप यह कहने की कोशिश करिये,

कुछ इस तरह, सर पर सूरज चमक रहा है। आकाश नीला और जगमग है। प्रकृति शांत और दुनिया के नियंत्रण में है। मैं इस प्रकृति का जैसे एक बच्चा हूँ और ब्रह्मांड के साथ सुर मिला रहा हूँ। या हो सके तो इससे भी बेहतर प्रार्थना करें।

अगर आप लेट नहीं सकते क्योंकि आपके दिमाग में कुछ चल रहा है तो आप अपनी कुर्सी पर बैठ कर भी बहुत कुछ पा सकते हैं। आराम करने के लिए एक सख्त और सीधी कुर्सी सबसे अच्छी होती है। कुर्सी पर मिस्र की मूर्ती की तरह सीधे बैठ जाइये और अपनी हथेलियों को अपनी जांघों के ऊपर रखकर हाथों को आराम दीजिये।

आप धीरे-धीरे अपने पैर की उंगलियों को खींचें और फिर उन्हें ढीला छोड़ दें। फिर अपने पैरों की मांसपेशियों को तनाव दें और उन्हें आराम करने दें। अब अपने शरीर की सभी सपेशियों को धीरे-धीरे गर्दन तक ऊपर की ओर उठायें। फिर अपने सिर को फुटबॉल की तरह घूमने दें। आप अपनी मांसपेशियों के लिए यही करते रहें, करते रहें, करते रहें। फिर आप अपनी नसों को धीरे-धीरे साँस छोड़ते हुए शांत करें। अब अंदर से गहरी सांस लें। भारत के योगी सही थे, नसों को शांत करने के लिए लयबद्ध साँस लेना अब तक खोजे गए सर्वोत्तम तरीकों में में से एक है।

आप अपने चेहरे की झुर्रियों और भौंहों को पूरी तरह से शांत रहने दें। किसी भी चिंता को ढीला छोड़ कर अपनी भौंहों के बीच और अपने मुंह के किनारों पर सिकुड़न को महसूस करें। ऐसा अगर आप दिन में दो बार करें तो शायद आपको मसाज कराने के लिए ब्यूटी पार्लर ना जाना पड़े। हो सकता है कि आपकी झुर्रियां अपने आप गायब हो जाएं।

*मैं केवल एक स्वतंत्रता को जानता हूं
और वह है मन की स्वतंत्रता।*

—ओंत्वान डे सेंट एक्सुपरी

सब कुछ करने के बारे में चिंता करने के बजाय क्यों ना केवल यह स्वीकार कर लिया जाए कि जीवित रहने का अर्थ है कुछ करने के लिए कुछ करना? फिर आप जो भी कर रहे हैं, चिंता को दूर करके उसमें पूरी तरह से व्यस्त हो जाएं।

—मार्था बेक

12
अनिद्रा के बारे में चिंता करने से कैसे बचें

क्या जब आप अच्छी तरह से सो नहीं पाते तो चिंता करते हैं? तब आपको यह जानने में दिलचस्पी हो सकती है कि सैमुअल अनटर्मियर जो कि एक प्रसिद्ध अंतरराष्ट्रीय वकील थे, उन्हें अपने जीवन भर कभी भी रात को अच्छी नींद नहीं आई।

जब सैम अनटर्मेयर कॉलेज गए तो वह अस्थमा और नींद ना आने जैसी दो बीमारियों से परेशान थे। वह इन बीमारियों को ठीक नहीं कर सके इसलिए उन्होंने सबसे अच्छा काम करने का फैसला किया और वो ये कि अपने जागने का लाभ कैसे उठाएं। इसके लिए उन्होंने टूटने और चिंता में डूबने के बजाए खुद को पढ़ाई में लगा दिया। इसका नतीजा क्या रहा? इसके बाद वह अपनी सभी कक्षाओं में सम्मान प्राप्त करते हुए न्यूयॉर्क शहर के कॉलेज की सबसे बेहतर प्रतिभा बन गए।

वकालत शुरू करने के बाद भी उनकी जागने की बीमारी जारी रही। लेकिन अनटर्मियर ने इसकी परवाह नहीं की। उनका कहना था कि प्रकृति उनका ख्याल रखेगी। प्रकृति ने ऐसा ही किया। थोड़ी सी नींद के बावजूद उनका स्वास्थ्य ठीक रहा और वह न्यूयॉर्क बार के किसी भी युवा वकील की तरह कड़ी मेहनत करते रहे। उन्होंने और भी मेहनत की क्योंकि जब दूसरे

वकील सोते थे, वह उस समय भी काम करते थे।

सिर्फ इक्कीस वर्ष की आयु में सैम अनटर्मेयर एक वर्ष में पचहत्तर हजार डॉलर कमा रहे थे। तब अन्य युवा वकीलों ने भी उनके काम करने के तरीकों का अध्ययन करने के लिए अदालतों में भाग लिया। 1931 में उन्हें एक मुकदमे के लिए संभवत: पूरे इतिहास में वकीलों की सबसे अधिक फीस मिली थी। उन्हें इस केस के लिए मिलियन डॉलर्स में फीस मिली थी। एक बोरा भरके नकद भुगतान।

उन्हें अब भी अनिद्रा की बीमारी थी फिर भी वह आधी रात तक पढ़ते थे और फिर सुबह 5 बजे उठकर पत्र लिखवाते थे। जब ज्यादातर लोग काम शुरू कर रहे होते थे, तब तक उनके दिन का लगभग आधा काम खत्म हो चुका होता था। वह इक्यासी साल तक जीवित रहे।

वह आदमी जो शायद ही कभी रात को अच्छी नींद सोया हो, अगर वह अनिद्रा के बारे में जरा भी चिंतित होता तो उसने शायद अपना जीवन बर्बाद कर लिया होता।

हम अपने जीवन का एक तिहाई हिस्सा सोने में बिताते हैं, फिर भी कोई नहीं जानता कि वास्तव में नींद है क्या? हम बस ये जानते हैं कि यह एक आदत है और आराम की एक अवस्था है जिसमें प्रकृति हमारी देखभाल करती है। लेकिन हम ये नहीं जानते कि प्रत्येक व्यक्ति को कितने घंटे की नींद की आवश्यकता है। हम यह भी नहीं जानते कि हमें सोना है या नहीं।

वाकई ये अजीब है? प्रथम विश्व युद्ध के दौरान हंगरी के एक सैनिक पॉल कर्न को उसके मस्तिष्क में सामने से गोली मारी गई थी। वह इस घाव से ठीक तो हो गया लेकिन दिलचस्प बात यह है कि उसके बाद वह कभी सो नहीं सका। डॉक्टरों ने बहुत कुछ किया। उन्होंने कई तरह के सिडेटिव्स

और नशीले पदार्थों के साथ-साथ उसपर सम्मोहन का प्रयोग भी किया लेकिन पॉल कर्न को नींद नहीं आ सकी। यहां तक कि उसको कभी नींद की कैफियत या सुस्ती भी महसूस नहीं हुई।

डॉक्टरों का कहना था कि वह लंबे समय तक जीवित नहीं रहेगा लेकिन उसने उनकी ये बात गलत साबित कर दी। उसे एक नौकरी मिल गई और वह वर्षों तक अच्छी सेहत के साथ अच्छा जीवन व्यतीत करता रहा। वह आँखें बंद करके लेट जाता और आराम करता लेकिन उसे नींद नहीं आती थी। उसका मामला चिकित्सा का एक ऐसा रहस्य है जिसने नींद के बारे में हमारे विश्वास को विचलित कर दिया।

अनिद्रा के बारे में चिंता करने से आपको अनिद्रा से कहीं अधिक नुकसान पहुंचेगा।

शिकागो विश्वविद्यालय के प्रोफेसर डॉ. नथानिएल क्लेटमैन ने सोने से ज्यादा नींद पर किसी से भी अधिक रिसर्च की है। वह नींद के मामले में दुनिया के सबसे बड़े विशेषज्ञ हैं। उनका कहना है कि उन्होंने कभी किसी को अनिद्रा से मरते हुए नहीं देखा। यह सही है कि एक आदमी अनिद्रा को लेकर तब तक परेशान रहता है जब तक उसने अपना आपा ना खोया हो और वो इस रोग से गुजरा ना हो। लेकिन ये नुकसान अनिद्रा ने नहीं बल्कि चिंता ने पहुँचाया था।

डॉ क्लेटमैन यह भी कहते हैं कि जो लोग अनिद्रा के बारे में चिंता करते हैं वे आमतौर पर जितना महसूस करते हैं उससे कहीं अधिक सोते हैं।

वह आदमी जो कसम खाता है कि मैं पिछली रात को एक पल भी नहीं सोया, हो सकता है कि वह बिना जाने ही घंटों सोता रहा हो।

उदाहरण के तौर पर उन्नीसवीं शताब्दी के सबसे जाने-माने

विचारकों में से एक हर्बर्ट स्पेंसर एक बूढ़े मगर कुंवारे थे। वह एक बोर्डिंग हाउस में रहते थे और अपनी अनिद्रा के बारे में बातें कर-कर के सभी को उबाया करते थे। वह अपने कानों में स्टॉपिंग लगाते थे ताकि बाहर का शोर उन तक ना पहुंचे और उनका दिमाग शांत रहे। कभी-कभी नींद के लिए वह अफीम भी खा लेते थे। एक रात उन्होंने ऑक्सफोर्ड यूनिवर्सिटी के प्रोफेसर सेइस के साथ होटल में एक कमरा साझा किया। अगली सुबह स्पेंसर ने कहा कि सारी रात उनकी पलक भी नहीं झपकी और वह बिलकुल भी नहीं सोये। असल में उस रात प्रोफेसर सेइस बिलकुल नहीं सोये थे क्योंकि स्पेंसर के खर्राटों ने उन्हें पूरी रात जगाए रखा था।

दरअसल रात की अच्छी नींद के लिए पहली आवश्यकता सुरक्षा की भावना है। हमें यह महसूस करने की जरूरत है कि कोई हमसे भी बड़ी शक्ति है जो भोर तक हमारा ख्याल रखेगी। ग्रेट वेस्ट राइडिंग असाइलम के डॉ थॉमस ह्यस्लोप ने ब्रिटिश मेडिकल एसोसिएशन के समक्ष अपने एक संबोधन में इसी बिंदु पर जोर देते हुए कहा कि मेरे कई वर्षों के अभ्यास ने मुझे जो सबसे अच्छी नींद पैदा करने वाली चीज दी है वह है प्रार्थना। मैं एक चिकित्सक के नाते ये बात कह रहा हूं। वो लोग जो प्रार्थना बहुत ज्यादा करते हैं, ये आदत उनके अंतर्मन और मस्तिष्क को शांत करने के लिए जानी जाती है।

ऊपर वाले को संभालने दो और तुम रहने दो। अनिद्रा के लिए सबसे अच्छे उपचारों में से हैं बागवानी, तैराकी, टेनिस, गोल्फ, स्कीइंग या सिर्फ शारीरिक रूप से थका देने वाला कोई काम। अगर हम बहुत ज्यादा थक गए हैं तो कुदरत हमें चलते-चलते भी सोने पर मजबूर कर देगी। मैं आपको उदाहरण के तौर पर बताता हूँ कि जब मैं तेरह साल का

था तब मेरे पिता ने मोटे सूअरों को एक रेलगाड़ी में भर के सेंट जो, मिसौरी भेजा था। चूँकि उन्हें दो मुफ्त रेलमार्ग पास मिले थे तो वे मुझे भी अपने साथ ले गए। उस समय तक मैं कभी भी चार हजार से ज्यादा की आबादी वाले शहर में नहीं गया था।

जब मैं साठ हजार की आबादी वाले इस शहर सेंट जो में उतरा तो मैं बहुत व्याकुल और उत्तेजित था। मैंने छह मंजिला ऊंची गगनचुंबी इमारतें और अद्भुत और चमत्कारी स्ट्रीटकार देखी। अब मैं अपनी आंखें बंद करके भी उस स्ट्रीटकार को देख और सुन सकता हूँ। मेरे जीवन के सबसे रोमांचकारी और उत्तेजक दिन के बाद पिताजी और मैंने रेवेन-वुड, मिसौरी के लिए वापसी की ट्रेन पकड़ ली। रात के दो बजे वहाँ पहुँचने के बाद हमें चार मील पैदल चलकर फार्महाउस के लिए जाना था। कहानी का सारांश ये है कि मैं इतना थक गया था कि चलते-चलते सो गया और फिर मैंने एक सपना देखा।

मैं अक्सर घुड़सवारी करते-करते सो जाता हूं और मैं यही बताने के लिए जिंदा हूँ।

इसलिए अनिद्रा की चिंता से बचने के लिए यहां पांच नियम बताये गए हैं।

अगर आप सो नहीं सकते हैं, तो वह करें जो सैमुअल अनटर्मेयर ने किया था। उठिये और काम करिये या तब तक पढ़िए जब तक आपको नींद ना आने लगे।

याद रखें कि नींद की कमी से कभी कोई नहीं मरता। नींद ना आने से ज्यादा उसके बारे में चिंता करना आमतौर पर कहीं अधिक नुकसान का कारण बनता है।

प्रार्थना करें।

अपने शरीर को आराम दें।

व्यायाम करें और आप अपने आपको शारीरिक रूप से इतना थका लें कि आप खूब सोएं।

अगर आप नीचे देख रहे हैं तो आपको
कभी इंद्रधनुष नहीं दिखेगा।

—चार्ली चैप्लिन

मेरे प्रभु ही मेरे रक्षक हैं। मुझे यह अच्छा नहीं लगता कि वह मुझे हरी हरी वादियों में बैठाता है और मुझे सन्नाटे में पानी के पास ले जाता है।

—पसालम

भाग 5

13
मरे हुए को मारने से कोई लाभ नहीं

1929 में घटी एक घटना ने शैक्षिक हलकों में राष्ट्रीय स्तर पर सनसनी पैदा कर दी। पूरे अमेरिका से पढ़े-लिखे लोग ये प्रसंग देखने के लिए शिकागो पहुँच गए। कुछ साल पहले रॉबर्ट हचिन्स नाम के एक युवक ने येल के माध्यम से एक वेटर, लकड़हारा, शिक्षक और एक कपड़े बेचने वाले के रूप में काम किया था। अब केवल आठ साल बाद उन्हें अमेरिका के चौथे सबसे अमीर विश्वविद्यालय के अध्यक्ष के रूप में शिकागो विश्वविद्यालय का उद्घाटन करना था। उस समय उनकी उम्र केवल तीस साल थी। है ना अविश्वसनीय। पुराने शिक्षक अपना सिर धुन रहे थे। इस आश्चर्यजनक लड़के की जबरदस्त आलोचना की गई। ये ऐसा है, ये वैसा है, बहुत युवा है, इसको कोई अनुभव नहीं है और उसके शैक्षिक विचारों में अहंकार भरा हुआ है। यहां तक कि तमाम अखबार भी इस हमले में शामिल हो गए।

जिस दिन उद्घाटन हुआ, उस दिन एक मित्र ने रॉबर्ट मेनार्ड हचिन्स के पिता से कहा, मैं आज सुबह आपके बेटे की निंदा करने वाले अखबार के संपादकीय को पढ़कर चौंक गया। हचिन्स के पिता ने उत्तर दिया, यह गंभीर था लेकिन याद रखें कि कोई भी मरे हुए कुत्ते को लात नहीं मारता और

कुत्ता जितना महत्वपूर्ण होता है उसे लात मारने में लोगों को उतनी ही संतुष्टि मिलती है। मतलब ये कि जब आपको लात मारी जाती है और आलोचना की जाती है तो याद रखें कि ऐसा इसलिए किया जाता है क्योंकि इससे किक मारने वाला अपने आपको बहुत महत्वपूर्ण समझने लगता है। इसका मतलब अक्सर ये होता है कि आप कुछ अच्छा कर रहे हैं और जो ध्यान देने योग्य है।

बहुत से लोगों को ऐसे वहशीपन के साथ उन लोगों की निंदा करने से संतुष्टि मिलती है जो उनसे बेहतर शिक्षित हैं या अधिक सफल हैं।

शायद ही कोई ऐसा हो जो येल के अध्यक्ष को अभद्र आदमी समझता हो। लेकिन येल यूनिवर्सिटी के पूर्व अध्यक्ष, टिमोथी ड्वाइट को जाहिर तौर पर उस व्यक्ति की निंदा करने में बहुत खुशी हुई जो अमेरिका का राष्ट्रपति बनने की दौड़ में शामिल है। येल यूनिवर्सिटी के अध्यक्ष ने चेतावनी दी कि अगर यह व्यक्ति राष्ट्रपति चुना गया तो हम अपनी पत्नियों और बेटियों को कानूनी वेश्यावृत्ति का शिकार बनता हुआ देखेंगे, बहुत ज्यादा अपमानित होंगे, विशेष रूप से गन्दगी में डूब जायेंगे, विनम्रता और सदाचार खत्म हो जायेगा और हमें परमेश्वर और मनुष्य से नफरत हो जाएगी।

ये तो बिलकुल हिटलर की निंदा जैसी लग रही है, है ना? लेकिन नहीं, ऐसा नहीं था। यह थॉमस जेफरसन की भर्त्सना थी। कौन थॉमस जेफरसन? निश्चित रूप से ये डिक्लेरेशन ऑफ इंडिपेंडेंस, दि पैट्रन सेंट ऑफ डेमोक्रेसी के अमर लेखक थॉमस जेफरसन नहीं हो सकते।

लेकिन वास्तव में, ये वही थे।

आपको क्या लगता है कि किसी अमेरिकी को पाखंडी,

कपटी और एक हत्यारे से थोड़ा बेहतर के रूप में निंदा की गई थी? एक अखबार के एक कार्टून में उसको गिलोटिन के साथ ऐसे दिखाया गया था कि एक बड़ा सा चाकू उसका सिर काटने के लिए तैयार था। जैसे ही वह सड़कों पर निकला, भीड़ ने उसका मजाक उड़ाया और उसे डराया। पता है वह कौन था? वो थे, जॉर्ज वाशिंगटन।

अगर हम अन्यायपूर्ण आलोचना के बारे में चिंतित होने के लिए बेचैन हैं, तो ये है,

नियम 1: याद रखें कि अन्यायपूर्ण आलोचना अक्सर एक कपटी प्रशंसा होती है। ये भी याद रखें कि कभी कोई एक मरे हुए कुत्ते को लात नहीं मारता है।

इस घड़ी मुझे विश्वास नहीं होता कि
कोई भी अँधेरा सहन करेगा।

—जे.आर.आर. टोल्किन

चिंता उन लोगों द्वारा चुकाया जाने वाला ब्याज है
जो मुसीबत उधार लेते हैं।

—जॉर्ज वाशिंगटन

14

ऐसा करेंगे तो आलोचना आपको दर्द नहीं पहुँचा सकती

एक बार मैंने मेजर जनरल स्म्ड्ले बटलर का साक्षात्कार किया था। बूढ़ी मगर आर-पार उतर जाने वाली खतरनाक आँखें, पुराना नारकीय शैतान, बटलर। वह याद है? सबसे रंगीन मिजाज और तेजतर्रार जनरल जिसने कभी यूनाइटेड स्टेट्स मरीन की कमान संभाली थी। उसने मुझे बताया कि जब वह छोटा था तो वह लोकप्रिय होने के लिए बेताब रहता था, सभी पर अच्छा प्रभाव डालना चाहता था। उन दिनों जरा सी आलोचना भी उसको डंक की तरह चुभ जाती थी। लेकिन उसने माना कि तीस वर्ष मरीन में बिताने के बाद उसकी खाल सख्त हो गई थी। उसने कहा कि मुझे अपमानित किया गया और मेरी निंदा की गई। ये निंदा इस तरह की गई कि मुझे पीला कुत्ता, साँप और एक शैतान तक कहा गया। मुझे विशेषज्ञों द्वारा शाप दिया गया। मेरे लिए अंग्रेजी भाषा में हर एक तरह के अपशब्दों और गालियों का इस्तेमाल किया गया। मैं और उससे परेशान? नहीं, उससे मैं बिलकुल परेशान नहीं हुआ। अब मैं जब किसी को अपने को कोसते हुए सुनता हूं तो मैं यह देखने के लिए अपना सिर कभी नहीं घुमाता कि मेरे बारे में कौन बात कर रहा है।

हो सकता है कि पुराने खतरनाक आँखों वाले बटलर आज अपनी आलोचना के प्रति बहुत उदासीन दिख रहे थे। लेकिन एक बात पक्की है कि हम पर जो ताने और भाले गंभीरता से फेंके जाते हैं, हममें से ज्यादातर लोग उन्हें कम ही पसंद करते हैं। सालों पहले, मुझे वह समय याद है जब न्यूयॉर्क सन के एक रिपोर्टर ने मेरी प्रौढ़-शिक्षा कक्षाओं की एक प्रदर्शन सभा में भाग लिया और फिर मेरी और मेरे काम दोनों की निंदा की। क्या मैं इससे जल गया था? जी हाँ, मैंने इसे अपना व्यक्तिगत अपमान समझा था। मैंने न्यूयॉर्क सन समिति के कार्यकारी अध्यक्ष गिल होजेस को फोन किया और उनसे व्यावहारिक रूप से मांग की कि वह उपहास के बजाय तथ्यों को बताते हुए एक लेख छापें।

उसने जितना बड़ा अपराध किया था, मैं उतनी ही बड़ी सजा देने के लिए संकल्प कर चुका था।

हालाँकि मैंने जिस तरह से अभिनय किया था, उससे मैं अब शर्मिंदा हूं। मुझे अब एहसास हुआ कि अखबार खरीदने वाले आधे लोगों ने भी वो लेख नहीं पढ़ा था। इसे पढ़ने वालों में से भी आधे लोगों ने तो इसका आनंद लिया और आधे कुछ ही हफ्तों में यह सब भूल गए।

मुझे अब ये एहसास हुआ है कि लोग आपके और मेरे बारे में नहीं सोच रहे हैं या हमारे बारे में जो कहा जा रहा है उसकी उन्हें परवाह नहीं है। वे नाश्ते से पहले, नाश्ते के बाद और आधी रात के बाद दस मिनट तक सिर्फ अपने बारे में सोचना चाहते हैं। वे आपकी या मेरी मौत की खबर के बारे में सोचने के बजाए अपने एक मामूली सिरदर्द के बारे में सोचकर एक हजार गुना ज्यादा चिंतित रहते होंगे।

अगर आपसे और हमसे झूठ बोला गया हो, हमारा मजाक

बनाया गया हो, चालबाजी की गई हो, पीठ में छुरा घोंपा गया हो और हमारे छह सबसे करीबी दोस्तों में से एक ने हमें धोखा दिया हो, फिर भी हमें अपने ऊपर तरस खाने के दिखावे से बचना चाहिए। आइए आपको इसके बजाय एक और बात याद दिलाएं। ऐसा ही यीशु के साथ हुआ था। उनके बारह सबसे घनिष्ठ मित्रों में से एक ने लगभग उन्नीस डॉलर की रिश्वत के लिए यीशु के साथ गद्दारी की थी।

जिस क्षण यीशु संकट में थे, उनके घनिष्ठ मित्रों ने उनका साथ छोड़ दिया था और कम से कम तीन बार उन्होंने कसम खाकर कहा कि वो यीशु को नहीं जानते। प्रत्येक छह में से सिर्फ एक दोस्त। यही तो यीशु के साथ हुआ था। क्या आपको और मुझे इससे भी ज्यादा किसी बेहतर संख्या की उम्मीद है?

हालाँकि मैंने वर्षों पहले पता लगा लिया था कि मैं लोगों को अपनी अन्यायपूर्ण आलोचना करने से नहीं रोक सकता था। फिर भी मैं कुछ इससे भी अधिक महत्वपूर्ण तो कर ही सकता था। लेकिन अब ये मेरी सोच पर निर्भर करता है कि मैं बिना बात के अपने ऊपर अन्यायपूर्ण निंदा से खुद को परेशान होने दूं या नहीं।

आइए इसके बारे में मैं और ज्यदा स्पष्ट कर दूँ। मैं सभी आलोचनाओं को नजरअंदाज करने की वकालत नहीं कर रहा हूं। इससे दूर रहने की बात कर रहा हूँ। मैं केवल अन्यायपूर्ण आलोचना की उपेक्षा करने की बात कर रहा हूं। मैंने एक बार एलेनोर रूजवेल्ट से पूछा था कि वह अन्यायपूर्ण आलोचना को कैसे लेती हैं और भगवान जानता है कि उनके पास कहने के लिए बहुत कुछ था। उनके पास शायद किसी भी अन्य महिला की तुलना में अधिक उत्साही दोस्त और अधिक हिंसक शत्रु थे, जो व्हाइट हाउस में रहते थे।

उन्होंने मुझे बताया कि एक युवा लड़की के रूप में वह बहुत शर्मीली थीं, डरती भी थीं कि आखिर लोग क्या कहेंगे। वह अपनी आलोचना से इतना घबराती थीं कि एक दिन उन्होंने अपनी चाची, थियोडोर रूजवेल्ट की बहन से इस बारे में सलाह मांगी। उन्होंने कहा आंटी मैं बहुत कुछ करना चाहती हूं। लेकिन मुझे आलोचना से डर लगता है।

टेडी रूजवेल्ट की बहन ने उनकी तरफ देखा और कहा, लोग क्या कहते हैं, इससे परेशान मत हो, जब तक तुम्हारा दिल जानता है कि तुम सही हो। एलेनोर रूजवेल्ट ने मुझे बताया कि वर्षों बाद जब वह व्हाइट हाउस में थीं तो ये सलाह उनके लिए रॉक ऑफ जिब्राल्टर साबित हुई। उन्होंने मुझसे कहा कि आलोचनाओं से बचने का एक ही तरीका है कि हम ड्रेसडेन-चाइना फिगर की तरह हों और एक शेल्फ में रहें।

आपको वही करना चाहिए जो आपका दिल सही समझता हो, क्योंकि आपकी आलोचना तो हर हाल में होगी। अगर आप कुछ करते हैं तो भी निंदनीय हैं और नहीं करते हैं तब भी आपकी निंदा तो होनी ही है। यही उनकी सलाह थी।

जब आपकी और मेरी आलोचना अनुचित रूप से की जाती है, तो आइये उसको याद करते हैं।

नियम 2: जितना अच्छा कर सकते हो करो और तुम्हारी पीठ पीछे आलोचना की जो बारिश हो रही है, उससे बचने के लिए अपना पुराना छाता लगालो।

आशावादी बनिए, यही बेहतर है।

—दलाई लामा

जो लोगों को मारती है वो काम नहीं चिंता है।
वो क्रांति नहीं है जो मशीनरी को नष्ट कर देती है,
वो एक घर्षण है।

—हेनरी वार्ड बीचर

15
मेरी माँ और पिता ने चिंता को कैसे जीता

जैसा कि मैंने कहा कि मेरा जन्म और पालन-पोषण मिसौरी के एक फार्म-हाउस में हुआ था। उस समय के अधिकांश किसानों की तरह मेरे माता-पिता को भी काफी मुश्किलों का सामना करना पड़ा था। मेरी मां एक ग्रामीण स्कूल में पढ़ाती थी और मेरे पिता एक किसान थे, जो एक महीने में सिर्फ बारह डॉलर के लिए काम करते थे। मेरी माँ ना केवल मेरे कपड़े बनवाती थी बल्कि उन्हें धोने के लिए साबुन लाना भी उसी की जिम्मेदारी थी।

साल में एक बार जब हम अपने सुवर बेचते थे, उसके अलावा हमारे पास मुश्किल से ही कभी कोई नकद पैसे होते थे। हम मक्खन और अंडे के बदले किराने की दुकान से आटा, चीनी और कॉफी का व्यापार करते थे। जब मैं बारह वर्ष का था तो मेरे पास खर्च करने के लिए एक वर्ष में पचास सेंट भी नहीं होते थे। मुझे आज भी वह दिन याद है जब हम चार जुलाई के एक उत्सव में गए थे तो पिताजी ने मुझे खर्च करने के लिए दस सेंट दिए थे। तब मुझे ऐसा लगा था कि इंडीज की सारी दौलत मेरी है।

मुझे एक कमरे वाले कंट्री स्कूल जाने के लिए एक मील पैदल चलना पड़ता था। जब खूब बर्फ पड़ती थी और तापमान शून्य से अट्ठाईस डिग्री नीचे होता था, मैं तब भी कांपता हुआ स्कूल जाता था। जब तक मैं चौदह साल का नहीं हुआ, मेरे पास कभी भी रबर के जूते या लम्बे जूते नहीं थे। सर्दियों के दौरान मेरे पैर हमेशा गीले और ठंडे रहते थे। बचपन में मैंने ऐसा कभी सपने में भी नहीं सोचा था कि सर्दियों में किसी के भी पैर सूखे और गर्म हो सकते हैं।

मेरे माता-पिता प्रतिदिन सोलह घंटे गुलामी करते थे, फिर भी हम लगातार कर्ज में डूबे हुए थे और अपने खराब भाग्य से परेशान थे। ये मेरी सबसे बुरी शुरुआती यादों में से एक है कि बाढ़ में 102 नदी का पानी हमारे मकई के खेतों और घास के मैदानों के ऊपर से बहकर सब कुछ नष्ट कर देता था। बाढ़ की वजह से सात में से छह साल हमारी फसल नष्ट होती गई। साल दर साल हमारे सुवर हैजे से मरते गए और हम उन्हें जलाते रहे। मैं अब भी अपनी आंखें बंद करके सुअर के मांस के जलने की तीखी गंध को सूंघ सकता हूं।

फिर एक साल बाढ़ नहीं आई। हमने मकई की एक जबरदस्त फसल उगाई और मवेशियों को चारे में खूब मक्का खिलाया। उसी साल शिकागो के बाजार में मवेशियों की कीमत गिर गई थी और गाय-बैलों को खिलाने और मोटा करने में हमने जो खर्च किया था, उसकी तुलना में हमें केवल तीस डॉलर अधिक मिले। पूरे साल के काम की कीमत, सिर्फ तीस डॉलर। इससे तो अच्छा होता कि बाढ़ ने हमारी सारी फसलों को डूबा दिया होता।

कुछ भी हो, हमने जो भी किया हो, हम पैसे गंवा चुके थे। मुझे अब भी वो खच्चर के बच्चे याद हैं जो मेरे पिता ने

खरीदे थे। हमने उन्हें तीन साल तक खिलाया, उनकी देख-भाल के लिए आदमियों को काम पर रखा, फिर उन्हें बेचने के लिए मेम्फिस, टेनेसी भेजा। लेकिन तीन साल पहले हमने उनके लिए जो रकम खर्च करी थी, हमें उससे कम भुगतान हुआ।

दस साल की कड़ी मेहनत के बाद भी हम ना केवल गरीब थे बल्कि भारी कर्ज में डूब चुके थे। हमारा खेत बैंक द्वारा गिरवी रख लिया गया था और तमाम कोशिशों के बाद भी हम उसका ब्याज तक नहीं चुका पा रहे थे। जिस बैंक ने हमारा खेत गिरवी रख कर हमें गाली दी थी और मेरे पिता का अपमान किया था, उस बैंक ने अब पिता को खेत छीन लेने की धमकी भी दे दी। मेरे पिता की उम्र सैंतालीस साल थी। तीस से अधिक वर्षों की कड़ी मेहनत के बाद भी उनके पास कर्ज और अपमान के अलावा कुछ नहीं बचा था। यह बहुत मुश्किल समय था, इतना मुश्किल कि जिसे वह सह नहीं पा रहे थे। वह इतने परेशान थे कि उनकी तबीयत खराब हो गई। उन्हें भोजन करने की भी इच्छा नहीं होती थी। पूरे दिन खेत में कड़ी मेहनत करने के बावजूद उनको भूख मिटाने के लिए दवा लेनी पड़ती थी। वह दुबले और कमजोर हो गए थे। डॉक्टर ने मेरी माँ को बताया कि वह छह महीने के अंदर ही मर जायेंगे। मेरे पिता इतने चिंतित थे कि वो अब जीना भी नहीं चाहते थे। मैंने अक्सर अपनी माँ को यह कहते हुए सुना था कि जब पिता खलिहान में घोड़ों को चारा खिलाने और गायों का दूध निकालने जाते थे और उन्हें ज्यादा देर हो जाती थी तो माँ ये सोच कर कि कहीं उनका शरीर किसी रस्सी से ना लटक रहा हो, इस डर से वो भी खलिहान में चली जाती थी। एक दिन जब वह मैरीविले से घर वापिस आये तो जहाँ एक बैंकर ने उनको खेत गिरवी रखने की धमकी दी थी,

उन्होंने वहां 102 नदी के पुल पर अपने घोड़ों को रोक दिया और बग्घी से उतर कर खड़े हो गए। वह काफी देर तक नीचे पानी को देखते हुए ये सोचते रहे कि क्या उन्हें कूद कर सब कुछ खत्म कर देना चाहिए।

इसके वर्षों बाद पिता जी ने मुझे बताया कि मेरी माँ की भगवान में गहरी आस्था थी और उसकी वही विश्वास भरी खुशी ही मेरे नदी में ना कूदने का एकमात्र कारण थी। वो कहती थी कि अगर हम भगवान से प्यार करते हैं और उसकी आज्ञा का पालन करते हैं, तो सब कुछ ठीक हो जाएगा। मां ठीक कहती थी। अंत में सब कुछ ठीक हो गया। इसके बाद पिता भी बयालीस खुशहाल वर्ष अधिक जीवित रहे और 1941 में उन्नयासी साल की उम्र में उनकी मृत्यु हुई।

इतने सालों के संघर्ष और दिल की बीमारी के बाद भी मेरी मां ने कभी चिंता नहीं की। वह भगवान से प्रार्थना करके अपनी सारी परेशानियों का हल ढूंढ लेती थी। हर रात सोने से पहले माँ बाइबल का एक अध्याय पढ़ती थी। मेरी माँ या पिता बार-बार यीशु के इन सुकून देने वाले शब्दों को दोहराते थे, "मेरे पिता के घर में बहुत से रहने के स्थान हैं। मैं तुम्हारे लिए भी एक स्थान तैयार करने जा रहा हूँ, जहां मैं हूं, वहां तुम भी हो सकते हो।" फिर हम सब उस मिसौरी फार्महाउस में अपनी कुर्सियों के आगे घुटने टेक कर भगवान से अपने लिए प्यार और सुरक्षा की प्रार्थना करते थे।

मेरी मां चाहती थी कि मैं अपना सारा जीवन धार्मिक कार्यों में लगा दूं। मैंने भी एक बार धार्मिक प्रचारक बनने के बारे में गंभीरता से सोचा था। फिर मैं कॉलेज चला गया और जैसे-जैसे साल बीतते गए मुझमें एक बदलाव आता गया। मैंने जीव विज्ञान, विज्ञान, दर्शन और तुलनात्मक धर्मों की पढ़ाई की।

मैंने इसके लिए भी किताबें पढ़ीं कि बाइबल कैसे लिखी गई। मैंने उसके कई दावों पर सवाल उठाने शुरू कर दिए। उन दिनों मुझे देश के प्रचारकों द्वारा सिखाए गए कई संकीर्ण सिद्धांतों पर संदेह होने लगा। मैं हैरान था कि वॉल्ट व्हिटमैन की तरह मैंने भी अपने अंदर एक अजीब सा कौतूहल और आकस्मिक सवालों की हलचल को महसूस किया। मुझे नहीं पता कि मुझे क्या मानना चाहिए? अब मेरे लिए जीवन में कोई उद्देश्य नहीं रहा। मैंने प्रार्थना करना बंद कर दिया। मैं एक संशयवादी बन गया। मुझे विश्वास था कि अब मेरा जीवन योजनाहीन और लक्ष्यहीन था। मेरा मानना था कि मनुष्यों के पास डायनासोर की तुलना में अधिक दैवीय उद्देश्य नहीं थे जिन्होंने बीस करोड़ साल पहले इस पृथ्वी पर घूमना-फिरना शुरू कर दिया था। मैंने महसूस किया कि किसी दिन मानव जाति नष्ट हो जाएगी, ठीक वैसे ही जैसे कि आज डायनासोर नहीं रहे। मैं जानता था कि विज्ञान हमें सिखाता है कि सूरज धीरे-धीरे ठंडा हो रहा है और अगर उसका तापमान दस प्रतिशत भी गिर गया तो पृथ्वी पर जीवन किसी भी रूप में मौजूद नहीं रह सकता। मैंने मुस्कुरा के उस ऊपर वाले के बारे में सोचा जिसने अपने हिसाब और खुशी से आदमी को बनाया है। मुझे विश्वास है कि इस निर्जीव ब्रह्माण्ड में उसी अनदेखी शक्ति द्वारा बनाये गए अरबों काले, ठन्डे सूरज चक्कर लगाते रहे होंगे। शायद उन्हें कभी बनाया ही नहीं गया था या फिर वे समय और स्थान की तरह हमेशा से मौजूद थे।

क्या मैं अब उन सभी सवालों के जवाब जानने का दावा करता हूं? नहीं, कोई भी आदमी कभी भी ब्रह्मांड के रहस्य और जीवन के रहस्य की व्याख्या नहीं कर पाया है। हम रहस्यों से घिरे हुए हैं। तुम्हारे शरीर के ऑपरेशन में भी एक गहरा रहस्य है। जैसे तुम्हारे घर के अंदर बिजली, जैसे एक फूल जो दीवार

के अंदर से उग रहा है और जैसे वो हरी-भरी घास जो कि तुम्हारी खिड़की के बाहर है। जनरल मोटर्स रिसर्च लेबोरेटरीज के मार्गदर्शक जीनियस चार्ल्स एफ. केटरिंग यह जानने के लिए कि घास हरी क्यों होती है, एंटिओक कॉलेज को हर साल अपनी जेब से तीस हजार डॉलर देते हैं। उनका कहना है कि अगर हम ये जानते कि सूरज की रोशनी, पानी और कार्बन डाइऑक्साइड को घास मीठे भोजन में कैसे बदलती है तो हम अपनी सभ्यता को भी बदल सकते हैं।

यहां तक कि आपकी कार के इंजन का संचालन भी एक गहरा रहस्य है। जनरल मोटर्स रिसर्च लेबोरट्री ने यह पता लगाने की कोशिश में वर्षों का समय और लाखों डॉलर खर्च किए हैं कि सिलेंडर में एक चिंगारी कैसे और क्यों निकलती है जिससे आपकी कार चलती है। इसका जवाब वो अभी तक नहीं जान पाए हैं।

सच्चाई यह है कि हम उनका उपयोग करने और आनंद लेने के बावजूद अपने शरीर, बिजली या गैस इंजन के रहस्यों को नहीं समझते हैं।

यह भी सच है कि मैं प्रार्थना और धर्म के रहस्यों को नहीं समझता। धर्म मुझे उस समृद्ध और सुखी जीवन का आनंद लेने से रोकता है।

बहुत समय बाद मुझे संतायण के शब्दों को सुनकर ज्ञान का एहसास हुआ। उन्होंने कहा कि मनुष्य जीवन को समझने के लिए नहीं, बल्कि उसे जीने के लिए बना है। मैं वापस लौट गया हूँ, जी हाँ, मैं कहने वाला था कि मैं धर्म की तरफ वापस लौट गया हूँ लेकिन यह कहना सही नहीं होगा। दरअसल मैं धर्म को एक नए विचार के साथ लेकर आगे बढ़ रहा हूँ। मुझे अब पंथों के मतभेदों में जरा भी दिलचस्पी नहीं

है जो कलीसाओं को बांटते हैं। लेकिन मुझे इस बात में ज्यादा दिलचस्पी है कि धर्म मेरे लिए आखिर क्या करता है। ठीक वैसे ही जैसे मुझे इसमें दिलचस्पी है कि बिजली, अच्छा भोजन और पानी मेरे लिए क्या करते हैं। वे मुझे एक समृद्ध, भरपूर और खुशहाल जीवन जीने में मदद करते हैं। लेकिन धर्म उससे कहीं अधिक करता है। यह मुझे आध्यात्मिक महत्व देता है। यह मुझे वही देता जैसा कि विलियम जेम्स ने कहा, जीवन के लिए एक नया उत्साह, अधिक जीवन, एक बड़ा, समृद्ध, और ज्यादा संतोषजनक जीवन। यह मुझे विश्वास, आशा और साहस देता है। यह तनाव, चिंता, भय और कष्ट को दूर करता है। यह मेरे जीवन को उद्देश्य और दिशा देता है। यह मेरी खुशी को बढ़ाने के साथ ही मुझे भरपूर स्वास्थ्य देता है। यह मुझे अपने लिए रेतीली जिन्दगी के भंवर में शांति का नखलिस्तान बनाने में मदद करता है।

आज मनोचिकित्सक भी आधुनिक प्रचारक बन रहे हैं। वे हमसे अगली दुनिया में नरक की आग से बचने के लिए धार्मिक जीवन जीने का आग्रह नहीं कर रहे हैं। लेकिन वो हमसे इसी दुनिया में नरक की आग से बचने के लिए धार्मिक जीवन जीने का अनुरोध कर रहे हैं। वो हमें पेट के अल्सर, एनजाइना पेक्टोरिस, नर्वस ब्रेकडाउन और पागलपन जैसी नरक की आग से बचाना चाहते हैं।

संयुक्त राज्य अमेरिका में औसतन हर पैंतीस मिनट में एक व्यक्ति आत्महत्या करता है और हर एक सौ बीस सेकेंड में कोई पागल हो जाता है। अगर इन लोगों के पास धर्म और प्रार्थना में मिलने वाली सांत्वना और शांति होती तो इनमें से अधिकांश आत्महत्याओं और शायद बहुत से पागलपन की त्रासदियों को रोका जा सकता था।

सबसे प्रतिष्ठित मनोचिकित्सकों में से एक डॉ. कार्ल जंग, जो आज भी जीवित हैं, अपनी पुस्तक "मॉडर्न मैन इन सर्च ऑफ ए सोल" के पृष्ठ संख्या 264 पर लिखते हैं कि, पिछले तीस वर्षों के दौरान दुनिया के सभी सभ्य देशों के लोगों ने मुझसे परामर्श किया है। मैंने सैकड़ों मरीजों का इलाज किया है। जीवन के दूसरे भाग में मतलब पैंतीस वर्ष से अधिक आयु वाले मेरे सभी मरीजों में ऐसा कोई नहीं था, जिसने जीवन की समस्या का अंतिम उपाय खोजने के लिए धार्मिक दृष्टिकोण नहीं अपनाया था। ये कहना ठीक होगा कि जो भी बीमार पड़ा वो जीने के उस तरीके को भूल गया था जो हर धर्मों ने अपने अनुयाइयों को सिखाया था। उनमें से कोई भी ऐसा नहीं था जो ठीक होने के लिए वापिस सही रास्ते पर ना लौटा हो।

बुद्ध के बाद सबसे महान भारतीय रहनुमा स्वर्गीय महात्मा गांधी अगर प्रार्थना की सतत शक्ति से प्रेरित ना हुए होते तो उनका पतन निश्चित था। ये मुझे कैसे पता चला? असल में गांधी ने तो खुद ही कहा था, बिना प्रार्थना के तो मैं बहुत पहले ही पागल हो गया होता।

हजारों लोग ऐसे बयान दे सकते थे। मेरे पिता, जी हाँ, जैसा कि मैंने पहले ही कहा कि अगर उन्हें मेरी मां की प्रार्थना और आस्था में विश्वास नहीं होता तो मेरे पिता भी खुद डूब गए होते। शायद हजारों यातनाग्रस्त आत्माएं जो अब भी हमारे पागलखानों में चीख रही हैं, अगर वो जीवन की लड़ाई अकेले लड़ने की कोशिश करने के बजाय किसी महान शक्ति की मदद लेतीं, तो उन्हें बचाया जा सकता था।

जब हम हताश हो जाते हैं और अपनी क्षमता की सीमा लांघ जाते हैं तो हममें से बहुत से लोग परमेश्वर की शरण में चले जाते हैं। सनद रहे, लोमड़ियों की मांद में कोई नास्तिक

नहीं होता। लेकिन हम इस बात की प्रतीक्षा ही क्यों करें कि हमें हताश ही होना है। क्यों न हम हर दिन अपनी ताकत को नए सांचे में ढालें? हमें रविवार का इंतजार क्यों है? मुझे तो वर्षों से सप्ताह के दिनों में दोपहर को खाली चर्च में जाने की आदत है। जब मैं आध्यात्मिक चीजों के बारे में सोचने के लिए कुछ मिनट निकालने की कोशिश करता हूँ तो मुझे लगता है कि मैं बहुत उतावला हो रहा हूँ और जल्दबाजी से काम ले रहा हूं। फिर मैं अपने आप से कहता हूँ, एक मिनट रुको, डेल कार्नेगी, एक मिनट रुको। डेल, तुम हर समय इतनी तेजी और जल्दबाजी में क्यों रहते हो? तुम्हें थोड़ा रुकने और किसी स्वरूप को हासिल करने की जरूरत है। ऐसे समय में अक्सर पहले मैं उस चर्च में जाता हूं जो मुझे खुला मिलता है। हालाँकि मैं एक प्रोटेस्टेंट हूँ और अक्सर सप्ताह के दिनों में दोपहर को सेंट पैट्रिक कैथेड्रल में फिफ्थ एवेन्यू पर जाता हूँ। मैं अपने आप को ये भी याद दिलाता हूं कि मैं अगले तीस वर्षों में मर जाऊंगा। लेकिन ये महान आध्यात्मिक सत्य, अनंत से सभी चर्चों में सिखाया जाता रहा है। मैं अपनी आंखें बन्द करके प्रार्थना करता हूं। मुझे लगता है कि ऐसा करने से मुझे मानसिक शांति मिलती है, मेरे शरीर को आराम मिलता है, मेरा दृष्टिकोण स्पष्ट होता है और खुद का मूल्यांकन करने में मुझे मदद मिलती है। क्या मैं आपको इस अभ्यास को करने की सलाह दे सकता हूँ?

मैं इस पुस्तक को पिछले छह वर्षों से लिख रहा हूँ और इस दौरान मैंने सैकड़ों उदाहरण और कई ऐसे ठोस मामले जमा किए हैं कि कैसे प्रार्थना के द्वारा पुरुषों और महिलाओं ने भय और चिंता पर विजय प्राप्त की। मेरे फाइलिंग कैबिनेट के फोल्डर्स ऐसी तमामा केस हिस्ट्रीज से भरे हुए हैं।

मैं ऐसे पुरुषों को भी जानता हूं जिनके लिए धर्म सिर्फ महिलाओं, बच्चों और प्रचारकों के लिए होता है। उन्हें अपनी मर्दानगी पर गर्व करते हैं और वो अपनी लड़ाई अकेले लड़ सकते हैं।

ऐसे लोगों को यह जानकर कितना आश्चर्य होगा कि दुनिया के कुछ सबसे प्रसिद्ध मर्द हर दिन प्रार्थना करते हैं। उदाहरण के लिए, ही- मैन जैक डेम्पसे ने मुझे बताया कि वह प्रार्थना किए बिना कभी बिस्तर पर सोने नहीं जाते और वह कभी भी भगवान को धन्यवाद दिए बिना भोजन नहीं करते। उन्होंने बताया कि जब वह एक बाउट के लिए प्रशिक्षण लेते थे तब भी वह हर दिन प्रार्थना करते थे और जब वह रिंग में होते थे, तो वह हमेशा प्रत्येक राउंड के लिए घंटी बजने से पहले प्रार्थना करते थे। उनका कहना था कि, प्रार्थना करने से मुझे साहस और आत्मविश्वास के साथ लड़ने में मदद मिलती थी।

जे. पियरपोंट मॉर्गन भी एक जांबाज मर्द और अपने समय के सबसे बड़े फाइनेंसर थे। वह शनिवार की दोपहर को अक्सर वाल स्ट्रीट के ट्रिनिटी चर्च में अकेले जाते थे और प्रार्थना में अपने घुटने टेक देते थे।

जब एक और ही–मैन आइजनहावर ने ब्रिटिश और अमेरिकी सेना की सर्वोच्च कमान संभालने के लिए इंग्लैंड के लिए उड़ान भरी, तो हवाई जहाज में उनके साथ केवल एक किताब थी, और वो थी, बाइबल।

एक और ही –मैन जनरल मार्क क्लार्क ने मुझे बताया कि वह युद्ध के दौरान हर दिन बाइबल पढ़ते थे और घुटने टेक कर प्रार्थना करते थे। च्यांग काई–शेक और जनरल मॉन्टगोमरी, मोंटी ऑफ अल अलामीन भी कुछ इसी तरह अपनी प्रार्थना को पूरा करते थे। ऐसा ही ट्राफलगर में लॉर्ड नेल्सन, जनरल वाशिंगटन,

रॉबर्ट ई ली, स्टोनवेल जैक्सन और अन्य महान सेना-नायकों ने भी किया था। बहुत सारे ही- मेन ने ये खोज की है कि अगर वो चिंतित और व्याकुल हैं तो फिर क्यों ना वो परमेश्वर की शरण में जाएँ। इमैनुएल कांट ने कहा था, भगवान में विश्वास करिये क्योंकि हमें इस तरह के विश्वास की आवश्यकता है? हम क्यों न खुद को उसके साथ जोड़ लें जो एक अटूट प्रेरक शक्ति है और ब्रह्मांड को चलाती है?

हो सकता है कि आप स्वभाव या जन्म से धार्मिक व्यक्ति ना हों बल्कि पूरी तरह से संशयवादी हों। फिर भी यह एक व्यावहारिक बात है कि प्रार्थना आपके विश्वास से कहीं ज्यादा आपकी मदद कर सकती है। मेरा क्या मतलब है? मेरा मतलब है, व्यावहारिक प्रार्थना? मेरा मतलब ये है कि प्रार्थना बहुत ही बुनियादी इन तीनों मनोवैज्ञानिक जरूरतों को पूरा करती है जो सभी लोग साझा करते हैं, चाहे उन्हें ईश्वर में विश्वास हो या ना हो।

हमें जो भी परेशानी होती है, प्रार्थना हमें ठीक उन्हीं शब्दों को कहने में मदद करती है। एक तरह से प्रार्थना कागज पर अपनी समस्या लिखने जैसी होती है। अगर हम किसी समस्या के लिए परमेश्वर से भी मदद माँगते हैं तो हमें इसे शब्दों में व्यक्त करना आना चाहिए।

प्रार्थना हमें अपने बोझ को साझा करने के साथ-साथ ये भी सिखाती है कि आप अकेले नहीं हैं। हममें से कुछ ही लोग इतने मजबूत हैं कि वो अपना सबसे भारी बोझ और अपनी सबसे दर्दनाक परेशानियों को अकेले ही उठा सकते हैं। कभी-कभी हमारी चिंताएं बहुत बढ़ जाती हैं और स्वभाव के साथ इतनी अंतरंग हो जाती हैं कि हम अपने करीबी रिश्तेदारों या दोस्तों के साथ भी उनकी चर्चा नहीं कर पाते। तब प्रार्थना ही इसका जवाब होती है। कोई भी मनोचिकित्सक हमें बता

सकता है कि जब हम मन में कोई बात दबाये हों, तनाव में हों या फिर आत्मा को कोई दर्द सता रहा हो तो हमें अपनी परेशानी किसी को बताना चिकित्सीय रूप से अच्छा होता है। अगर हम अपनी परेशानी किसी और को नहीं बता सकते तो हम हमेशा अपने परमेश्वर को वो बात बता सकते हैं।

प्रार्थना काम करने की एक सक्रिय सैद्धांतिक प्रेरणा है। साथ ही ये काम करने की ओर पहला कदम भी है। मुझे संदेह है कि कोई भी किसी फायदे के बिना कुछ पाने के लिए रोजाना प्रार्थना कर सकता है। दूसरे शब्दों में, बिना कोई भी कदम उठाए जिससे कि वो चीज हो जाये।

विश्वविख्यात वैज्ञानिक डॉ. एलेक्सिस कैरेल ने कहा था कि प्रार्थना ऊर्जा का सबसे शक्तिशाली रूप है जिससे कोई भी ऊर्जा उत्पन्न कर सकता है। तो फिर क्यों ना इसका उपयोग किया जाए? उसको हम ईश्वर कहें या अल्लाह या फिर आत्मा, उसके नामों पर बहस करके हमें कुछ भी हासिल नहीं होगा क्योंकि हम प्रकृति की उसी रहस्यमयी ताकत के नियंत्रण में हैं। प्रकृति की रहस्यमयी शक्तियां हमें अपने आगोश में ले लेती हैं?

कुछ लोग बड़बड़ाते हैं कि गुलाब में कांटे होते हैं,
मैं आभारी हूं कि कांटों में गुलाब है।

—अल्फोंस कर्र

हम कभी बड़ी बातों की चिंता नहीं करते,
बस छोटी-छोटी बातों से परेशान रहते हैं।

—ट्राविस बार्कर

भाग 6

16
वो आठ शब्द जो बदल सकते हैं आपका जीवन

कुछ साल पहले रेडियो कार्यक्रम में मुझसे एक सवाल पूछा गया था, आपने अभी तक का सबसे बड़ा सबक क्या सीखा?

सवाल आसान था। अब तक मैंने जो सबसे महत्वपूर्ण सबक सीखा, वह यह है कि हम जो सोचते हैं उसका भी महत्व है। अगर मैं ये जानता कि आप क्या सोचते हैं तो मैं ये भी जान सकता हूँ कि आप क्या हैं। हमारे विचार हमें वैसा ही बनाते हैं जो हम हैं। हमारे मानसिक रवैये में एक ऐसा एक्स फैक्टर है जो हमारे भाग्य को निर्धारित करता है। इमर्सन ने कहा था कि एक आदमी वह है जो दिन भर सोचता है। वह संभवत: कुछ और कैसे हो सकता है?

मुझे अब बिना किसी आशंका के ये पता है और पूरे भरोसे के साथ कह सकता हूँ कि जो सबसे बड़ी मुश्किल है उसका आपको और मुझे सामना करना पड़ता है। यहाँ तक कि जो हमारी एकलौती मुश्किल है, वो है सही विचारों का चयन। अगर हम वो कर सके तो हम अपनी सभी मुश्किलों को हल करने के रास्ते पर आ जायेंगे। मार्कस ऑरेलियस, जो कि एक महान दार्शनिक थे और उन्होंने रोमन साम्राज्य पर शासन किया था, इसे आठ शब्दों में अभिव्यक्त किया है। वो आठ शब्द जो

आपका भाग्य तय कर सकते हैं, हमारे विचार ही हमारा जीवन हैं।

अगर हमारे विचार अच्छे होंगे तो हम सुखी रहेंगे और यदि खराब विचार दिमाग में आएंगे तो हम दुखी होंगे। इसी तरह हम अगर डर के बारे में सोचेंगे तो भयभीत रहेंगे। हमारे अंदर अगर अस्वस्थता के विचार पनपेंगे तो हम शायद बीमार पड़ जाएँ और अगर हम असफलता के बारे में सोचेंगे तो हम निश्चित रूप से विफल रहेंगे। हमारे मन में अगर खुद के लिए दया की भावना आएगी तो फिर हर कोई हमसे दूर रहना और बचना चाहेगा। नॉर्मन विन्सेंट पील ने कहा, तुम वह नहीं हो जो तुम सोचते हो कि तुम हो, लेकिन तुम जो सोचते हो, वह तुम हो।

क्या मैं सभी समस्याओं के लिए आदतन पोलीअन्ना के रवैये की वकालत कर रहा हूँ? नहीं, दुर्भाग्य से सब की तरह जीवन इतना सरल नहीं है। लेकिन मैं इस बात की वकालत कर रहा हूं कि हमें नकारात्मक सोच के बजाय सकारात्मक नजरिया अपनाना चाहिए। इसको यूँ भी कहा जा सकता है कि हमें अपनी समस्याओं के बारे में चिंता करने की जरूरत है लेकिन चिंतित होने की आवश्यकता नहीं है। चिंता और चिंतित होने में क्या अंतर है, ये मैं आपको समझाता हूँ। हर बार जब मैं न्यूयॉर्क की ट्रैफिक से भरी सड़कों को पार करता हूं, तो मुझे इस बात की चिंता होती है कि मैं ये क्या कर रहा हूँ लेकिन मैं चिंतित नहीं होता। चिंता का मतलब यह समझना है कि समस्याएं क्या हैं और शांति के साथ उनसे कैसे निपटा जाये। चिंता करने का अर्थ है पागल कर देने वाले बेकार के चक्करों में उलझ के रह जाना।

एक आदमी अपनी गंभीर समस्याओं के बारे में सोच के चिंतित तो हो सकता है लेकिन फिर भी वह चेहरा ऊपर करके अपने बटन में गुलनार का फूल लगा के चल सकता है। मैंने

लोवेल थॉमस को ऐसा करते देखा है। प्रथम विश्व युद्ध के दौरान लोवेल थॉमस जब एलनबाई-लॉरेंस पर अपनी प्रसिद्ध फिल्मों के अभियान पर था तब मुझे उसके साथ रहने का सौभाग्य मिला था। उसने और उसके सहायकों ने लगभग आधा दर्जन मोर्चों पर युद्ध की तस्वीरें खींची थीं। सबसे अच्छी बात ये थी कि उसके पास टी.ई. लॉरेंस और उनकी रंगीन अरब सेना का एक सचित्र रिकॉर्ड और एलनबाई की पवित्र भूमि पर हुई जीत की एक फिल्म भी मौजूद थी। 'विथ एलनबाई इन पलेस्टाइन एंड लॉरेंस इन अरबिया' शीर्षक से उसकी सचित्र चित्रण की प्रदर्शनी से लंदन और दुनिया भर में सनसनी फैल गई थी। लंदन ओपेरा सीजन को छह सप्ताह के लिए स्थगित कर दिया गया था ताकि लोवेल सबको रोमांच की कहानी बताना जारी रखे और कोवेंट गार्डन रॉयल ओपेरा हाउस में भी अपनी तस्वीरें दिखा सके। लंदन में जबरदस्त सफलता के बाद उसने कई देशों के सफल दौरे किये। इसके बाद लोवेल थॉमस ने लाइफ इन इंडिया एंड अफगानिस्तान फिल्म बनाने में दो साल लगाए। इसके बाद बहुत सारे अविश्वसनीय दुर्भाग्यों ने उसको घेर लिया। सब कुछ असंभव सा हो गया। वह लंदन की सरजमीन पर जैसे बिखर सा गया। मैं उस समय उसके साथ था। उस समय मुझे याद है कि ल्योंस कॉर्नर हाउस रेस्तरां में हम सस्ता खाना खाते थे। तब अगर लोवेल थॉमस ने स्कॉट्समैन के एक प्रसिद्ध कलाकार जेम्स मैकबे से पैसे उधार नहीं लिए होते तो हम वहां भी खाना नहीं खा सकते थे। ये तो कहानी का संक्षेप है। जब लोवेल थॉमस भारी कर्ज और घोर निराशाओं में डूबा हुआ था तब भी वह चिंता में था लेकिन चिंतित नहीं था। वह जानता था कि अगर उसने हार मान ली तो वह अपने कर्जदारों के साथ-साथ सभी के लिए बेकार हो जायेगा। इसके बाद हर सुबह वह

एक फूल खरीदता, उसे अपने बटनहोल में लगाता और अपने सिर को ऊंचा करके उत्साही कदमों के साथ ऑक्सफोर्ड स्ट्रीट पर मस्ती में घूमता था। उसकी सोच सकारात्मक थी, विचार साहसी थे और इसीलिए उसने हार मानने से इंकार कर दिया। उसके लिए चापलूसी खेल का एक हिस्सा थी। अगर आप ऊँचाई छूना चाहते हैं तो आपको भी ऐसे कौशल का अभ्यास तो होना ही चाहिए।

हमारी शारीरिक शक्तियों पर हमारे मानसिक रवैये का भी लगभग अविश्वसनीय प्रभाव पड़ता है। प्रसिद्ध अंग्रेज मनोचिकित्सक, जे.ए. हैडफील्ड, अपनी 54-पृष्ठ की शानदार पुस्तिका "दि साइकोलॉजी ऑफ पावर" में इसी तथ्य के बारे में एक आकर्षक बात लिखते हैं। जैसा उन्होंने लिखा है कि उन्होंने तीन आदमियों से कहा कि अगर उन्हें अपनी शक्ति को परखना है तो उन्हें इसे अपने मानसिक सुझाव के प्रभाव की कसौटी पर रखना होगा। इसे मापने के लिए उन्हें डाइनामीटर को कसकर पकड़ने के लिए कहा गया। उन्हें इस परिक्षण को तीन अलग-अलग स्थितियों में करना था।

जब उन्होंने सामान्य परिस्थितियों में उनका परीक्षण किया, तो उनकी औसतन भार उठाने की क्षमता 101 पाउंड थी।

जब उन्हें सम्मोहित करने के बाद उनका परीक्षण किया गया और उन्हें बताया गया कि वे बहुत कमजोर हैं, तब वे केवल 29 पौंड ही उठा पाए जो कि उनकी सामान्य ताकत के एक तिहाई से भी कम था। इनमें से एक व्यक्ति एक पुरस्कृत सेनानी था और जब उसे सम्मोहन के बाद ये बताया गया कि वह कमजोर है तो उसने कहा कि वो अपने हाथ को एक बच्चे की तरह छोटा महसूस कर रहा है।

जब कैप्टन हैडफील्ड ने इन आदमियों का तीसरी बार

परीक्षण किया और उन्हें सम्मोहन के तहत ये बताया कि वे बहुत मजबूत हैं, तब उन्होंने औसतन 142 पाउंड का भार उठाने में खुद को सक्षम पाया। जब उनके मन सकारात्मक शक्ति के विचारों से भर गए तो उन्होंने अपनी वास्तविक शारीरिक शक्ति में लगभग पाँच सौ प्रतिशत की वृद्धि महसूस की।

असल में यह हमारे मानसिक दृष्टिकोण की अविश्वसनीय शक्ति है।

मैं आपको अमेरिकी विचारों की जादुई शक्ति का बखान करने वाली इतिहास की सबसे आश्चर्यजनक कहानियों में से एक सुनाता हूँ। मैं इसके बारे में एक किताब भी लिख सकता था लेकिन आइए थोड़ी संक्षिप्त में बात करते हैं। अक्टूबर की एक सर्द रात में, गृह युद्ध खत्म होने के तुरंत बाद एक बेघर, बेसहारा महिला जो इस धरती पर एक घुमक्कड़ से ज्यादा कुछ नहीं थी, उसने मैसाचुसेट्स के एम्सबरी में रहने वाले एक सेवानिवृत्त समुद्री कप्तान की पत्नी मदर वेबस्टर के दरवाजे पर दस्तक दी।

दरवाजा खोलते ही मदर वेबस्टर ने एक दुर्बल प्राणी को देखा, जो डरी हुई थी और जिसकी त्वचा और हड्डियों का वजन मुश्किल से सौ पाउंड रहा होगा। उस अजनबी श्रीमती ग्लोवर ने उन्हें बताया कि वह एक ऐसे घर की तलाश कर रही थी जहाँ वह एक बड़ी समस्या के बारे में सोच सके, काम कर सके और उसी में दिन-रात लीन रहे।

श्रीमती वेबस्टर ने कहा की तुम यहाँ क्यों नहीं रुक जातीं, मैं इतने बड़े घर में बिल्कुल अकेली रहती हूँ।

अगर मदर वेब्स्टर का दामाद बिल एलिस न्यूयॉर्क से छुट्टियां मनाने उनके पास ना आया होता तो श्रीमती ग्लोवर उनके साथ काफी समय तक रह सकती थीं। जब एलिस को उस घर में श्रीमती ग्लोवर की उपस्थिति का पता लगा तो वह चिल्लाने

लगा, मेरे पास इस घर में किसी आवारा के लिए जगह नहीं है और उसने उस बेघर महिला को दरवाजे से बाहर निकाल दिया। बाहर तेज बारिश हो रही थी। वह कुछ देर के लिए बारिश में कांपते हुए खड़ी रही और फिर किसी आशियाने की तलाश में सड़क पर चलने लगी।

ये कहानी का एक आश्चर्यजनक हिस्सा है। जिसे बिल एलिस ने आवारा समझ कर घर से बाहर निकाल दिया था, किसी भी दूसरी महिला की तरह जिसने इस धरती पर कदम रखा था, वह अपना भी प्रभाव चाहती थी। अब वह अपने लाखों समर्पित अनुयाइयों के बीच मैरी बेकर एड्डी के नाम से जानी जाती है और ईसाई विज्ञान की संस्थापक है।

अभी तक वह जीवन में बीमारी, दु:ख और त्रासदी के अलावा कुछ नहीं जानती थी। शादी के कुछ समय बाद ही उसके पहले पति की मृत्यु हो गई थी। उसका दूसरा पति उसे छोड़कर एक विवाहित महिला के साथ भाग गया था। बाद में गरीबी में उसकी भी मौत हो गई। उसका एक ही बच्चा था, एक बेटा और गरीबी, बीमारी और ईर्ष्या के कारण मजबूर होकर उसे अपने बेटे को चार साल की उम्र में ही छोड़ना पड़ा। उसके बाद उसको बेटे के बारे में कुछ भी पता ना चला और उसने बेटे को इकतीस साल तक नहीं देखा।

अपने खराब स्वास्थ्य के कारण श्रीमती एड्डी को वर्षों से सिर्फ उस चीज में दिलचस्पी थी जिसे उन्होंने "दिमागी इलाज का विज्ञानं" कहा था। एक दिन लिन, मैसाचुसेट्स में उनके जीवन में एक नाटकीय मोड़ आया। वह ठण्ड के दिनों में शहर में चलते-चलते फिसल गईं और बर्फ से ढके फुटपाथ पर गिर कर बेहोश हो गईं। उनकी रीढ़ की हड्डी में इतनी चोट लगी थी कि वह ऐंठन और दर्द से तड़प रही थीं। यहां तक कि

डॉक्टर भी उनके मरने की आशंका जाहिर कर रहे थे। डॉक्टर का कहना था कि अगर वह किसी चमत्कार से जीवित भी रहती हैं तो अब कभी चल नहीं पाएगी।

सबको लगता था कि मैरी बेकर एड्डी मरने वाली हैं। लेकिन एक दिन उन्होंने लेटे-लेटे बाइबिल खोली और मानो जैसे किसी अलौकिक शक्ति ने उनसे सेंट मैथ्यू के श्लोकों को पढ़ने के लिए कहा हो, वह अपने आपसे कह रही थीं, देखो, वे यीशु के पास एक बीमार को लाए हैं, उसे लकवा मार गया है, वह बिस्तर पर पड़ा है और यीशु उस रोगी से कह रहे हैं, हे पुत्र, दिलासा रखो, हमने तेरे पाप को माफ कर दिया है। उठ, अपने बिस्तर से उठ और अपने घर जा। तब वह उठा और अपने घर चला गया।

श्रीमती एड्डी ने कहा कि यीशु के इन शब्दों ने उसके अंदर इतनी ताकत, विश्वास और अच्छा होने की ऐसी लगन और शक्ति पैदा कर दी कि वह फौरन बिस्तर से उठकर चलने फिरने लगी।

श्रीमती एड्डी ने कहा कि वो अनुभव बिलकुल वैसा ही था जैसे पेड़ से गिरा हुआ सेब जिसने मुझे इस बात के लिए प्रेरित किया कि मुझे कैसे खुद को और दूसरों को ठीक रखना है। मैं ये वैज्ञानिक भरोसे के साथ कह सकती हूँ कि हर चीज का कारण आपका दिमाग है और उसका हर प्रभाव एक मानसिक घटना पर आधारित है।

इस तरह मैरी बेकर एड्डी एक नए धर्म की संस्थापक और महायोजक बनीं। ईसाई विज्ञान एकमात्र एक ऐसी महान धार्मिक आस्था है जिसे एक महिला ने धर्म के रूप में स्थापित किया और जिसने पूरी दुनिया को अपने घेरे में ले लिया।

अब आप यही सोच रहे होंगे कि यह आदमी कार्नेगी

शायद क्रिश्चियन साइंस के लिए धर्मांतरण कर रहा है। नहीं, आप गलत समझ रहे हैं।

मैं ईसाई वैज्ञानिक नहीं हूँ। लेकिन मैं जितने समय तक भी जीवित रहूंगा, उतनी ही गहराई से विचार की शक्ति के प्रति आश्वस्त रहूँगा।

मैंने वयस्कों को पढ़ाने में पैंतीस वर्ष बिताये हैं और इसी वजह से मैं पुरुषों और महिलाओं को जानता हूं। वो चिंता, भय और विभिन्न प्रकार की बीमारियों को दूर कर सकते हैं और अपने विचारों को बदलकर अपना जीवन भी बदल सकते हैं। मुझे पता है और मैं जानता हूँ।

मैंने ऐसे अविश्वसनीय परिवर्तन सैकड़ों बार देखे हैं। मैंने ये सब इतनी बार देखा है कि अब मुझे उन पर आश्चर्य नहीं होता।

एक बार, इन अविश्वसनीय परिवर्तनों में से ऐसा ही मेरे एक छात्र के साथ हुआ और वो भी विचार की शक्ति को दर्शाता है। उसको नर्वस ब्रेकडाउन हो गया था। वह चिंता में घिरा हुआ था। उसने मुझसे कहा था, मुझे हर चीज की चिंता थी। मुझे चिंता थी क्योंकि मैं बहुत दुबला था। मुझे लगता था कि मेरे बाल झड़ रहे हैं, मुझे डर था कि मैं शादी करने के लिए कभी भी पर्याप्त पैसा नहीं कमा पाउँगा, मुझे लगता था कि मैं कभी अच्छा पिता नहीं बन पाऊंगा, मुझे ये डर भी सताता था कि मैं उस लड़की को खो दूंगा जिससे मैं शादी करना चाहता हूँ क्योंकि मैं एक अच्छा जीवन नहीं जी पा रहा। मुझे अपने उस प्रभाव की भी चिंता थी जो अन्य लोगों पर पड़ रहा था।

फिर मुझे ये चिंता हुई कि मेरे पेट में अल्सर है। मैं अब काम नहीं कर सकता। इसी चिंता में मैंने अपनी नौकरी छोड़ दी। मैं अपने अंदर तब तक तनाव पैदा करता रहा जब तक कि मैं बिना सुरक्षा वाल्व वाले एक बॉयलर की तरह नहीं हो

गया। ये दबाव इतना बढ़ गया था कि बर्दाश्त से बाहर था। फिर कुछ ना कुछ तो टूटना ही था और वह टूट गया। अगर आपको कभी नर्वस ब्रेकडाउन नहीं हुआ है तो ईश्वर से प्रार्थना करें कि ऐसा आपके साथ कभी न हो क्योंकि शरीर का कोई दर्द किसी भी मानसिक दर्द से अधिक नहीं हो सकता।

मेरा ब्रेकडाउन इतना गंभीर था कि मैं अपने परिवार से भी बात नहीं कर पा रहा था। अपने विचारों पर भी मेरा कोई नियंत्रण नहीं रह गया था। मैं बहुत भयभीत हो गया था। मैं जरा सी आहट से भी डर के मारे उछल जाता था। मैं किसी से नहीं मिलता था। मैं बिना किसी वजह के एकदम से रोने लगता था।

मेरा हर दिन दर्दनाक होता जा रहा था। मुझे महसूस हो रहा था कि जैसे मुझे हर किसी ने छोड़ दिया है, यहाँ तक कि परमेश्वर भी मेरे साथ नहीं है। तब मुझे लगा कि मैं नदी में कूद कर सब कुछ खत्म कर लूँ।

एक दिन मैंने सोचा कि क्यों ना घूमने के लिए फ्लोरिडा चला जाये। शायद हवा बदलने से मुझे कुछ बेहतर महसूस हो। जैसे ही मैंने ट्रेन में कदम रखा मेरे पिता ने मुझे एक पत्र दिया और मुझसे कहा कि जब तक मैं फ्लोरिडा नहीं पहुँच जाता तब तक मैं इसे ना खोलूं। मैं जब फ्लोरिडा पहुंचा तो पर्यटन का सीजन अपने चरम पर था। चूँकि मैं किसी होटल में नहीं रुक सकता था इसलिए मैंने एक गैरेज में सोने का एक कमरा किराए पर ले लिया। मैंने मियामी से बाहर एक पर्यटक मालवाहक जहाज पर नौकरी पाने की कोशिश की लेकिन मेरा भाग्य मेरे साथ नहीं था। इसलिए मैंने अपना समय समुद्र तट पर बिताया। मैं फ्लोरिडा में अपने घर से ज्यादा परेशान था। फिर मैंने लिफाफा खोला कि देखूं तो पिताजी ने क्या लिखा

था। उन्होंने लिखा था, बेटा, तुम घर से 1,500 मील दूर हो। क्या तुम कुछ अलग महसूस कर रहे हो? मुझे पता था कि तुम ऐसा नहीं करोगे, क्योंकि तुम अपने साथ एक ऐसी चीज ले गए जो तुम्हारी सारी परेशानियों का कारण है, यानी तुम खुद। तुम्हारे दिल और शरीर दोनों में से कोई भी गलत नहीं है। ये वो हालात नहीं हैं जिन्होंने तुम्हें परेशान किया है बल्कि तुम उन हालातों के बारे में क्या सोचते हो, इस बात ने तुमको परेशान किया है। एक इंसान वही होता है जो वो दिल में सोचता है और वैसा ही वो हो जाता है। ये बात तुम्हें जितनी जल्दी समझ में आ जाये तुम उतनी जल्दी घर लौट आना बेटा, तुम ठीक हो चुके होंगे।

पिताजी का पत्र पढ़के मुझे क्रोध आ गया। मुझे सहानुभूति चाहिए थी निर्देश नहीं। मैं इतना पागल हो गया और मैंने वहीं तय कर लिया कि मैं अब कभी घर नहीं जाऊंगा। उस रात जब मैं मियामी की एक साइड लेन में टहल रहा था, तभी मैं एक चर्च में गया जो अभी खुला हुआ था। जब मेरे पास कोई रास्ता नहीं बचा तब मैंने चर्च में जाकर एक उपदेश सुना। वो उपदेश था, जो कोई भी अपनी आत्मा पर काबू पा लेगा वो राजा से भी ज्यादा ताकतवर होगा। भगवान के पवित्र घर में बैठकर और उन विचारों को सुनकर मुझे लगा कि यही तो मेरे पिताजी ने मुझे अपने पत्र में लिखा था। फिर मैंने अपने दिमाग में जमा तमाम कूड़े को बाहर निकाल दिया। मैंने अपने जीवन में पहली बार ईमानदारी और समझदारी से सोचा। तब मुझे एहसास हुआ कि मैं कितना मूर्ख था। मैं अपने आप को अपने असली रूप में देखकर चौंक गया। अब मैं पूरी दुनिया को और हर एक को बदलना चाहता था। हालाँकि मुझे सिर्फ एक चीज बदलने की जरूरत थी, वह था मेरे कैमरे के लेंस

का फोकस, यानी मेरा दिमाग।

अगली सुबह मैंने अपना सामान समेटा और अपने घर के लिए निकल पड़ा। एक हफ्ते बाद मैं काम पर वापस आ गया। फिर चार महीने बाद मैंने उसी लड़की से शादी कर ली जिसे खोने का मुझे डर सताता था। अब हमारा पांच बच्चों का एक खुशहाल परिवार है। सच में भगवान मेरे लिए वास्तविक और मानसिक दोनों ही रूप में अच्छे रहे हैं। जब मुझे नर्वस ब्रेकडाउन हुआ था तब मैं रात की ड्यूटी में एक छोटे से विभाग का फोरमैन था और अठारह लोगों को संभालता था। अब मैं चार सौ पचास से भी ज्यादा लोगों का कार्टन निर्माण अधीक्षक हूं। मेरा जीवन बहुत अच्छा चल रहा है। मैं अब जीवन के सच्चे मूल्यों की सराहना करता हूं और उनमें मुझे विश्वास है। जब बेचौनी के क्षण आने की कोशिश करते हैं (ये तो सभी के जीवन में आता होगा) तब मैं खुद से कहता हूं कि कैमरे को वापस फोकस किया जाए और फिर सब कुछ ठीक हो जाता है।

मैं ईमानदारी से कह सकता हूं कि मुझे खुशी है कि मुझे नर्वस ब्रेकडाउन हो गया और मुझे अपनी मुश्किलों से पता चला कि हमारी शक्ति क्या है। हमारे विचार, हमारे दिमाग और शरीर पर कितना असर डाल सकते हैं। अब मैं अपने विचारों को अपने विरुद्ध करने के बजाय अपने लिए इस्तेमाल कर सकता हूँ। मैं अब जान गया हूँ कि वो बाहरी परिस्थितियाँ नहीं थीं जो मेरे सभी दुखों का कारण बनीं, तब पिताजी बिलकुल सही थे। लेकिन मैंने उन स्थितियों के बारे में तब क्या सोचा था? जैसे ही मुझे यह एहसास हुआ तो मैं ठीक हो गया, बिल्कुल ठीक हो गया। यही था मेरे छात्र का अनुभव।

मुझे पूरा यकीन है कि हमारे मन की शांति और हमें जीवन से मिलने वाली खुशी इस बात पर निर्भर नहीं करती

कि हम कहां हैं, हमारे पास क्या है या हम कौन हैं बल्कि ये केवल हमारे मानसिक दृष्टिकोण पर आधारित होती है। हालाँकि इसमें बाहरी परिस्थितियों का बहुत कम लेना-देना है। उदाहरण के लिए आइए उस बूढ़े जॉन ब्राउन का मामला देखते हैं जिसे संयुक्त राज्य अमेरिका पर कब्जा करने के लिए फांसी दे दी गई थी। उसने हार्पर्स फेरी में शस्त्रागार पर कब्जा और गुलामों को विद्रोह के लिए उकसाने की कोशिश की थी। वह कफन लपेटे अपनी फाँसी के फंदे की ओर चल दिया था । जबकि जो जेलर उसको लेके जा रहा था, वह घबराया हुआ और चिंतित था। लेकिन बूढ़ा जॉन ब्राउन शांत और मस्त था। उसने वर्जीनिया की ब्लू रिज पहाड़ियों को देख कर कहा, ये कितना खूबसूरत देश है, मुझे वास्तव में इसे पहले देखने का कभी मौका नहीं मिला।

हम रॉबर्ट फाल्कन स्कॉट और उनके साथियों की बात भी कर सकते हैं। वो दक्षिण में पहुंचने वाले पहले अंग्रेज थे। उनकी वापसी की यात्रा शायद किसी भी मनुष्य द्वारा की गई अब तक की सबसे खराब यात्रा थी। इस सफर में उनका खाना और ईंधन दोनों खत्म हो गए थे।

ग्यारह दिन और रात के लिए एक भयंकर बर्फीला तूफान पृथ्वी पर गरज रहा थ। हवा इतनी तेज थी कि इससे बर्फ में दरारें पड़ रही थीं और ऐसे मौसम में वो अब आगे नहीं जा सकते थे। स्कॉट और उसके साथियों को पता था कि वे मरने जा रहे हैं और ऐसी आपात स्थिति के लिए ही वो अपने साथ अफीम की कुछ मात्रा साथ लाए थे। एक बड़ी अफीम की खुराक लेकर वे सभी कभी ना उठने के लिए सुखद सपनों में खो सकते थे लेकिन उन्होंने अफीम खाने के बजाए खुशी के गीत गाते हुए मरना कुबूल किया। उन्होंने ऐसा अपने आखरी

पत्र में लिखा था और उनके शव आठ महीने बाद एक खोजी दल को मिले थे।

हाँ अगर हम साहस और शांति से भरे अच्छे ख्यालात रखें तो हम चाहे मरने ही क्यों ना जा रहे हों, चाहे हम फांसी पर चढ़ने जा रहे हों, फिर भी इस खूबसूरती का आनंद ले सकते हैं या हम भूख से मर ही क्यों ना रहे हों फिर भी हम खुशी के गीत गा सकते हैं।

अगर मैंने अपनी पचास साल से ज्यादा की जिन्दगी में कुछ भी सीखा है तो बस यही सीखा है कि तुम्हें तुम्हारे अलावा कोई भी शांति नहीं दे सकता। इसका मतलब क्या है? क्या इसका मतलब ये है कि मैं इतना बड़ा दुस्साहस करूँगा कि तुम्हारे सामने आके तुम्हें ये बताऊंगा कि जब तुम बहुत ज्यादा उदास हो, जब तुम्हें बहुत से दुःख परेशान कर रहे हों, जब तुम अपने जीवन से तंग आ चुके हो और उस परेशानी से तुम्हारी नस्लें तक कांप रही हों, तब क्या मैं तुम्हारे मुँह पर आकर ये गुस्ताखी करूँगा कि तुम्हें उन हालात में भी ये बताऊं कि तुम अगर चाहो तो अपने मानसिक दृष्टिकोण को बदल सकते हो? हां मेरा मतलब यही है। इसके अलावा और कुछ नहीं। अब मैं तुमको दिखाने जा रहा हूं कि यह कैसे करना है। इसमें थोड़ा प्रयास करना पड़ सकता है लेकिन ये रहस्य बहुत सरल है।

विलियम जेम्स जिनका व्यावहारिक मनोविज्ञान में जो ज्ञान है, इस विषय में उससे बेहतर ज्ञान आजतक कोई नहीं प्राप्त कर सका। उन्होंने एक बार ये जाँच करके देखा भी था। ऐसा लगता है कि कार्य आपकी भावना का अनुसरण करता है लेकिन वास्तव में एक्शन और भावना साथ-साथ चलते हैं और आप कार्य को नियंत्रण में ला सकते हैं और जो आपके अंतर्मन से आपके काबू में आ सकता है। उसकी वजह से आप अपनी

अनुभूति को भी नियंत्रण में कर सकते हैं जो आपके मन के काबू में नहीं होती।

विलियम जेम्स का ऐसा कहना था कि हम दिमाग में सोच कर एकदम से अपनी भावनाओं को नहीं बदल सकते। लेकिन अगर हम अपने कार्य में फर्क लाएं तो वो अपने आप ही हमारे मन के भाव को बदल देगा।

क्या यह एक आसान तरकीब है, जो काम करती है? आप खुद कोशिश करें। अपने चेहरे पर एक बड़ी, व्यापक और जैसे आप ईश्वर के प्रति ईमानदार हैं, वैसी मुस्कान लाएं और अपने कंधे पीछे करके एक भरपूर गहरी सांस लेकर एक गाना गायें। अगर आप गा नहीं सकते तो सीटी बजाएं। यदि आप सीटी भी नहीं बजा सकते तो कुछ गुनगुनाएं। आप जल्द ही ये बात समझ जायेंगे कि विलियम जेम्स क्या कहना चाहते थे। वह कहना चाहते थे कि शारीरिक रूप से ये असंभव है कि आप उदास या बहुत तनाव में रहें। अगर आपके अंदर खुद को बहुत अच्छे से खुश रखने के लक्षण हैं तो आप ज्यादा देर उदास नहीं रह सकते।

यह प्रकृति के कुछ बुनियादी तथ्यों में से एक है जो आसानी से हम सभी के जीवन में चमत्कार कर सकता है। मैं कैलिफोर्निया की एक महिला को जानता हूं लेकिन मैं उसका नाम नहीं लूंगा। वो कौन है जो चौबीस घंटे में उसके सारे दुखों को मिटा सकता है, ये रहस्य सिर्फ वह जानती थी। वह बूढ़ी है, एक विधवा है जो बहुत उदास है। ये मैं मानता हूँ लेकिन इसके बावजूद क्या वह खुद को खुश रखने की कोशिश करती है? नहीं, बिलकुल नही। अगर आप उससे पूछें कि वह कैसा महसूस कर रही है तो वह कहती है, हाँ, मैं ठीक हूं। लेकिन उसके चेहरे पर दुःख के भाव हैं। उसकी आवाज में कराह

है, हे भगवान, केवल आप उन परेशानियों को जानते हैं जिन्हें मैंने देखा है। वह अपने आप को खुश रखने के लिए आपको फटकारती है। हालाँकि सैकड़ों महिलाएं उससे भी बदतर स्थिति में हैं। उसके पति के बीमा की रकम ने उसके लिए इतना पैसा छोड़ा था जो जीवन भर चल सके। उसके बच्चों की शादी हो चुकी थी और वो उसको घर दे सकते हैं।

लेकिन मैंने शायद ही कभी उसको मुस्कुराते हुए देखा हो। वह शिकायत करती है उसके तीनों दामाद कंजूस और स्वार्थी हैं। हालाँकि वह महीनों से उनके घर में रह रही है। उसको अपनी बेटियों से भी शिकायत है कि वो उसे कभी कोई उपहार नहीं देती हैं। हालाँकि वह कायदे से अपने बुढ़ापे के लिए पैसे जमा करती है। वह अपने और अपने अभागे परिवार के लिए एक अभिशाप है। लेकिन क्या ऐसा होना जरूरी है? ये अफसोस की बात है कि वह एक दुखी, कड़वी और नाखुश बूढ़ी औरत से एक सम्मानित और अति-प्रिय परिवार की चहीती सदस्य नहीं बन पाई। अगर वह चाहती तो बन सकती थी। इस बदलाव के लिए उसे बस इतना ही करना होता कि थोड़ा हंसमुख और सबसे थोड़ा प्यार करने का अभिनय करना होता। लेकिन इसके बजाए उसने अपने आपको दुःख और गुस्से में बर्बाद कर लिया।

मैं इंडियाना में एक आदमी को जानता हूं जिसका नाम एच जे एंगलर्ट है और वह 1335, 11वीं स्ट्रीट, टेल सिटी, इंडियाना में रहता है। वह आज भी जीवित है क्योंकि उसने यह रहस्य खोज लिया था। दस साल पहले एंगलर्ट को स्कार्लेट बुखार हुआ था और जब वह बुखार से ठीक हुआ तो उसे गुर्दे की बीमारी हो गई। उसने सभी तरह के डॉक्टरों को दिखाया। उसने मुझे बताया कि यहाँ तक कि वह झोलाछाप डॉक्टरों को भी दिखा चुका है लेकिन कोई भी उसे ठीक नहीं कर सका।

फिर कुछ समय पहले उसे और भी कई दूसरी समस्याएं होने लगीं। उसका रक्तचाप बढ़ गया। तब वह एक डॉक्टर के पास गया और उसने बताया कि उसका रक्तचाप 214 से ऊपर पहुंच रहा था। डॉक्टर ने उससे कहा कि यह घातक है और रक्तचाप लगातार बढ़ रहा है। यही बेहतर होगा कि तुम फौरन अपने तमाम मामलों को निपटा लो।

उसने मुझसे कहा कि, उसके बाद मैं घर गया और मैंने ये देखा कि मेरे बीमा का पूरा भुगतान हो चुका है। फिर मैंने अपने मेकर से अपनी सभी गलतियों के लिए माफी मांगी और उदासी के साथ मेडिटेशन करने के लिए बैठ गया। मैंने सबको दुखी कर दिया था। मेरी पत्नी और मेरा परिवार दुखी था और मैं खुद गहरे सदमे में था। हालाँकि एक हफ्ते तक खुद पर तरस खाने के बाद मैंने खुद से कहा, तुम बेवकूफों की तरह काम कर रहे हो। तुम अभी एक साल तक नहीं मर सकते। तो फिर क्यों न तुम खुश रहने की कोशिश करो? फिर मैंने अपने कंधों को झटका, अपने चेहरे पर मुस्कान लाया और ऐसा अभिनय करने का प्रयास किया कि जैसे सब कुछ सामान्य था। मैं मानता हूँ कि यह सिर्फ एक प्रयास था। लेकिन मैंने खुद को खुशनुमा और खुशमिजाज बनने के लिए मजबूर किया और इससे ना केवल मेरे परिवार को खुशी मिली बल्कि इसने मेरी भी मदद की।

पहली बात जो मैंने महसूस की कि अब मैं बेहतर महसूस करने लगा था। उतना ही बेहतर जितना मैंने इसके लिए नाटक किया था। इसके बाद मेरे अंदर सुधार होता गया। लेकिन आज, आज महीनों बाद मुझे अपनी कब्र में होना चाहिए था। मैं ना केवल खुश, अच्छा और जीवित हूं, बल्कि मेरा रक्तचाप भी ठीक है। मैं बस एक बात जानता हूं, डॉक्टर की भविष्यवाणी

बिलकुल सच होती अगर मैं हार मान लेता और मरने के विचार मेरे मन में आने लगते। लेकिन मैंने अपने शरीर को खुद से ठीक होने का एक मौका दिया। ये कुछ भी नहीं था, सिर्फ मेरे मानसिक दृष्टिकोण में एक बदलाव आ गया था।

मुझे आपसे एक प्रश्न पूछना है। अगर सिर्फ प्रसन्नता का अभिनय करने और स्वास्थ्य और साहस के सकारात्मक विचारों को सोचने से किसी की जान बच सकती है तो हम और आप भी एक मिनट के लिए सोचें कि हम अपनी छोटी-मोटी निराशाओं और डिप्रेशन को क्यों सहन करें? जब हमारे लिए यह संभव है कि हम अभिनय करके खुशी दे सकते हैं तो फिर हम अपने आप को और अपने आस-पास के लोगों को दुखी क्यों करें।

आइए हम अपनी खुशियों के लिए लड़ें।

आइए हम अपनी खुशी ढूंढने के लिए एक ऐसी दिनचर्या का पालन करें जिसमें उत्साह और बेहतर सोच हो। एक ऐसा कार्यक्रम भी है जिसका नाम है "सिर्फ आज के लिए"। मुझे यह इतना प्रेरित करने वाला लगा कि मैंने इसकी सैकड़ों प्रतियाँ बाँट दीं। ये छत्तीस साल पहले स्वर्गीय सिबिल एफ. पार्ट्रिज ने लिखा था। अगर आप और मैं इसका पालन करें तो हम अपनी सारी चिंताओं को मिटा देंगे और अपने जीवन को खुशी से जियेंगे जिसे फ्रांसीसी लोग ला आईओ डे विवर भी कहते हैं।

सिर्फ आज के लिए।

मैं बस आज के लिए खुश रहूँगा। ये मान के कि जो अब्राहम लिंकन ने कहा था वह सच था कि ज्यादातर लोग उतना ही खुश होते हैं जितना वो वो चाहते हैं। खुशी बाहर से नहीं अंदर से होती है।

सिर्फ आज के लिए ही मैं खुद को उसके अनुरूप ढालने

की कोशिश करूंगा और हर चीज को अपनी इच्छानुसार करने की कोशिश नहीं करूंगा। मेरे लिए जैसा परिवार, कारोबार और किस्मत होगी, मैं उसमें ढल जाऊंगा।

सिर्फ आज के लिए मैं अपने शरीर का ख्याल रखूंगा। मैं इसके लिए मेहनत करूंगा, देखभाल करूंगा, पोषण करूंगा, ना ही इसका दुरुपयोग करूंगा और ना ही उपेक्षा करूंगा। सारा काम करने के लिए यह एक आदर्श यंत्र होगा।

सिर्फ आज के लिए मैं अपने दिमाग को मजबूत करने की कोशिश करूंगा। मैं कुछ अच्छा सीखूंगा। मैं अपने दिमाग को खराब नहीं करूँगा।

मैं कुछ ऐसा पढूंगा जिसमें मेरा प्रयास, विचार और एकाग्रता की शामिल हो।

सिर्फ आज के लिए मैं अपने अंतर्मन को भी तीन तरह से इस्तेमाल करूँगा। मैं किसी और के लिए अच्छा काम करूँगा और वो भी ऐसे कि किसी को पता ना चले। जैसा विलियम जेम्स ने कहा था, मैं वो दो काम करूँगा जो मैं नहीं करना चाहता।

बस आज के लिए मैं सहमत रहूँगा। मैं जितना हो सके उतना अच्छा दिखूंगा, जितना हो सके उतने अच्छे कपड़े पहनूंगा, कम बोलूंगा, विनम्रता से बर्ताव करूंगा , प्रशंसा के साथ उदार बनूँगा, बिल्कुल भी आलोचना नहीं करूँगा, ना ही किसी चीज में दोष निकलूंगा और न ही किसी को सुधारने या नियंत्रित करने का प्रयास करूँगा।

सिर्फ आज के लिए मैं इस दिन को ही जीने की कोशिश करूंगा ना कि अपने पूरे जीवन की समस्या को एक साथ निपटाउंगा। मैं बारह घंटे के लिए तो वो चीजें कर ही सकता हूँ जो शायद सारी जिन्दगी करना मुझे बिलकुल पसंद ना आएं।

सिर्फ आज के लिए मेरा एक कार्यक्रम होगा। मैं लिखूंगा कि मैं हर घंटे क्या करना चाहता हूं। मैं शायद इसका ठीक से पालन ना कर पाऊं, लेकिन फिर भी मैं ये करूँगा। यह जल्दबाजी और अनिर्णय को खत्म कर देगा।

सिर्फ आज के दिन मैं आधे घंटे के लिए शांत रहूंगा और आराम करूंगा। इस आधे घंटे में कभी-कभी मैं भगवान के बारे में सोचूंगा ताकि मेरे जीवन का दृष्टिकोण थोड़ा और बदल सके।

सिर्फ आज के लिए मैं निडर रहूंगा, विशेष रूप से मैं खुश रहने से नहीं डरूंगा, सुंदरता का आनंद लूंगा, प्यार करूँगा और विश्वास करूँगा कि मैं जिनसे प्यार करता हूं, वो भी मुझसे प्यार करते हैं।

अगर हम एक ऐसा मानसिक दृष्टिकोण विकसित करना चाहते हैं जो हमें शांति और खुशी प्रदान करे, तो यह है,

नियम 1: प्रसन्नतापूर्वक सोचें और कार्य करें, फिर आप खुशी महसूस करेंगे।

मैं निराशावादी होने से इतना ज्यादा दूर हूं कि मेरे अपने जख्मों के बावजूद, मैं जीवन को खुशी से जीता हूं।

—यूजीन ओ नील

अगर आप अपने हृदय में देखें और आपको वहां कुछ भी गलत न मिले, तो फिर चिंता करने की क्या बात है? डरने की क्या बात है?

—कन्फ्यूशियस

17

कृतघ्नता के बारे में कभी चिंता न करें

मैं हाल ही में टेक्सास में एक व्यापारी से मिला जो गुस्से से लाल-पीला हो रहा था। मुझे चेतावनी दी गई थी कि मेरे मिलने के पंद्रह मिनट के भीतर वह मुझे अपने गुस्से की वजह बताएगा। उसने ऐसा ही किया। जिसके लिए वह क्रोधित हो रहा था, वह घटना ग्यारह महीने पहले घटी थी, लेकिन वह अभी भी इसी के बारे में सोच के परेशान था। वह और कुछ नहीं बता सका। उसने अपने चौंतीस कर्मचारियों के बीच क्रिसमस बोनस में दस हजार डॉलर बाँट दिए। उसने प्रत्येक कर्मचारी को लगभग तीन सौ डॉलर दिए और किसी ने भी

उसे धन्यवाद तक नहीं दिया था। उसने बुरे लहजे में शिकायत करते हुए कहा कि, मुझे खेद है, अब मैं उन्हें कभी एक पैसा भी नहीं दूंगा।

कन्फ्यूशियस ने कहा था, गुस्से में आदमी हमेशा जहर से भर जाता है। यह आदमी इतना जहर से भरा हुआ था कि मुझे वाकई उसपर दया आ गई। वह लगभग साठ वर्ष का था। अब, जीवन-बीमा कंपनियों को लगता है कि औसतन, हम अपनी उम्र और अस्सी के बीच के दो तिहाई हिस्से तक ही जीते हैं। अगर ये आदमी भाग्यशाली है तो शायद लगभग चौदह

या पंद्रह साल और जी सकता है। फिर भी उसने एक बीती हुई घटना पर अपनी कड़वाहट और नाराजगी से अपने बचे हुए कुछ वर्षों को पहले ही बर्बाद कर दिया था। मुझे उस पर तरस आ रहा था। आक्रोश और खुद पर तरस खाने के बजाय उसको शायद खुद से पूछना चाहिए था कि उसे कोई सराहना क्यों नहीं मिली। ये भी हो सकता है कि वह अपने कर्मचारियों को कम वेतन देता हो और उनसे बहुत अधिक काम लेता हो। शायद उन्होंने क्रिसमस बोनस को उपहार नहीं माना बल्कि उन्हें लगा कि ये उनकी कमाई का एक हिस्सा था। ये भी हो सकता है कि वह उनकी बहुत आलोचना करता था और हमेशा पहुँच से बाहर रहता था, इसलिए किसी ने भी उसे धन्यवाद देने की ना हिम्मत की ना इसकी परवाह की। शायद उन्हें लगा हो कि उसने उन्हें इसलिए बोनस दिया क्योंकि ज्यादातर मुनाफा टैक्स में जा रहा था।

दूसरी बात ये भी हो सकती है कि शायद कर्मचारी स्वार्थी, मतलबी और बदतमीज थे। शायद यह भी हो सकता है और शायद वह भी हो सकता है। मैं इसके बारे में आप से ज्यादा नहीं जानता। लेकिन मुझे पता है कि डॉ सैमुअल जॉनसन ने कहा था, कृतज्ञता महान साधना का फल है। वो तुमको सतही लोगों में नहीं मिलेगी।

यहाँ मैं एक तर्क देने की कोशिश कर रहा हूँ, इस आदमी ने कृतज्ञता की अपेक्षा करने की मानवीय गलती की थी। वह मानव स्वभाव को नहीं जानता था।

अगर आपने किसी व्यक्ति की जान बचाई है, तो क्या आप उससे कृतज्ञ होने की अपेक्षा कर सकते हैं? आप शायद कर सकते हों लेकिन सैमुएल लिबोविट्ज, जो जज बनने से पहले एक मशहूर फौजदारी के वकील थे और उन्होंने अठ्ठाइस आदमियों

की जान इलेक्ट्रिक चेयर पर जाने से बचाई थी। क्या आपको लगता है कि इनमें से कितने लोगों ने सैमुअल लिबोविट्ज को धन्यवाद दिया होगा या कभी उन्हें एक क्रिसमस कार्ड भेजने की भी जहमत उठाई होगी? कितने लोगों ने ऐसा किया होगा? आप अनुमान लगाइये। सच ये है कि किसी ने भी नहीं।

ईसा मसीह ने एक दिन दोपहर में दस कोढ़ियों को ठीक कर दिया। लेकिन उनमें से कितने कोढ़ी उनको धन्यवाद देने के लिए रुके? सिर्फ एक। आप इसे सेंट ल्यूक की लिखी किताब में पढ़ सकते हैं। जब क्राइस्ट ने अपने शिष्यों की ओर मुड़कर पूछा, बाकी नौ कहाँ हैं? तब शिष्यों ने बताया कि बाकी सब भाग गए। धन्यवाद कहे बिना गायब हो गए। अब मैं आपसे एक सवाल पूछता हूं, बताइये आप और मैं या टेक्सास का वो व्यवसायी, क्या अपने लिए यीशु मसीह से भी ज्यादा अधिक धन्यवाद की अपेक्षा करेंगे?

खैर, बात जब पैसों की आती है तो फिर स्थिति और भी निराशाजनक दिखती है। चार्ल्स श्वाब ने मुझे बताया कि उन्होंने एक बार एक बैंक कैशियर को बचाया था, जिसने बैंक का धन लेकर शेयर बाजार में सट्टेबाजी की थी। श्वाब ने इस आदमी को जेल जाने से बचाने के लिए पैसा खर्च किया था। क्या कैशियर श्वाब का आभारी था? हाँ, लेकिन बस थोड़ी देर के लिए। फिर वह श्वाब के खिलाफ हो गया और उसे भला-बुरा कहा और उसकी निंदा की। ये उस सट्टेबाज ने एक ऐसे आदमी के साथ किया जिसने उसे जेल जाने से बचाया था।

अगर आपने अपने किसी रिश्तेदार को एक मिलियन डॉलर दिए हैं, तो क्या आप उससे ये उम्मीद करेंगे कि वह आपका एहसानमंद होगा?

एंड्रयू कार्नेगी ने ऐसा ही किया था। लेकिन अगर एंड्रयू

कार्नेगी थोड़ी देर बाद अपनी कब्र से वापस आ गए होते तो वह यह देखकर चौंक जाते कि यह रिश्तेदार उन्हें कोस रहा है। क्यों? असल में बूढ़े एंड्रयू ने सार्वजनिक दान के लिए 365 मिलियन डॉलर छोड़े थे और रिश्तेदार के अनुसार उसको सिर्फ एक मिलियन डॉलर में निपटा दिया था।

यह सब ऐसे ही चलता है। मानव स्वभाव हमेशा से मानव स्वभाव ही रहा है और यह शायद कभी नहीं बदलेगा। तो हम इसे स्वीकार क्यों नहीं करते हैं? इसके बारे में हम भी उतने ही यथार्थवादी क्यों नहीं होते जितने सबसे बुद्धिमानों में से एक बूढ़े मार्कस ऑरेलियस थे, जिन्होंने कभी रोमन साम्राज्य पर शासन किया था। एक दिन उन्होंने अपनी डायरी में लिखा, मैं आज ऐसे लोगों से मिलने जा रहा हूं जो बहुत बोलते हैं, जो स्वार्थी, अहंकारी और एहसान फरामोश हैं। लेकिन इससे मैं हैरान या परेशान नहीं होऊंगा क्योंकि ऐसे लोगों के बिना मैं दुनिया की कल्पना भी नहीं कर सकता।

यह बात तो समझ में आती है, आती है ना? अगर आप और मैं कृतघ्नता के बारे में असंतुष्ट रहते हैं, तो इसमें दोष किसका है? यह मानव स्वभाव है या फिर मानव स्वभाव के प्रति ये हमारी अज्ञानता है? तो आइए हम अबसे आभार की अपेक्षा न करें। फिर भी अगर हमें कभी-कभी कुछ आभार मिलता है तब तो ये एक सुखद आश्चर्य के अलावा और कुछ नहीं होगा। लेकिन अगर यह नहीं मिलता है तो फिर हमें परेशान होने की भी कोई जरूरत नहीं है।

इस अध्याय में मैं यहाँ एक तर्क देने की कोशिश कर रहा हूँ। हालाँकि लोगों का एहसान को भूल जाना स्वाभाविक है और अगर हम कृतज्ञता की अपेक्षा में भटकते हैं, तो हमें बहुत सी पीड़ाओं से गुजरना पड़ता है।

मैं न्यूयॉर्क की एक ऐसी महिला को जानता हूं जो हमेशा शिकायत करती रहती है क्योंकि वह अकेली है। उसका एक भी रिश्तेदार उसके पास नहीं जाना चाहता है और इसमें कोई आश्चर्य भी नहीं है। अगर आप उससे मिलने जाएँ तो वह आपको घंटों बताएगी कि जब उसकी भतीजियां बच्ची थीं तो उनके लिए उसने क्या-क्या किया था। उनको खसरा, मम्स और काली खांसी से बचाकर उनका पालन-पोषण किया।

वह वर्षों तक उन पर बोझ बनकर रहीं। उसने, उनमें से एक को बिजनेस स्कूल भेजने में मदद की और दूसरी के लिए जब तक उसकी शादी नहीं हो गई, एक घर बनाया।

क्या भतीजियां उससे मिलने आती हैं? हाँ, कभी कभार, एक काम समझ के आती हैं। लेकिन वो यहाँ आने से डरती हैं। वो जानती हैं कि उन्हें यहाँ घंटों बैठ कर सिर्फ फटकार सुनने को मिलेगी। वह महिला खुद पर तरस खा-खा कर उन्हें एक ना खत्म होने वाली बेकार की तीखी शिकायतें करेगी। जब ये औरत इसके बाद भी धोखाधड़ी, जबरदस्ती और धमकी देकर अपनी भतीजियों को नहीं बुला पाती थी, तब उसके पास एक जादुई मंतर था। उसे दिल का दौरा पड़ जाता था।

क्या ये दिल का दौरा असली है? जी हां, डॉक्टरों का कहना है कि उसका ह्रदय कमजोर है। वह अस्थिर धड़कनों से पीड़ित है। डॉक्टर भी कहते हैं कि वे उसके लिए कुछ नहीं कर सकते। उसकी परेशानी भावनात्मक है।

वास्तव में इस महिला को केवल सबके प्यार और ध्यान की जरूरत है। लेकिन वह इसे कृतज्ञता कहती है। लेकिन उसको आभार या प्यार कभी नहीं मिलेगा क्योंकि वह इसकी मांग करती है। वह सोचती है कि यह उसका हक है।

उसके जैसी हजारों महिलाएं हैं, जो कृतघ्नता, अकेलेपन और

कृतघ्नता के बारे में कभी चिंता न करें • 149

उपेक्षा से बीमार रहती हैं। वे प्यार करने के लिए तरसती हैं। लेकिन इस दुनिया में प्यार पाने का एकमात्र तरीका ये है कि वे कभी भी इसकी उम्मीद कर तो सकती हैं लेकिन वो इसे मांग के नहीं ले सकतीं। वो प्यार कर सकती हैं लेकिन बदले में उन्हें प्यार की उम्मीद नहीं रखनी चाहिए।

क्या यह सब सरासर, अव्यावहारिक और दूरदर्शी आदर्शवाद जैसा लगता है? नहीं, ऐसा नहीं है। यह सिर्फ एक सामान्य ज्ञान है। जिसकी हम लालसा और कामना करते हैं, यह आपके और मेरे लिए उस खुशी को पाने का एक अच्छा तरीका है। मुझे पता है और मैंने इसे अपने परिवार में ही होते देखा है। मेरे अपने माता-पिता दूसरों की मदद करने से मिलने वाली खुशी के लिए बहुत दान करते थे। हालाँकि हम गरीब थे और हमेशा कर्ज से दबे रहते थे। लेकिन गरीबी में भी मेरे माता-पिता हर साल एक अनाथ बच्चे के घर पैसे भेजते थे। ईसाई काउंसिल ब्लफ्स में लोवा के घर। मेरी माँ और पिताजी उस घर में कभी नहीं गए। शायद किसी ने उन्हें उनके उपहारों के लिए पत्र के अलावा कभी धन्यवाद भी नहीं दिया। लेकिन उन्हें बड़े पैमाने पर इसका प्रतिफल मिला क्योंकि उन्हें छोटे बच्चों की मदद करने में जो खुशी मिलती थी, उसके बदले में उनको किसी आभार या कामना की अपेक्षा नहीं थी।

घर छोड़ने के बाद मैं हमेशा पिता और माँ को क्रिसमस पर एक चेक भेजता था और उनसे आग्रह करता था कि वो इन पैसों से अपने लिए कुछ महंगी चीजें खरीदें। लेकिन उन्होंने शायद ही ऐसा कभी किया हो। जब मैं क्रिसमस से कुछ दिन पहले घर आया तो पिताजी ने मुझे बताया कि उन्होंने शहर की एक महिला को देने के लिए कोयला और किराने का सामान खरीदा था। उस औरत के बहुत सारे बच्चे थे और भोजन और

ईंधन खरीदने के लिए उसके पास पैसे भी नहीं थे। इन तोहफों के बदले पिताजी को कितनी खुशी मिली। बिना सी अपेक्षा के किसी को कुछ देने की खुशी के बदले में अपार खुशी।

अरस्तू ने एक आदर्श आदमी के बारे में लिखा था, मेरे पिता जी उस विवरण में बिलकुल ठीक बैठे। एक ऐसा इंसान जो खुश रहने के सबसे ज्यादा काबिल था। अरस्तू ने कहा था, आदर्श व्यक्ति दूसरों पर एहसान करने में ज्यादा आनंद महसूस करता है। लेकिन वह तब शर्म महसूस करता है जब दूसरे उस पर एहसान करते हैं। किसी पर दयालुता करना श्रेष्ठता का प्रतीक है लेकिन दूसरों का एहसान लेना हीनता की निशानी है।

यहाँ मैं इस अध्याय में एक दूसरे बिंदु की तरफ इशारा करने की कोशिश कर रहा हूँ। अगर हम खुशी पाना चाहते हैं तो कृतज्ञता के बारे में सोचना छोड़ कर अगर कुछ देना है तो केवल आंतरिक आनंद दें।

माता-पिता लगभग दस हजार साल से बच्चों की कृतघ्नता पर अपने बाल नोंच रहे हैं।

यहां तक कि शेक्सपियर के किंग लियर ने भी जोर देकर कहा था, नागिन के दांत से भी ज्यादा धारदार है एक एहसान फरामोश बच्चा।

जब तक हम बच्चों को कुछ बनने के लिए प्रशिक्षित और प्रेरित नहीं करते तब तक बच्चों को आभारी क्यों होना चाहिए? आभार तो स्वाभाविक है, बिलकुल खरपतवार की तरह। आभार एक गुलाब की तरह है। आपको इसे खिलाना है, पानी देना है, इसकी खेती करना है, इसे प्यार करना है और इसको संभाल कर रखना है।

अगर हमारे बच्चे आभार पाने के अयोग्य हैं, तो इसमें दोष किसका है? शायद हमारा। अगर हमने उन्हें दूसरों के प्रति कभी

आभार व्यक्त करना नहीं सिखाया है तो हम ये उम्मीद कैसे कर सकते हैं कि वो हमारे प्रति कृतज्ञ रहेंगे?

मैं शिकागो में एक ऐसे व्यक्ति को जानता हूं जिसके पास अपने सौतेले पुत्रों की कृतघ्नता की शिकायत करने का कारण था। वह एक बॉक्स फैक्ट्री में गुलामों की तरह काम करता था और उसने एक हफ्ते में चालीस डॉलर से ज्यादा शायद ही कभी कमाए हों। उसने एक विधवा से शादी की और उसकी पत्नी ने अपने दो बड़े बेटों को कॉलेज भेजने के लिए उसे एक खासी रकम उधार लेने के लिए राजी कर लिया। अपने चालीस डॉलर प्रति सप्ताह के वेतन में से उसे भोजन, किराया, ईंधन, कपड़े और उधार को चुकाने के लिए भुगतान करना पड़ता था। उसने चार साल तक कुली की तरह काम किया लेकिन कभी शिकायत नहीं की।

क्या कभी किसी ने उसको धन्यवाद दिया? नहीं, उसकी पत्नी और बेटों ने तो उसको बहुत हल्के में लिया। उन्होंने अपने सौतेले पिता को कुछ भी देने की कभी कल्पना भी नहीं की, यहाँ तक कि धन्यवाद भी नहीं।

इसमें किसका दोष था? लड़कों का या माँ का? लेकिन इसमें माँ का दोष ज्यादा था। उसने सोचा कि यह शर्म की बात है कि अपने युवा बेटों के जीवन को अभी से किसी दायित्व की भावना के बोझ तले दबा दिया जाये। वह नहीं चाहती थी कि उसके बेटे अभी से कर्ज के बोझ तले दब जाएँ। माँ ने कभी सपने में भी नहीं सोचा था कि वो ये कहेगी कि तुम्हारे सौतेले पिता बहुत अच्छे हैं, उन्होंने तुम्हारी पैसों से मदद की ताकि तुम कॉलेज जा सको। उसको लगा कि वह अपने बच्चों को बचा रही है मगर असलियत में वो उन्हें बाहरी दुनिया में इस खतरनाक विचारधारा के साथ भेज रही थी कि जैसे दुनिया

उन्हें अपने आप गुजारा करने का मौका देगी।

हमें याद रखना चाहिए कि हमारे बच्चे वही बनते हैं जो हम उन्हें बनाते हैं। मेरी माँ की बहन वियोला अलेक्जेंडर जो, 144 वेस्ट मिन्नेहाहा पार्कवे, मिनियापोलिस में रहती हैं, वह एक ऐसी महिला का जीता-जागता उदाहरण हैं, जिनके पास कभी बच्चों की कृतघ्नता के बारे में शिकायत करने का कोई कारण नहीं रहा। जब मैं छोटा था तब आंटी वियोला अपनी माँ और अपने पति की माँ की देखभाल करने के लिए उन्हें अपने घर ले गईं। मै अभी भी पनी आँखें बंद करके उन दो बूढ़ी महिलाओं को आंटी वियोला के फार्महाउस में आग के सामने बैठा हुआ महसूस कर सकता हूँ। क्या इससे आंटी वियोला को कोई परेशानी हुई? ऐसा अक्सर मुझे लगता है। लेकिन उनके हाव-भाव से आप कभी भी कोई अंदाजा नहीं लगा सकते। वो उन दोनों से प्यार करती थीं। आंटी के इतने लाड़ प्यार से उन दोनों को बिगाड़ दिया और वहां उन्हें अपने घर जैसा लगने लगा था। इसके अलावा वियोला आंटी के भी छह बच्चे थे लेकिन उन्हें कभी ऐसा नहीं लगा कि वह इन दोनों के साथ कुछ खास या बहुत अच्छा कर रही हैं। या वह इन महिलाओं को अपने घर में रखने के लिए किसी तरह के इनाम के योग्य हैं।

वह जो करना चाहती थीं उनके लिए यह एक स्वाभाविक और सही बात थी।

आंटी वियोला आज कहाँ हैं? खैर, वह अब बीस साल से विधवा का जीवन गुजार रही हैं। उनके पाँच बच्चे बड़े हो चुके हैं। उनके पाँच अलग-अलग परिवार हैं और सभी उन्हें अपने साथ रहने के लिए अपने घर बुलाते रहते हैं। उनके बच्चे उनको बहुत चाहते हैं। उन्होंने अपनी माँ के लिए बहुत ज्यादा कुछ नहीं किया है। सिर्फ आभार से ज्यादा? नहीं, यह प्रेम है,

सच्चा प्रेम। इन बच्चों ने ममता की गोद और रोशन मानवीय वातावरण में अपना बचपन गुजारा है। इसमें ताज्जुब की क्या बात है? आज वो सब अपनी माँ को वही प्यार वापस लौटा रहे हैं।

आइए हम ये याद रखें कि कृतज्ञ बच्चों को पालने के लिए हमें भी कृतज्ञ होना होगा। छोटे बच्चों के कान बहुत तेज होते हैं और हम जो बोलते हैं वो सब समझते हैं। आइये इन डिशक्लॉथस को देखें जो कजिन सू ने क्रिसमस के लिए भेजे थे। वह उन्हें खुद बुनती है। उन्होंने एक पैसा भी खर्च नहीं किया। यह टिप्पणी हमें मामूली लग सकती है, लेकिन बच्चे तो सुन रहे हैं। इसके बजाए हम ये बात और भी अच्छी तरह कह सकते थे, देखो कजिन सू ने क्रिसमस के लिए इन्हें बनाने में कितने घंटे खर्च किये। क्या वह अच्छी नहीं है? आओ, उसे अभी एक धन्यवाद नोट लिखते हैं। हो सकता है हमारे बच्चे भी अनजाने में किसी की बड़ाई और प्रशंसा करने की आदत सीख लें।

आक्रोश से बचने और कृतघ्नता पर चिंता करने के लिए ये है, नियम 3: कृतघ्नता के बारे में चिंता करने के बजाय इसकी अपेक्षा करें। याद रखें कि यीशु ने दस कोढ़ के मरीजों को एक दिन में ठीक किया और केवल एक ने उन्हें धन्यवाद दिया। जितनी प्रशंसा जीसस को मिली उससे ज्यादा की उम्मीद हम कैसे कर सकते हैं?

याद रखें कि खुशी पाने का एकमात्र तरीका कृतज्ञता की अपेक्षा करना नहीं है बल्कि खुशी देने का आनंद प्राप्त करना है।

हमें ये याद रखना चाहिए कि प्रशंसा बहुत मेहनत से मिलती है। इसलिए अगर हम चाहते हैं कि हमारे बच्चे भी कृतज्ञ हों, तो हमें उन्हें आभारी होने के लिए प्रशिक्षित करना चाहिए।

अपने मन की बात मान के अपने शरीर पे अपनी चिंताओं का बोझ बिलकुल नहीं डालना चाहिए।

—एस्ट्रिड अलाउडा

चिंता और तर्क, शैतान के दो सबसे सफल हथियार हैं।

—जॉइस मेयर

18
जो तुम्हारे पास है क्या तुम उसे दस लाख में बेचोगे

मैं हेरोल्ड एबॉट को वर्षों से जानता हूं। वह, 820, साउथ मैडिसन एवेन्यू, वेब सिटी, मिसौरी में रहते हैं। वह मेरे लेक्चर मैनेजर हुआ करते थे। एक दिन वह और मैं कैनसस सिटी में मिले और उन्होंने मुझे अपनी गाड़ी से बेल्टन, मिसौरी मेरे फार्म हाउस तक पहुँचाया। उस ड्राइव के दौरान मैंने उनसे पूछा कि वह चिंता से कैसे दूर रहते हैं और उन्होंने मुझे एक प्रेरक कहानी सुनाई जो मैं कभी नहीं भूल सकता।

उन्होंने कहा, मैं बहुत चिंता करता था लेकिन 1934 में बसंत के दिनों की बात है, मैं वेब सिटी की वेस्ट डौघर्टी स्ट्रीट पर चला जा रहा था। तभी मैंने एक ऐसा दृश्य देखा जिसने मेरी सारी चिंताओं को दूर कर दिया। यह सब कुछ दस सेकंड में हुआ, लेकिन उन दस सेकंड के दौरान मैंने पिछले दस वर्षों में जितना सीखा था, उससे कहीं अधिक सीख लिया कि कैसे नहीं रहना है। हेरोल्ड एबट ने मुझे कहानी सुनाते हुए कहा कि दो साल तक मैंने वेब सिटी में एक किराने की दुकान चलाई थी। उसमें मैंने ना सिर्फ अपनी सारी जमा पूँजी गँवा दी बल्कि मुझ पर कर्ज चढ़ गया था जिसे चुकाने में मुझे सात साल लग गए। पिछले शनिवार को मेरी किराना की दुकान बंद

थी और अब मैं पैसे उधार लेने के लिए मर्चेंट्स एंड माइनर्स बैंक जा रहा था ताकि मैं नौकरी की तलाश में कैनसस सिटी जा सकूँ। मैं एक लुटे हुए आदमी की तरह चल रहा था। मैं अपनी सारी ताकत और विश्वास खो चुका था। तभी अचानक मैंने सड़क पर एक ऐसे आदमी को आते हुए देखा जिसके पैर नहीं थे। वह रोलर स्केट्स के पहियों से बने लकड़ी के एक छोटे से प्लेटफॉर्म पर बैठकर दो लकड़ी के फट्टों के सहारे खुद को धक्का दे रहा था।

मैं उससे तब मिला जब वह सड़क पार करके फुटपाथ पर चढ़ने की कोशिश कर रहा था। जैसे ही उसने अपने छोटे से लकड़ी के तख्ते को एक तरफ झुकाया और उसी समय उसकी नजर मुझ पर पड़ी। उसने एक अच्छी सी मुस्कराहट के साथ मेरा अभिवादन किया और उत्साह से कहा, गुड मॉर्निंग सर, यह एक अच्छी सुबह है, है ना? मैं खड़ा हुआ उसी को देख रहा था और मुझे ये एहसास हो रहा था कि मैं कितना अमीर हूँ। मेरे दो पैर थे। मैं चल सकता था। मुझे अपने ऊपर रहम खाने पर शर्म आने लगी। मैंने खुद से कहा कि अगर वह खुश, हंसमुख और पैरों के बिना आत्म विश्वास के साथ रह सकता है तो मैं भी अपने पैरों के साथ निश्चित रूप से ऐसा कर सकता हूं। मेरी छाती पहले से कहीं ज्यादा चौड़ी हो गई। मैंने मर्चेंट्स एंड माइनर्स बैंक से केवल एक सौ डॉलर माँगने का इरादा किया था। लेकिन अब दो सौ डॉलर माँगने की हिम्मत हो गई थी। मेरा कहने का मतलब था कि मैं नौकरी पाने की कोशिश करने के लिए कैनसस सिटी जाना चाहता था। लेकिन अब मैं आत्मविश्वास से कह सकता था कि मैं नौकरी पाने के लिए कैनसस सिटी जाना चाहता हूँ। फिर मुझे कर्ज और नौकरी दोनों मिल गए।

अब मेरे बाथरूम के शीशे पर निम्नलिखित शब्द लिखे हुए हैं जिन्हें मैं हर सुबह शेव करते हुए पढ़ता हूं। मैं उदास था क्योंकि मेरे पास जूते नहीं थे, सड़क पर मुझे एक आदमी मिला जिसके पैर नहीं थे।

मैंने एक बार एडी रेनबैकर से पूछा था कि जब वो अपने साथियों के साथ इक्कीस दिन तक एक छोटी सी नाव में प्रशांत महासागर में खो गया था और बचने की कोई उम्मीद नहीं थी तब उसने सबसे बड़ा सबक क्या सीखा था। उसने कहा कि सबसे बड़ा सबक जो उसने इस घटना से सीखा वो था कि अगर आपके पास पीने को साफ पानी और खाने को खाना हो तो कभी शिकायत नहीं करनी चाहिए।

टाइम मैगजीन ने एक हवलदार के बारे में एक लेख लिखा जो कि ग्वाडल नहर के पास घायल हो गया था। उसको किसी ने गले में शेल से मारा था और इस सार्जेंट को कम से कम सात बार रक्त चढ़ाया गया था। उसने अपने डॉक्टर को एक नोट लिखकर पूछा, क्या मैं जीवित रहूँगा? डॉक्टर ने जवाब दिया, हां। सार्जेंट ने एक और नोट लिखा और पूछा, क्या मैं बात कर पाऊंगा? फिर डॉक्टर का जवाब हां था।

उसने एक और नोट लिखा कि, फिर मैं किस बात की चिंता कर रहा हूं?

आप अभी अपने आप से खुद क्यों नहीं पूछते हैं, मैं किस बारे में चिंता कर रहा हूं? आपको शायद लगेगा कि यह तुलनात्मक रूप से महत्वहीन और बेकार है।

हमारे जीवन में लगभग नब्बे प्रतिशत चीजें सही और दस प्रतिशत गलत होती हैं। अगर हम खुश रहना चाहते हैं तो हमें जो नब्बे प्रतिशत सही है उसी पर अपना ध्यान केंद्रित करना चाहिए और बाकी दस प्रतिशत जो गलत है उसे अनदेखा कर

देना चाहिए। अगर हम चिंतित

और दुखी होना चाहते हैं तो हमें बस इतना करना है कि हम उस दस प्रतिशत गलत पर ध्यान केंद्रित करें और उस गौरवशाली नब्बे प्रतिशत की उपेक्षा कर दें।

इंग्लैंड के कई क्रॉमवेलियन चर्च में थिंक एंड थैंक्स शब्द खुदे हुए हैं। ये शब्द थिंक एंड थैंक्स हमारे दिलों पर भी अंकित होने चाहियें।

हम जिनके आभारी हैं हमें उन सभी के बारे में सोचना चाहिए और ईश्वर ने हमें जिन-जिन चीजों से नवाजा है, उसके लिए हमें उसका भी धन्यवाद करना चाहिए।

गुलिवर्स ट्रेवल्स के लेखक जोनाथन स्विफ्ट, अंग्रेजी साहित्य के सबसे विनाशकारी और निराशावादी लेखकों में से एक थे। ये बहुत खेद की बात है कि वह अपने जन्मदिन पर काले कपड़े पहनते थे और उपवास रखते थे। फिर भी इतनी निराशा के बावजूद सर्वोच्च अंग्रेजी साहित्य के उस निराशावादी लेखक ने खुले मन और खुशी के साथ अच्छा स्वास्थ्य देने वाली शक्तियों की प्रशंसा की। उन्होंने घोषणा की कि आहार, शांति और खुशी दुनिया के सर्वश्रेष्ठ डॉक्टर हैं। आपके और मेरे पास तो खुशी से जिन्दगी बिताने की सुविधा है जिसका हम किसी भी दिन के किसी भी घंटे में मुफ्त उपयोग कर सकते हैं, बस हमें अपने सारे खूबसूरत सामान पर ध्यान देना होगा। ऐसी महंगी चीजें जो कहानियों में अली बाबा के पास थीं, उससे भी कहीं ज्यादा कीमती हैं। क्या आप अपनी दोनों आंखें एक अरब डॉलर में बेच सकते हैं? आप अपने दोनों पैरों, हाथों, कान, बच्चे और अपने परिवार के बदले क्या ले सकते हैं? अपनी कीमती चीजें जोड़ते जाइये। लेकिन आपको अगर रॉकफेलर्स, फोर्ड्स और मॉर्गन्स द्वारा संयुक्त रूप से जमा किया हुआ सोना भी दे दिया

जाये तब भी आपके पास जो कुछ भी है उसे आप नहीं बेचेंगे।

लेकिन क्या हम इन सबकी सराहना करते हैं? शायद नहीं। जैसा कि शोपेनहावर ने कहा कि, हम शायद ही कभी सोचते हों कि हमारे पास क्या है मगर हमेशा यही सोचते हैं कि हमारे पास क्या कमी है। जी हाँ, जो हमारे पास है उसके बारे में शायद ही हमने कभी सोचा हो।

लेकिन जमीनी हकीकत ये है कि हमारे पास जो नहीं है हम उसके बारे में ज्यादा सोचते हैं। संभवत: ये इतिहास के सभी युद्धों और बीमारियों से अधिक दुखद है।

इसी ने जॉन पामर को एक अच्छे खासे आदमी से एक असंतुष्ट आदमी में बदल दिया और उसने अपना घर लगभग बर्बाद कर दिया। मुझे ये बात इसलिए पता है क्योंकि उसने खुद मुझे बताया था।

मिस्टर पामर 30, 19 एवेन्यू, पैटरसन, न्यू जर्सी में रहते थे। सेना से लौटने के कुछ ही समय बाद उन्होंने मुझे बताया कि मैंने एक व्यवसाय शुरू किया था। मैंने दिन-रात मेहनत की। चीजें अच्छी चल रही थीं। फिर परेशानी शुरू हो गई। मुझे पुर्जे और सामान नहीं मिल पा रहे थे। मुझे डर था कि कहीं मुझे अपना व्यवसाय बंद ना करना पड़े। मुझे इस बात से इतनी चिंता हुई कि मैं एक सुलझे हुए आदमी से एक चिड़चिड़ा आदमी बन गया। मैं इतना ज्यादा कटु हो गया था कि सारी हदें पार कर गया। मुझे तब कुछ पता नहीं चला। लेकिन अब मुझे एहसास है कि मैंने अपना खुशहाल घर लगभग तबाह कर दिया था। फिर एक दिन एक युवा, जो काफी समय से विकलांग था और मेरे लिए काम करता था, उसने मुझसे कहा जॉनी, आपको अपने आप पर शर्म आनी चाहिए। आप तो ऐसे व्यवहार कर रहे हैं जैसे दुनिया की मुसीबतों में आप अकेले घिरे हुए हैं।

मान लीजिए आपको कुछ समय के लिए दुकान बंद भी करनी पड़ती है, तो क्या हुआ? जब चीजें ठीक हो जाएँ तो आप फिर से उसे शुरू कर सकते हैं। आपके पास आभारी होने के लिए बहुत कुछ है। फिर भी आप हमेशा गुर्राते रहते हैं। मैं सोचता हूं कि काश आपकी जगह मैं होता। मेरी तरफ देखिये। मेरे पास सिर्फ एक हाथ है और मेरा आधा चेहरा गोली की वजह से उड़ चुका है, फिर भी मुझे किसी से कोई शिकायत नहीं है। अगर आप अपनी हरकतें ठीक नहीं करेंगे तो आप ना सिर्फ अपना कारोबार खो देंगे बल्कि अपना स्वास्थ्य, अपना घर और अपने दोस्तों को भी खो बैठेंगे।

उन तानों ने मुझे आगे ना बढ़ने दिया। अब मुझे एहसास हुआ कि मैं पहले कितना खुशहाल था। मैंने तब तय किया कि मैं फिर से सब कुछ ठीक करके अपना पुराना व्यक्तित्व वापिस लाऊंगा और मैंने ऐसा ही किया।

ल्यूसिल ब्लेक नाम की मेरी एक दोस्त ये सीखने से पहले दुर्घटना की कगार पर पहुँच गई थी कि उसे उन चीजों के लिए खुश होना चाहिए जो उसके पास हैं या फिर वह उनके कारण दुखी हो जो उसके पास नहीं हैं।

मैं ल्यूसिल से वर्षों पहले कोलंबिया यूनिवर्सिटी स्कूल ऑफ जर्नलिज्म में मिला था। वहां हम दोनों शार्ट स्टोरी राइटिंग का अध्ययन कर रहे थे। नौ साल पहले उसे अपने जीवन में एक झटका लगा था। जैसा उसने मुझे बताया, तब वह टक्सन, एरिजोना में रह रही थी। ये उसी की कहानी है।

मैं जीवन के चक्रव्यूह में फँसी हुई थी। मैं एरिजोना विश्वविद्यालय में ऑर्गन का अध्ययन कर रही थी, शहर में स्पीच क्लिनिक का संचालन कर रही थी और जहाँ मैं रह रही थी वहां डेजर्ट विलो रैंच में संगीत अप्रेसिअशन की एक कक्षा को

पढ़ा रही थी। मैं पार्टियों में जाती थी, डांस करती थी और रात को घुड़सवारी के लिए भी जाती थी। एक सुबह मैं गिर गई। डॉक्टर ने कहा कि आपको पूरे एक साल बिस्तर पर आराम करना होगा। उन्होंने मुझे यह विश्वास दिलाने के लिए प्रोत्साहित नहीं किया कि मैं दोबारा कभी ठीक हो पाऊँगी।

मैंने सोचा, एक साल तक बिस्तर पर लेटना, ज्यादा कमजोर होने के लिए या शायद मरने के लिए। मैं डरी हुई थी। मेरे साथ यह सब क्या हो गया? क्या मैं इसी के लायक थी? मैं बहुत रोई और चिल्लाई। मेरे अंदर कड़वाहट और विद्रोह भर गया था। लेकिन मुझे तो डॉक्टर की सलाह मानते हुए बिस्तर पर ही रहना था। मेरे एक पड़ोसी, मिस्टर रूडोल्फ जो कि एक कलाकार थे उन्होंने मुझसे कहा, आप सोचती हैं कि बिस्तर पर एक साल बिताना एक त्रासदी होगी। लेकिन ऐसा नहीं है। आपके पास सोचने और खुद से मिलने का पूरा समय होगा। इन अगले कुछ महीनों में, अपने पिछले जीवन की तुलना में आपका उससे कहीं अधिक आध्यात्मिक विकास होगा। मैं शांत हो गई और अपने अंदर एक नई भावना विकसित करने की कोशिश में लग गई। मैं प्रेरणादायक किताबें पढ़ने लगी। एक दिन मैंने एक कॉमेंटेटर को रेडियो पर कहते सुना कि, आप केवल वही व्यक्त कर सकते हैं जो आपकी अपनी चेतना में होता है। मैंने ऐसे शब्द पहले भी कई बार सुने थे लेकिन अब वे मेरे मन में उतर कर अपनी जगह बना चुके थे। अब मैंने सिर्फ आनंद, खुशी और सेहत के बारे में सोचने का फैसला किया, जिन ख्यालों के साथ मैं अपनी जिन्दगी बिताना चाहती थी। अब मैं जैसे ही सुबह उठती थी तो जिन चीजों का मुझे आभारी होना चाहिए था, उनके लिए अपने आप को मजबूर करती थी। अब मुझे कोई दर्द नहीं था। मेरी एक प्यारी बेटी थी। वो मेरी आँखें

थीं। सुनने की ताकत थी। रेडियो पर दिलकश संगीत था और मेरे पास पढ़ने का समय था। अच्छा भोजन और अच्छे दोस्त थे, मैं बहुत खुश थी। मुझको देखने के लिए इतने सारे लोग आ रहे थे कि डॉक्टर को मेरे केबिन के बाहर केवल कुछ घंटों में एक साइन बोर्ड लगाना पड़ा कि एक समय में केवल एक विजिटर को अंदर जाने की अनुमति होगी।

इस बात को नौ साल बीत चुके हैं और अब मैं पूरी तरह से एक व्यस्त जीवन जी रही हूँ। मैं बिस्तर पर गुजारे हुए उस वर्ष के लिए अब बहुत आभारी हूं। एरिजोना में बिताया गया ये मेरा सबसे कीमती और खुशी का साल था। मैंने तभी से सुबह प्रार्थना करना शुरू किया था और ये आदत आज भी जारी है। यह मेरी सबसे कीमती संपत्ति में से एक है। मुझे यह महसूस करने में भी शर्म आती है कि जब तक मुझे मरने का डर नहीं था तब तक मैंने वास्तव में जीना नहीं सीखा था।

मेरी प्रिय लुसिल ब्लेक, आपको इसका एहसास भी नहीं हो सकता लेकिन आपने वही सबक सीखा है जो डॉ सैमुअल जॉनसन ने आज से दो सौ साल पहले सीखा था। डॉ जॉनसन ने कहा था, हर घटना के सर्वोत्तम पक्ष को देखने की आदत, एक वर्ष में एक हजार पाउंड से भी ज्यादा कीमती है।

ध्यान रहे कि ये शब्द किसी पेशेवर आशावादी द्वारा नहीं बल्कि एक ऐसे व्यक्ति द्वारा कहे गए थे, जिसने बीस साल तक चिंता, फटे पुराने कपड़े और भूख में अपना जीवन गुजारा था। आखिर में वह अपनी पीढ़ी के सबसे प्रतिष्ठित लेखकों में से एक और अब तक के सबसे प्रसिद्ध संवाद के माहिर बने।

लोगान पियर्सल स्मिथ ने तो कुछ ही शब्दों में बहुत सारा ज्ञान भर दिया जब उन्होंने कहा कि, जीवन में लक्ष्य पाने के लिए दो चीजें हैं, सबसे पहले जो आप पाना चाहते हैं और

उसके बाद उसका आनंद उठाना। जो सबसे बुद्धिमान लोग होते हैं, वही दूसरी चीज को प्राप्त कर पाते हैं।

क्या आप जानना चाहते हैं कि किचन सिंक में बर्तन धोने के अनुभव को भी कैसे रोमांचक बनाया जाए? अगर ऐसा है तो आपको बोरघिल्ड डाहल द्वारा लिखी गई एक अविश्वसनीय साहस से भरी वो प्रेरक पुस्तक पढ़नी पड़ेगी। इस किताब का नाम, "आई वांटेड टू सी" है। आप इसे अपने पुस्तकालय से लेकर पढ़ सकते हैं या इसे किसी किताबों की दुकान या फिर प्रकाशक, द मैकमिलन कंपनी, 60 फिफ्थ एवेन्यू, न्यूयॉर्क शहर से मंगवा सकते हैं।

यह पुस्तक एक ऐसी महिला द्वारा लिखी गई थी जो पचास साल से लगभग अंधी थी। उसने लिखा है कि उसके केवल एक आंख थी और वो भी गहरे निशानों से ढकी हुई थी। उसे कुछ भी देखने के लिए एक छोटी सी दरार के माध्यम से अपनी आँख के बायीं तरफ से देखना पड़ता था। वह किसी किताब को अपने चेहरे के करीब लाकर और अपनी एक आंख को जितना ज्यादा हो सके खोल कर पढ़ती थी।

लेकिन उसने खुद पर रहम खाने और अपने को सबसे अलग समझने से से इनकार कर दिया था। जब वह छोटी थी तब वह दूसरे बच्चों के साथ हॉपस्कॉच खेलना चाहती थी लेकिन वह मार्किंग को नहीं देख पाती थी। जब दूसरे बच्चे घर चले जाते थे तो वह नीचे जमीन पर लेट कर उन निशानों को आँखों के पास लाकर उनके साथ-साथ रेंगते हुए उन्हें देखती थी। उसने जल्दी ही अपनी साहिलियों के साथ खेलते हुए उस मैदान पर बने हर मार्क को याद कर लिया और जल्द ही दौड़ने में माहिर हो गई। वह अपनी पढ़ाई घर पर करती थी और बड़े प्रिंट की किताब को अपनी आँखों के इतने पास रखती थी कि उसकी

पलकें पृष्ठों को छूने लगती थीं। उसने मिनेसोटा विश्वविद्यालय से बी.ए. और कोलंबिया विश्वविद्यालय से मास्टर ऑफ आर्ट्स की डिग्रियां हासिल की थीं।

उसने मिनेसोटा के ट्विन वैली के छोटे से गाँव में पढ़ाना शुरू किया और वह इस स्कूल में तब तक पढ़ाती रही जब तक कि वह दक्षिण डकोटा, सिओक्स फॉल्स के ऑगस्टाना कॉलेज में पत्रकारिता और साहित्य की प्रोफेसर नहीं बन गई। उसने वहां तेरह साल तक पढ़ाया, महिला क्लबों में लेक्चर दिए और पुस्तकों और लेखकों के बारे में रेडियो वार्ता की। उसने लिखा है कि फिर भी उसके दिमाग में हमेशा अंधेपन का डर बना रहता था। इस पर काबू पाने के लिए उसने एक हंसमुख और खुश रहने वाला जीवन जीने का तरीका अपना लिया।

फिर 1943 में जब वह बावन वर्ष की थी तब के मशहूर मेयो क्लिनिक में ऑपरेशन के द्वारा एक चमत्कार हुआ। जितना उसने पहले कभी नहीं देखा था, वह अब उससे चालीस गुना ज्यादा अच्छा देख सकती थी।

अब उसके सामने सुंदरता का एक नया और रोमांचक संसार था। उसे अब रसोई के सिंक में बर्तन धोने में भी मजा आने लगा था। उसने लिखा है कि अब वह डिशपैन में सफेद साबुन के झाग के साथ खेलती है। वह अब छोटे-छोटे साबुन के बुलबुलों को अपने हाथ में एक गेंद की तरह उठा लेती है। वह उन साबुन के बुलबुलों को रोशनी के सामने लाती है और उनमें से हर एक बुलबुले में उसको इंद्रधनुष के छोटे-छोटे चमकीले रंग दिखते हैं। उसने रसोई के सिंक की खिड़की से ऊपर देखा तो उसे भूरे-काले रंग के पंखों वाली गौरैया बाहर गिर रही बर्फ में फड़फड़ाती और उड़ती हुई दिखाई दीं।

उसको साबुन के बुलबुलों और चिड़ियों को देखकर इतना

मजा आया कि उसने अपनी किताब बंद कर दी और धीरे-धीरे कहने लगी, प्रियभगवान, मेरे पिता स्वर्ग में हैं, मैं तेरा धन्यवाद करती हूं। मैं तेरा धन्यवाद करती हूं।

आप बर्तन धो सकते हैं, बुलबुलों में इंद्रधनुष और चिड़ियों को बर्फ के बीच उड़ता हुआ देख सकते हैं तो आप भगवान का शुक्रिया अदा करने की बस कल्पना कर के देखिये।

आपको और मुझे खुद पर शर्म आनी चाहिए। हम वर्षों से हर दिन एक खूबसूरत परियों के देश में रह रहे हैं लेकिन हम ये सब देख कर भी अंधे हैं और बस इसका आनंद लेकर ही संतुष्ट हैं।

अगर हम चिंता करना छोड़ना चाहते हैं और जीना शुरू करना चाहते हैं तो, नियम 4: अपनी परेशानियों को नहीं बल्कि अपने आशीर्वादों को गिनिये।

मैं आपसे वादा करता हूं जैसा लगता है उतना अराजक कुछ भी नहीं है। आपके स्वास्थ्य से बेहतर कुछ नहीं है। ऐसी कोई चीज नहीं है जिसकी वजह से आपको तनाव, चिंता और भय से गुजरना पड़े।

—स्टीव माराबोली

चिंता के समान शरीर को नष्ट करने वाली कोई वस्तु नहीं है और जिसकी ईश्वर में आस्था है, उसे थोड़ी सी भी चिंता करने में शर्म आनी चाहिए।

—महात्मा गांधी

19

खुद को ढूंढे और अपने आपसे जुड़ें

याद रखें कि आपकी तरह इस दुनिया में और कोई नहीं है मेरे पास एक चिट्ठी है जो माउंट एयरी, नार्थ कैरोलिना में रहने वाली श्रीमती एडिथ एलरेड ने लिखी थी। उन्होंने लिखा था कि बचपन में मैं बहुत ही संवेदनशील और शर्मीले स्वाभाव की थी। मेरा वजन हमेशा से ज्यादा था और मोटे गालों की वजह से मैं और भी ज्यादा मोटी लगती थी। मेरी माँ बहुत पुराने ख्यालात की थीं। उन्हें लगता था की खूबसूरत कपड़े पहनना बस एक बेवकूफी है। वो हमेशा कहतीं कि तुम बड़े कपड़े पहना करो क्योंकि तुम्हारी नाप के कपड़े जल्दी फट जायेंगे। वह मुझे अपनी नाप से बड़े कपड़े पहनाती थीं। ना ही मैं कभी किसी पार्टी में गयी और ना ही मैंने कभी जीवन में आनंद उठाया। जब मै स्कूल गयी तब भी दूसरे बच्चों के साथ खेलने कभी बाहर नहीं गयी, ना ही कभी दौड़ में स्सा लिया। मै जरूरत से ज्यादा शर्मीली थी। मुझे लगता था की मैं सबसे अलग हूँ और कोई मुझे पसंद नहीं करता है।

जब मैं बड़ी हुई तो मैंने एक ऐसे आदमी से शादी कर ली जो उम्र में मुझसे काफी बड़ा था। मगर मैं बदली नहीं। मेरी ससुराल के लोग बहुत आत्मविश्वासी और संतुलित थे। वो

बिलकुल वैसे थे जैसा मुझे होना चाहिए था मगर मैं बिलकुल वैसी नहीं थी। मैंने उनकी तरह बनने की पूरी कोशिश की मगर मैं नहीं बन पायी। मुझको मेरे अंदर से निकालने की उनकी हर कोशिश बेकार गयी और मैं अपने कवच के अंदर और ज्यादा घुसती चली गयी। मैं नर्वस और चिड़चिड़ी हो गई। मैंने सारे दोस्तों को टालना शुरू कर दिया। मैं इतनी अजीब हो गयी थी कि अपने घर के दरवाजे की घंटी बजने पर भी डर जाती थी। मैं जिन्दगी में नाकाम हो रही थी। मैं इस बात से भी डरती थी कि एक दिन जल्द ही मेरे पति को इस बात का पता चलेगा। इसीलिए जब भी हम बाहर जाते, मैं खुश रहने का नाटक करती और कुछ ज्यादा ही दिखावे की कोशिश करती थी। मुझे पता था कि मेरी प्रतिक्रिया कुछ हद से ज्यादा होती थी। फिर कई दिनों तक मैं बहुत निराश भी रहती थी। आखिर में तो मैं खुद से इतनी नाखुश हो गयी थी कि मुझे जिंदा रहने का कोई उद्देश्य ही नहीं दिखता था। तब मैंने आत्महत्या करने के बारे में सोचना शुरू कर दिया। लेकिन फिर ऐसा क्या हुआ जिसने इस हताश औरत की जिन्दगी बदल दी? क्या बिना प्रायोजन के ही सब कुछ घटित हुआ?

श्रीमती एलरेड ने बताया कि बस अचानक ही बिना किसी बात के मेरी पूरी जिन्दगी बदल गई। एक दिन मेरी सास ने मुझे बताया कि उन्होंने अपने बच्चों को कैसे बड़ा किया। उन्होंने कहा कि मैंने हमेशा यही कोशिश की है कि वो जैसे हैं वैसे ही रहें और अपने आपको भूलें नहीं। बस इसी एक वाक्य ने मेरी जिन्दगी बदल दी। मुझे एहसास हुआ कि मैंने खुद को एक ऐसे सांचे में ढालने की कोशिश करके तमाम दुख अपने ऊपर लाद लिए, जो मेरे लिए नहीं थे।

मैं रातों रात बदल गयी और अपनी ही तरह रहने लगी।

मैंने अपने व्यक्तित्व को जानने की कोशिश शुरू कर दी। मैंने ये जानने की कोशिश भी करी कि मैं आखिर कौन थी? मैंने अपनी ताकत को पहचाना। मैंने रंगों और कपड़ों के बारे में काफी पढ़ा और ऐसे कपड़े पहनने शुरू कर दिए जो मुझपे अच्छे लगें। मैंने दोस्ती करना भी शुरू कर दी। अब मैं एक छोटे से संगठन से जुड़ गई और उन्होंने जब पहली बार मुझसे एक भाषण देने के लिए कहा तो मुझे बहुत डर लगा। मगर फिर जितनी बार भी मैंने भाषण दिया मेरा साहस बढ़ता गया।

इसमें मुझे थोड़ा समय लगा लेकिन आज मेरे पास इतनी खुशियां है जितनी मैंने कभी सपनों में भी नहीं सोची थीं। अपने बच्चों को बड़ा करने में जो कुछ भी मैंने अपने कड़वे अनुभव से सीखा था, उन्हें भी वही सिखाया। मैं उनसे कहती थी कि चाहे कुछ भी हो जाये, तुम अपने आप को भूल के कुछ और मत बन जाना।

डॉ जेम्स गॉर्डन गिल्की का कहना है कि स्वयं कुछ बनने की इच्छा रखना इतिहास जितनी पुरानी समस्या है और इंसानों की जिन्दगी उतनी ही आम है। खुद से दूर भागना और स्वयं कुछ बनने के लिए इच्छा ना रखना भी एक समस्या है जिसके पीछे कई न्यूरोसीस, साइकोसिस और कॉम्प्लेक्स जैसी बीमारियां छिपी हैं। एंजेलो पत्री ने तेरह किताबें लिखी हैं और बाल प्रशिक्षण के विषय पर हजारों सिंडिकेटेड अखबारों में लेख भी लिखे हैं। उनका कहना है कि उससे ज्यादा बदकिस्मत कोई नहीं है जो खुद से दूर भाग के कुछ और बनने की कोशिश में लगा रहता है। जो आप नहीं हैं कुछ ऐसा बनने की लालसा, विशेष रूप से हॉलीवुड में देखी जाती है। हॉलीवुड के सबसे प्रसिद्ध निर्देशकों में से एक सैमवुड का कहना है कि महत्वाकांक्षी युवा अभिनेताओं के साथ उनका सबसे बड़ा सिरदर्द यही समस्या है।

वे सभी या तो दूसरे दर्जे की अभिनेत्री लाना टर्नर या फिर तीसरे दर्जे के क्लार्क गैबल्स की तरह बनना चाहते हैं। सैम वुड उन्हें बताते रहते हैं, जनता उन्हें पहले ही देख चुकी है, अब वो कुछ और देखना चाहती है।

गुडबाय, मिस्टर चिप्स और फॉर हूम द बेल टोल्स, जैसी फिल्मों का निर्देशन शुरू करने से पहले सैम वुड ने वर्षों रीयल-एस्टेट व्यवसाय की बिक्री बढ़ाने में गुजारे थे। उनका कहना है कि व्यापार जगत में वही सिद्धांत लागू होते हैं जो फिल्मों की दुनिया में होते हैं। ना तो आपको बन्दर की तरह नकल करके और ना तोते की तरह बाते दोहराने से सफलता मिलेगी। सैम वुड कहते हैं कि अनुभव ने मुझे बहुत कुछ सिखाया है कि जितनी जल्दी हो सके ऐसे लोगों को निकाल देना सबसे सुरक्षित है, जो वो हैं ही नहीं और फिर भी वैसा होने का दिखावा करते हैं।

मैंने हाल ही में सोकोनी-वैक्यूम ऑयल कंपनी के रोजगार निदेशक पॉल बॉयटन से पूछा कि नौकरी के लिए आवेदन करने में लोग सबसे बड़ी गलती क्या करते हैं। वैसे आपको पता ना चाहिए कि बायटन ने साठ हजार से अधिक नौकरी चाहने वालों के इंटरव्यू लिए हैं और उन्होंने "सिक्स वेज टू गेट ए जॉब" नाम की एक किताब भी लिखी है। बायटन ने बताया कि नौकरी के लिए आवेदन करने में लोग जो सबसे बड़ी गलती करते हैं, वह है खुद के बजाए किसी और की तरह का बनने की कोशिश करना। अपने आप की तरह बने रहने और पूरी तरह से स्पष्टवादी होने के बजाय, वे अक्सर आपको ऐसा उत्तर देने का प्रयास करते हैं जो वे समझते हैं कि आपको पसंद आएगा। लेकिन यह सब किसी काम नहीं आता है क्योंकि किसी को भी नकली चीज नहीं पसंद है। नकली सिक्का भला किस काम का।

एक स्ट्रीटकार कंडक्टर की बेटी ने भी ऐसा ही एक पाठ बहुत मुश्किल से सीखा। वह गायिका बनना चाहती थी। लेकिन उसका चेहरा ही उसका दुर्भाग्य था। उसका मुँह बड़ा था और दांत उभरे हुए थे। जब उसने पहली बारी न्यू जर्सी के एक नाइट क्लब में सार्वजनिक रूप से गाना गाया था तब उसने अपने दाँत ढकने के लिए अपने ऊपरी होंठ को नीचे खींचने की कोशिश की थी। उसने ग्लैमरस बनने और अभिनय करने की कोशिश की। इसका परिणाम क्या हुआ? ऐसा करके उसने खुद को हास्यास्पद बना लिया। वो असफलता की राह की तरफ चल पड़ी।

लेकिन इस नाइट क्लब में एक आदमी ऐसा भी था जिसने लड़की को गाते हुए सुना और ये सोच कर कि उसमें प्रतिभा है, उसने उस लड़की से कहा, सुनो, मैंने तुम्हारा प्रदर्शन देखा और मुझे पता है कि तुम क्या छिपाने की कोशिश कर रही थीं। तुम अपने दाँतों की वजह से शरमा रही थीं। लड़की शर्मिंदा थी, लेकिन वह बोलता रहा, तो क्या हुआ? क्या ऐसे दांत होना कोई अपराध है? इन्हें छिपाने की कोशिश मत करो। तुम अपना मुंह खोलो और देखना दर्शक तुम्हें तब बहुत पसंद करेंगे जब वे ये देखेंगे कि तुम्हारे अंदर शर्म और डर नाम की कोई चीज नहीं है। इसके अलावा तुम जिन दांतों को छिपाने की कोशिश कर रही हो, हो सकता है वही तुम्हारी किस्मत बदल दें।

कैस डेली ने उसकी सलाह मान ली और अपने दांतों के बारे में भूल गई। तब से वह केवल अपने दर्शको के बारे में सोचती थी। फिर उसने बिना शर्माए इतने उत्साह और आनंद के साथ गाना शुरू कर दिया कि वह फिल्मों और रेडियो की एक स्टार बन गयी। अब तो दूसरे कॉमेडियन भी उसकी नकल करने की कोशिश कर रहे हैं।

मशहूर विलियम जेम्स ने दावा किया था कि एक साधारण मनुष्य अपनी मानसिक क्षमताओं का सिर्फ दस प्रतिशत ही इस्तेमाल करता है।

ये बात उन्होंने उन लोगों के बारे में कही थी जो अपनी क्षमताओं से अनजान थे। उनके कहने का मतलब ये था कि हमें जो बनना चाहिए था, हम वो बिलकुल भी नहीं बने। हम उनींदी आँखों से देखने के आदी हो गए हैं। हम अपने शारीरिक और मानसिक संसाधनों के केवल एक छोटे से हिस्से का उपयोग कर रहे हैं। मोटे तौर पर अगर बात की जाये तो मनुष्य अपनी हद में ही रहता है। उसके पास विभिन्न तरह की शक्तियां हैं जिन्हें वो आदतन उपयोग करने में विफल रहता है।

आपके और मेरे पास ऐसी क्षमताएं हैं, तो आइए चिंता करने में एक सेकंड बर्बाद ना करें क्योंकि हम दूसरे लोगों की तरह नहीं हैं। आप इस दुनिया में सबसे अलग और नए है। जब समय की शुरुआत हुई तब भी बिल्कुल आप जैसा कोई नहीं था और आने वाले सभी युगों तक भी आप जैसा कोई नहीं होगा। आनुवंशिकी का नया विज्ञान हमें बताता है कि आप अपने पिता और माता द्वारा योगदान किए गए चौबीस- चौबीस गुणों की वजह से हैं। इन अड़तालीस गुणों में वह सब कुछ शामिल है जो निर्धारित करता है कि आपको विरासत में क्या मिला है।

अमरान शेइनफेल्ड कहते हैं, हो सकता है कुछ मामलों में इन गुणों की वजह से सैकड़ों जीन एक जीन को बदलने में सक्षम हों और एक व्यक्ति का पूरा जीवन बदल दें। सचमुच हमारी रचना भयानक और अदभुत रीति से हुई है।

आपके माता-पिता के मिलन के बाद भी 300,000 अरब में से आपके पैदा होने का केवल एक ही मौका था। सरल शब्दों में अगर आपके 300,000 अरब भाई बहन होते, तो वे

सभी आप से बिलकुल अलग होते। क्या यह सब अनुमान है? नहीं, यह एक वैज्ञानिक तथ्य है।

अगर आप इसके बारे में और अधिक पढ़ना चाहते हैं तो अपने सार्वजनिक पुस्तकालय जाइये और अमरान शेइनफेल्ड की लिखी किताब "यू एंड हेरीडिटी" पढ़िए।

मैं खुद इस विषय पर बहुत विश्वास के साथ बात कर सकता हूं क्योंकि मैं इसके बारे में गहराई से महसूस करता हूं। मुझे पता है मैं किस बारे में बात कर रहा हूँ। मैं अपने कड़वे और कीमती अनुभव से इसे जानता हूं। उदाहरण के तौर पर जब मैं पहली बार मिसौरी के कॉर्नफील्ड्स से न्यूयॉर्क आया था, तो मैंने अमेरिकन एकेडमी ऑफ ड्रामेटिक आर्ट्स में दाखिला लिया था। मैं एक अभिनेता बनने की ख्वाहिश रखता था। मेरे दिमाग में एक शानदार विचार था, सफलता पाने का एक छोटा रास्ता था, बहुत सरल और बहुत सटीक एक ऐसा विचार जो मैं समझ नहीं पाया कि हजारों महत्वाकांक्षी लोगों ने इसकी खोज पहले क्यों नहीं की। ये वो रास्ता था कि मैं उस दौर के प्रसिद्ध अभिनेता-जॉन ड्रू, वाल्टर हैम्पडेन, और ओटिस स्किनर के बारे में अध्ययन करूंगा कि उनको उनका मुकाम कैसे मिला। तब मैं हर एक अभिनेता के सर्वोत्तम पहलुओं को समझूंगा और उन सभी के चमकदार किरदारों में ढल कर खुद को कामयाब बनाऊंगा। मैं कितना मूर्ख और पागल था। मिसौरी वाली इस मोटी खोपड़ी में यह बात आने से पहले कि मैं कोई और नहीं हो सकता बल्कि मुझे खुद कुछ बनना है, मैंने अपने जीवन के ना जाने कितने साल दूसरों की नकल करने में बर्बाद कर दिए। उस दुःख भरे अनुभव से मैंने एक सबक तो सीख ही लिया था। लेकिन मेरे साथ ऐसा नहीं हुआ। मैं बहुत बेवकूफ था। मुझे यह सब फिर से सीखना पड़ा। कई

सालों बाद मैंने एक ऐसी किताब लिखना शुरू की जिससे मुझे उम्मीद थी कि व्यवसायियों के लिए सार्वजनिक भाषण के रूप में जो कुछ भी अभी तक लिखा गया था उनमें वह सर्वश्रेष्ठ पुस्तक बनेगी। इस पुस्तक को लिखने के बारे में एक बार फिर मेरे पास वही मूर्खतापूर्ण सोच थी जैसी पहले कभी अभिनय के बारे में थी। मैं बहुत सारे अन्य लेखकों के विचारों को अपनी किताब में पिरो कर एक ऐसी किताब लिखना चाहता था जिसमें सब कुछ हो। फिर मैंने पब्लिक स्पीकिंग पर सैकड़ों किताबें पढ़ीं और उन विचारों को अपनी किताब में शामिल करने में एक साल लगा दिए। लेकिन आखिर में मुझे एक बार फिर समझ में आ गया कि मैं बेवकूफी कर रहा था। अन्य लेखकों के जिन विचारों को पढ़कर मैंने जो विचार लिखे थे, वे इतने नकली, इतने नीरस थे कि कोई भी व्यवसायी उनको पढ़ना नहीं चाहेगा। इसलिए मैंने अपने एक साल की मेहनत को रद्दी की टोकरी में फेंक दिया और नए सिरे से फिर लिखना शुरू किया। इस बार मैंने खुद से कहा, तुम्हें अपनी सभी गलतियों और हद में रहकर डेल कार्नेगी बनना है। तुम चाह कर भी कुछ और नहीं बन सकते। इसलिए मैंने दूसरे लेखकों के विचारों को लेने की कोशिश छोड़ दी और खुद लिखना शुरू कर दिया। मैंने वही किया जो मुझे सबसे पहले करना चाहिए था। मैंने अपने तजुर्बे, संयोजन और अपने दृढ विश्वास से एक वक्ता और शिक्षक के रूप में सार्वजनिक भाषण देने पर एक पाठ्यपुस्तक लिखी। मुझे उम्मीद है मैंने हर समय वही सीखा जो सबक सर वाल्टर रैले ने सीखा था। मैं उस सर वाल्टर की बात नहीं कर रहा हूं जिन्होंने रानी के पैरों में कीचड़ न लग जाए, इसलिए अपना कोट कीचड़ में फेंक दिया था। मैं उन सर वाल्टर रैले के बारे में बात कर रहा हूं जो 1904 में ऑक्सफोर्ड में अंग्रेजी

साहित्य के प्रोफेसर थे। उन्होंने कहा था कि मैं शेक्सपियर के अनुरूप एक किताब नहीं लिख सकता, लेकिन मैं अपने आप एक किताब लिख सकता हूं।

आप जो हैं वही रहिये। इरविंग बर्लिन ने स्वर्गीय जॉर्ज गेर्शविन को जो समझदारी भरी सलाह दी थी, उस पर अमल करिये। जब बर्लिन और गेर्शविन पहली बार मिले थे तब बर्लिन प्रसिद्ध हो चुके थे लेकिन गेर्शविन एक युवा संगीतकार थे जो अपने संघर्ष के दिनों में टिन पैन एले में पैंतीस डॉलर प्रति सप्ताह पर काम कर रहे थे। गेर्शविन की क्षमता से प्रभावित होकर बर्लिन ने उनके सामने अपने संगीत सचिव के रूप में एक नौकरी की पेशकश की और उस समय उनको मिल रहे उनके वेतन से लगभग तीन गुना अधिक पैसे देने का वादा किया। लेकिन बर्लिन ने ही उन्हें सलाह दी कि ये नौकरी मत करना। अगर तुम ऐसा करोगे तो तुम दूसरे दर्जे के बर्लिन बन सकते हो।

लेकिन अगर तुम वही रहना चाहते हो जो तुम हो तो फिर एक दिन तुम पहले दर्जे के गेर्शविन बन जाओगे।

गेर्शविन ने उनकी उस बात पर ध्यान दिया और धीरे-धीरे खुद को अपनी पीढ़ी के एक महत्वपूर्ण अमेरिकी संगीतकार में बदल दिया।

यहाँ मैं जो सबक सबको समझाने की कोशिश कर रहा हूँ वो पाठ चार्ली चौपलिन, विल रोजर्स, मैरी मार्गरेट मैकब्राइड, जीन ऑट्री और लाखों अन्य लोगों को भी सीखना पड़ा था। इसे सीखने में मेरी तरह उन्हें भी परेशानी हुई थी।

जब चार्ली चौपलिन ने पहली बार फिल्मों में काम करना शुरू किया तो फिल्म के निर्देशक ने चौपलिन से उस दौर के लोकप्रिय जर्मन कॉमेडियन की नकल करने पर जोर दिया। तब

तक चार्ली चौपलिन कुछ नहीं थे और उन्होंने कभी अभिनय नहीं किया था। बॉब होप का भी कुछ ऐसा ही अनुभव था। उन्होंने गायन और नृत्य में वर्षों बिताए और तब तक कहीं नहीं पहुँच पाए जब तक कि उन्होंने बुद्धिमानी से काम नहीं लिया। विल रोजर्स भी बिना एक शब्द बोले वर्षों तक वाडेविल में एक रस्सी को घुमाते रहे। उन्होंने भी रस्सी घुमाने के खेल में हास्य के लिए जब तक कुछ अद्वितीय नई-नई चीजें और बातें नहीं कीं तब तक वो भी आगे नहीं बढ़ पाए।

जब मैरी मार्गरेट मैकब्राइड पहली बार रेडियो पे आईं तो उन्होंने एक आयरिश कॉमेडियन बनने की कोशिश की और असफल रहीं। लेकिन जब उन्होंने मिसौरी की एक सीधी-साधी देशी लड़की बन कर काम किया जो कि वह थीं, तो वह न्यूयॉर्क में सबसे लोकप्रिय रेडियो सितारों में से एक बन गईं।

जब जीन ऑटरी ने अपने टेक्सास के लहजे से छुटकारा पाने की कोशिश की और शहर के लड़कों की तरह कपड़े पहने और दावा किया कि वह न्यूयॉर्क से थे, तो लोगों ने पीठ पीछे उनका मजाक उड़ाया। लेकिन जब जीन ऑटरी ने अपने करियर की शुरुआत अपने बैंजो और काउब्वॉय वाले गीतों से की तो वह फिल्मों और रेडियो पर दुनिया के सबसे लोकप्रिय उब्वॉय गायक बन गए।

आप इस दुनिया में नए हैं। इससे खुश रहें। प्रकृति ने आपको जो दिया है उसका ज्यादा से ज्यादा लाभ उठाएं। इसका अंतिम विश्लेषण यही है कि सभी हुनर आत्म-कथात्मक हैं और अपने बारे में खुद ही बोलते हैं। आप वही बोल सकते हैं जो कि आप हैं। आप सिर्फ अपनी तस्वीर पेंट कर सकते हैं। आपको वही होना चाहिए जो आपके अनुभव, आपके विचारों और आपके परिवार से आपको मिला है। अच्छा हो या बुरा, आपको अपने

छोटे से बगीचे में खेती खुद ही करनी चाहिए। ये अच्छा हो या बुरा, आपको अपने जीवन के आर्केस्ट्रा में एक अच्छी सी धुन बजानी चाहिए।

मानसिक दृष्टिकोण को उपजाऊ बनाने के लिए जो हमें सुख चैन की जिन्दगी देगा और चिंता से मुक्ति दिलाएगा, वो यही है।

नियम 5: आइए दूसरों की नकल ना करें।

खुद को ढूंढें और खुद की तरह बनें।

> ऐसी बहुत सी चीजें होंगी जो गर्म पानी के नहाने से ठीक नहीं होती होंगी, लेकिन मैं उनमें से बहुत सी चीजों के बारे में नहीं जानती।
>
> —सिल्विया प्लाथ

> हम सब से बड़ा भी कुछ है जो अपना काम कर रहा है। यह जीवन में भरोसा रखने और शांति से रहने के बारे में है क्योंकि चीजें वैसी हो रही हैं जैसा उन्हें होना चाहिए। जो आप कर सकते हैं और जितना अच्छा कर सकते हैं आप वही करें और परिणाम के बारे में चिंतित या व्याकुल ना हों।
>
> —शर्लिन फेन

20
अगर आपके पास मौका है तो उसे हाथ से ना जाने दें

इस पुस्तक को लिखते समय मैं एक दिन शिकागो विश्वविद्यालय चला गया और वहां मैंने चांसलर रॉबर्ट मेनार्ड हचिंस से पूछा कि वह चिंता से कैसे दूर रहते हैं। उन्होंने जवाब दिया कि मैं हमेशा स्वर्गीय जूलियस रोसेनवाल्ड जो सियर्स, रोबक एंड कंपनी के अध्यक्ष थे, उनकी सलाह मानने की कोशिश करता हूँ। वो कहते थे कि अगर आपके पास मौका है तो उसे हाथ से ना जाने दें।

एक अच्छा शिक्षक यही करता है। लेकिन एक बेवकूफ इसके ठीक विपरीत करता है।

लेकिन अगर किसी बेवकूफ को जीवन में एक मौका मिलता है तो वह उसे गँवा देता है और कहता है कि मैं भाग्य से हार चुका हूँ और मुझे कोई मौका नहीं मिला है। फिर वह दुनिया के खिलाफ आगे बढ़ता है और सिर्फ खुद पर दया खाता है। लेकिन जब बुद्धिमान व्यक्ति को एक मौका दिया मिलता है तो वह कहता है, मैं इस दुर्भाग्य से क्या सबक सीख सकता हूँ? मैं अपनी स्थिति कैसे सुधार सकता हूँ? मैं इस मौके को सफलता में कैसे बदल सकता हूँ?

जीवन भर लोगों और उनकी छुपी हुई शक्ति के भंडार का

अध्ययन करने के बाद महान मनोवैज्ञानिक, अल्फ्रेड एडलर ने घोषणा की कि मनुष्य की आश्चर्यजनक विशेषताओं में से एक नकारात्मक को सकारात्मक में बदलने की उसकी क्षमता है।

ये एक महिला की दिलचस्प और प्रेरणादायक कहानी है। उसका नाम थेल्मा थॉम्पसन है और वह 100, मॉर्निंगसाइड ड्राइव, न्यूयॉर्क शहर में रहती है। उसने मुझे युद्ध के दौरान के अपने कुछ अनुभव बताये। उसने बताया कि युद्ध के दौरान मेरे पति महावी रेगिस्तान, कैलिफोर्निया के पास एक सेना प्रशिक्षण शिविर में तैनात थे। मैं उसके पास रहने के लिए वहाँ गई लेकिन मुझे वो जगह अच्छी नहीं लगी।

मैं उस जगह को नापसंद करने लगी। मैं इससे पहले कभी इतनी दुखी नहीं हुई थी। मेरे पति को महावी रेगिस्तान में युद्ध का अभ्यास करने का आदेश मिला था और मुझे अकेला एक छोटी सी झोंपड़ी में छोड़ दिया गया था। वहां गर्मी बर्दाश्त से बाहर थी, एक कैक्टस की छाया में लगभग 125 डिग्री का तापमान था। वहां बात करने वाला भी कोई नहीं था। बस मैक्सिकन और भारतीय थे और वे अंग्रेजी नहीं बोल सकते थे। हवा लगातार चलती थी और मैं जो खाना खाती थी और जिस हवा में साँस लेती थी उन सबमें रेत ही रेत थी।

मैं इतनी ज्यादा दुखी थी कि उसी दु:ख में मैंने ये सब अपने माता-पिता को लिख दिया। हालाँकि मुझे इस बात का अफसोस भी हुआ। मैंने लिखा कि यहाँ मैं हार गई हूं और वापस घर आ रही हूँ। मैं ये सब एक मिनट भी बर्दाश्त नहीं कर सकती। इसके बजाय तो मैं जेल में रह लेती। इसका जवाब मेरे पिता ने सिर्फ दो लाइनों में दिया। ऐसी दो पंक्तियाँ जो हमेशा मेरी यादों में बसी रहेंगी। उन दो लाइनों ने पूरी तरह से मेरा जीवन ही बदल दिया। उन्होंने जवाब में लिखा, दो आदमी

जेल की सलाखों के बाहर देख रहे थे।

एक ने मिट्टी देखी और दूसरे ने तारे देखे। मैंने उन दो पंक्तियों को बार-बार पढ़ा। अब मुझे खुद पर शर्म आ रही थी। फिर मैंने अपना मन बना लिया कि मैं यह पता लगाउंगी कि मेरी वर्तमान स्थिति में मेरे लिए क्या अच्छा है और अब मैं सिर्फ सकारात्मक सोचूंगी।

मैंने वहां के मूल निवासियों से दोस्ती कर ली और उनकी प्रतिक्रिया ने मुझे हैरत में डाल दिया। जब मैंने उनकी बुनी हुई चीजों और मिट्टी के बर्तनों में रूचि दिखाई और जिन चीजों को वो पर्यटकों को कभी बेचते भी नहीं थे, उन्होंने अपनी वो पसंदीदा चीजें मुझे उपहार में दीं।

वहां मैंने कैक्टस, युक्का और जोशुआ पेड़ों के आकर्षक रूप के बारे में अध्ययन किया। मैंने प्रेरी कुत्तों के बारे में जाना, रेगिस्तान में सूर्यास्त देखा और मैंने लाखों साल पहले जब वहां रेगिस्तान की जगह एक समुद्र था, उन सीशेल्स का शिकार भी किया, जिन्हें तब वहाँ छोड़ा गया था।

मेरे अंदर यह आश्चर्यजनक परिवर्तन कैसे आया? महावी डेजर्ट नहीं बदला था। लोग भी नहीं बदले थे लेकिन अब मैं बदल चुकी थी।

मैंने अपने दिमाग के दृष्टिकोण को बदल दिया था। ऐसा करके मैंने एक मनहूस अनुभव को अपने जीवन के सबसे रोमांचक और साहसिक तजुर्बे में बदल डाला। मैं इस नई दुनिया से उत्साहित और उत्तेजित थी, जिसे मैंने खोजा था। मैं इतना उत्साहित थी कि मैंने इसके बारे में एक किताब लिखी, एक उपन्यास जिसे ब्राइट रैम्पर्ट्स के नाम से प्रकाशित किया गया था। अब मैंने अपनी खुद की बनाई हुई जेल से बाहर देखा तो सितारों को पाया।

थेल्मा थॉम्पसन, आपने एक पुराने सत्य की खोज की है और वो है जन्म, जो सबसे अच्छी और सबसे मुश्किल चीज है। जिसके बारे में यूनानियों ने ईसा से पांच सौ साल पहले बताया था।

हैरी इमर्सन फॉस्डिक ने बीसवीं शताब्दी में इसे फिर से दोहराया। खुशी हमेशा आनंद नहीं है, यह आमतौर पर जीत है। वही जीत जो उपलब्धि की भावना से आती है और जिसमें हम मौके को हासिल करने में विजयी होते हैं।

मैं एक बार फ्लोरिडा में एक खुशहाल किसान से मिलने गया जिसने एक खतरनाक मौके को कामयाबी में बदल दिया था। उसको एक बंजर खेत मिला था। जब उसे यह खेत मिला तो वह बहुत निराश था। वो जमीन इतनी खराब थी कि उसमें वह ना तो वह फल उगा सकता था और ना ही अपने सुअर पाल सकता था। सिवाय ओक और रैटलस्नेक के वहाँ कुछ नहीं था। तब उसे अपना एक विचार याद आया। वह अपने दायित्व को संपत्ति में बदल देगा। वह इन रैटलस्नेक का ज्यादा से ज्यादा लाभ उठाएगा। जब उसने रैटलस्नेक के मांस को डिब्बों में बंद करना शुरू कर दिया तो हर किसी को बहुत आश्चर्य हुआ। कुछ साल पहले जब मैं उससे मिलने के लिए गया तो मैंने देखा कि बीस

हजार सालाना की दर से उसके रैटलस्नेक फार्म को देखने के लिए पर्यटक उमड़ रहे थे। उसका कारोबार खूब फल-फूल रहा था। मैंने उसके रैटलर्स के मुँह से विष गिरते देखा जिसे विष से बचाने की दवा बनाने के लिए प्रयोगशालाओं में भेज दिया गया। मैंने देखा कि रैटलस्नेक की खाल को महिलाओं के जूते और हैंडबैग बनाने के लिए महंगे दामों पर बेचा जा रहा था। मैंने उसे दुनिया भर में रैटलस्नेक के बंद मांस का डिब्बा ग्राहकों को भेजते हुए भी देखा। मैंने उस स्थान का एक पिक्चर पोस्टकार्ड खरीदा और उसे गाँव के स्थानीय डाकघर में डाक से

भेज दिया। उस डाकघर का नाम रैटलस्नेक, फ्लोरिडा था और ये उस व्यक्ति के सम्मान में रखा गया था जिसने एक जहरीले मौके को शानदार अवसर में बदल दिया था।

मैंने इस देश की समय-समय पर चारों तरफ खूब यात्राएं की हैं और मुझे ऐसे दर्जनों पुरुषों और महिलाओं से मिलने का सौभाग्य प्राप्त हुआ जिन्होंने शून्य से शुरू होकर ऊंचाइयां छूने तक अपनी शक्ति का प्रदर्शन किया है। ट्वेल्व अगेंस्ट द गॉड्स के लेखक, दिवंगत विलियम बोलिथो ने इसे लिखते हुए कहते हैं कि, जीवन में सबसे महत्वपूर्ण चीज अपने लाभ को पूँजी में बदलना नहीं है। कोई मूर्ख तो ऐसा कर सकता है। सबसे महत्वपूर्ण बात यह है कि आपको अपने घाटे से लाभ प्राप्त करना है। इसके लिए बुद्धि की आवश्यकता होती है और यही समझदार और मूर्ख के बीच का फर्क है।

बोलिथो ने ये शब्द एक रेल दुर्घटना में अपना पैर गंवाने के बाद कहे थे। हालाँकि मैं एक ऐसे शख्स को जानता हूं जिसने अपने दोनों पैर खोने के बाद भी अपने माइनस को प्लस में बदल दिया। उसका नाम बेन फोर्टसन है। मैं उनसे अटलांटा, जॉर्जिया की एक होटल लिफ्ट में मिला था। जैसे ही मैंने लिफ्ट में कदम रखा, मैंने इस हंसमुख दिखने वाले आदमी को देखा, जिसके दोनों पैर नहीं थे और वह लिफ्ट के एक कोने में व्हील चेयर पर बैठा था। जब लिफ्ट उसके फ्लोर पर रुकी तो उसने बड़े प्यार से मुझसे कहा कि क्या मैं थोड़ा हट सकता हूँ ताकि वह अपनी कुर्सी बेहतर ढंग से बाहर निकाल सके। उसने मुझसे मेरी असुविधा के लिए माफी मांगी और यह कहते हुए उसके चेहरे पर एक गहरी, दिल को छू लेने वाली मुस्कान थी। जब मैं लिफ्ट से निकल कर अपने कमरे में गया तो मैं उसी हँसमुख अपंग के बारे में सोच रहा था। फिर मैंने

उसको ढूँढा और उससे अपनी कहानी सुनाने को कहा।

उसने मुस्कराते हुए मुझसे कहा कि यह हादसा 1929 में हुआ था। मैं बाहर बहुत सारी लकड़ियां काटने गया था ताकि खेत में उग रही बीन्स के लिए कुछ टेक बना के पेड़ को उनके सहारे बांध दूँ। मैंने वो डंडे अपनी फोर्ड में लादे और वापिस चल दिया। अचानक एक पोल खिसक गया और कार के नीचे आ गया। तब मैं एक तेज मोड़ मुड़ रहा था और उस पोल ने उसी पल स्टीयरिंग उपकरण को जाम कर दिया। कार एक बांध पर चढ़ गई और मैं एक पेड़ से टकरा गया। मेरी रीढ़ की हड्डी में चोट लगी और मेरे पैरों को लकवा मार गया।

जब यह हादसा हुआ तब मैं चौबीस साल का था और तब से मैं कभी एक कदम भी नहीं चल पाया।

सिर्फ चौबीस साल की उम्र और जीवन भर व्हील चेयर की सजा। मैंने उससे पूछा कि उसमें खुद को संभालने की इतनी हिम्मत कहाँ से आई। उसका जवाब था कि मैंने कुछ नहीं किया। मैं तो क्रोध और विद्रोह से भर चुका था। मैं अपने भाग्य को लेकर गुस्से में था। लेकिन जैसे-जैसे साल बीतते गए, मुझे लगा कि इस विद्रोह ने मुझे कड़वाहट के अलावा कुछ नहीं दिया है। आखिरकार मुझे एहसास हुआ कि बहुत लोग मेरे प्रति दयालु और विनम्र थे। इसलिए कम से कम मैं इतना तो कर ही सकता था कि मैं भी उनके लिए दयालु और विनम्र हो जाऊं।

मैंने उससे पूछा कि क्या वह इतने वर्षों के बाद भी ये महसूस करता है कि वो दुर्घटना एक भयानक दुर्भाग्य थी, उसने फौरन जवाब दिया, नहीं। मैं अब खुश हूं कि ऐसा हुआ।

अपने गुस्से और सदमे से उबरने के बाद वह एक अलग दुनिया में रहने लगा था। उसने अच्छे साहित्य को पढ़ना और उसमें दिलचस्पी लेना शुरू किया। उसने बताया कि इन चौदह

वर्षों में वह कम से कम चौदह सौ पुस्तकें पढ़ चुका है और इन किताबों ने उसके लिए नए क्षितिज खोल दिए। उसने अपने जीवन को जितना संभव हो सका उससे कहीं ज्यादा समृद्ध बना लिया। उसने अब अच्छा संगीत सुनना शुरू कर दिया और पहले जिस सिम्फनी से वह ऊब जाता था अब उसी को सुनकर रोमांचित होता है। लेकिन उसके लिए सबसे बड़ा बदलाव यह था कि आज उसके पास सोचने का समय था। उसने मुझे बताया कि मैंने जीवन में पहली बार दुनिया को देखने और वास्तविक ज्ञान प्राप्त करने का महत्व जाना। मुझे यह एहसास भी होने लगा कि जिन चीजों के लिए मैं पहले प्रयास कर रहा था उनमें से अधिकांश चीजें बिल्कुल भी सार्थक नहीं थीं।

उसके पढ़ने का नतीजा ये निकला कि उसकी राजनीति में रुचि पैदा हुई, उसने जनता की समस्याओं का अध्ययन किया और व्हील चेयर से भाषण दिए। उसने लोगों को जाना और लोगों ने उसे जाना। आज भी बेन फोर्टसन अपनी व्हीलचेयर पर हैं और जॉर्जिया राज्य के राज्य सचिव हैं।

मैं पिछले पैंतीस वर्षों से न्यूयॉर्क शहर में प्रौढ़-शिक्षा कक्षाओं का संचालन कर रहा हूं और मुझे पता चला है कि कई वयस्कों को इस बात को लेकर एक बड़ा पछतावा यह है कि वे कभी कॉलेज नहीं गए। उन्हें लगता है कि कॉलेज की शिक्षा ना होना एक बड़ी बाधा है। कोई जरूरी नहीं कि ये बात सच हो क्योंकि मैं हजारों ऐसे सफल पुरुषों को जानता हूं जो कभी भी हाई स्कूल से आगे नहीं बढ़ सके। इसलिए मैं अक्सर इन छात्रों को एक ऐसे आदमी की कहानी सुनाता हूँ, जिसे मैं जानता था और जिसने कभी ग्रेड स्कूल भी पूरा नहीं किया। वह बहुत गरीबी में पला-बढ़ा था। जब उसके पिता की मृत्यु हुई तो जिस ताबूत में उन्हें दफनाया गया, उसका भुगतान पिता के दोस्तों ने थोड़े-थोड़े

पैसे जमा करके किया था। उसके पिता की मृत्यु के बाद उसकी माँ दिन में दस घंटे एक छाता बनाने के कारखाने में काम करती और फिर बाहर से जो छोटे-मोटे काम वो घर लाती, उन्हें करते-करते उसको रात के ग्यारह बज जाते।

वही लड़का जो इन हालात में पला-बढ़ा था, अपने चर्च में एक क्लब द्वारा लगाए गए नाटक में शौकिया अभिनय करने के लिए चला गया। उसको अभिनय से इतना रोमांच मिला कि उसने जनता के बीच भाषण देने का फैसला किया और यहीं से वह राजनीति में आ गया।

वह जब तीस साल का हुआ तो उसको न्यूयॉर्क राज्य विधानमंडल के लिए चुन लिया गया। लेकिन, लानत है कि वह इस तरह की जिम्मेदारी लेने के लिए तैयार नहीं था। असल में उसने मुझे खुद बताया कि वह सच में नहीं जानता कि यह सब क्या है। जिन बिलों पर उसे वोट देना था, उसने उन लंबे और पेचीदा बिलों का अध्यन किया। लेकिन जहां तक उन बिलों का सवाल था, वो बिल अगर पुराने समय की अमेरिकन भाषा में भी क्यों ना लिखे होते, उससे भी कोई फर्क नहीं पड़ता। जब उसको वन समिति का सदस्य बनाया गया तो वह चिंतित और हैरान था क्योंकि उसने कभी जंगल में कदम भी नहीं रखा था। जब उसको राज्य बैंकिंग आयोग का सदस्य बनाया गया तो बैंक में तब तक उसका खाता भी नहीं खुला था और वह इससे भी परेशान और हैरान था। उसने मुझे बताया कि अगर उसे अपनी माँ के सामने हार मानने में शर्म नहीं आती तो वह इतना निराश था कि उन्होंने विधान सभा से इस्तीफा दे दिया होता। इसी निराशा में उसन प्रतिदिन सोलह घंटे अध्ययन करने और अपने अज्ञान को ज्ञान के अवसर में बदलने का फैसला किया। ऐसा करके उसने खुद को एक स्थानीय नेता से राष्ट्रीय

शख्सियत में बदल दिया और खुद को इतना असाधारण बना दिया कि द न्यूयॉर्क टाइम्स ने उन्हें न्यूयॉर्क का सबसे अधिक पसंद किया जाने वाला नागरिक बताया।

मैं अल स्मिथ के बारे में बात कर रहा हूँ।

अल स्मिथ के राजनीतिक स्व-शिक्षा कार्यक्रम के दस साल बाद वह न्यूयॉर्क राज्य सरकार के महानतम समकालीन अधिकारी थे। वह चार बार न्यूयॉर्क के गवर्नर चुने गए, ये एक ऐसा रिकॉर्ड है जो कोई भी नहीं तोड़ पाया। 1928 में वह राष्ट्रपति पद के लिए डेमोक्रेटिक पार्टी के उम्मीदवार थे। जो आदमी कभी ग्रेड स्कूल से आगे नहीं बढ़ पाया, उसको कोलंबिया और हार्वर्ड जैसे छह बड़े विश्वविद्यालयों ने मानद की उपाधि प्रदान की।

अल स्मिथ ने मुझसे कहा था कि अगर उन्होंने नकारात्मक को सकारात्मक में बदलने के लिए प्रतिदिन सोलह घंटे की कड़ी मेहनत नहीं की होती तो इनमें से कोई भी चीज कभी नहीं होती।

सिर्फ मजबूरी में नहीं, बल्कि उससे प्यार करना, ये बेहतर व्यक्तियों के लिए नीत्शे का एक सूत्र था।

मैंने जितना उपलब्धि प्राप्त किये हुए लोगों को देखा है उतना ही मुझे लगता है कि उनमें से काफी लोग कामयाब इसलिए हुए क्योंकि उन्होंने बाधाओं के साथ दौड़ की शुरुवात की और आगे निकल गए। फिर उन्हें इसका इनाम भी मिला। जैसा कि विलियम जेम्स ने कहा कि हमारी कमजोरियाँ अप्रत्याशित रूप से हमारी मदद करती हैं। इस बात की अत्यधिक संभावना है कि मिल्टन ने बेहतर कविता लिखी क्योंकि वह अंधे थे और बीथोवेन बेहतर संगीत की रचना इसलिए कर पाए क्योंकि वह बहरे थे।

इसी तरह हेलेन केलर का शानदार करियर उनके अंधेपन और बहरेपन की वजह से प्रेरित और संभव हुआ।

अगर त्चिकोवस्की अपने दुखद विवाह से निराश और लगभग

आत्महत्या करने के लिए प्रेरित नहीं हुआ होता, अगर उसका जीवन दयनीय नहीं होता, तो शायद वह कभी भी अपनी अमर सिम्फनी पाथेटिक की रचना नहीं कर पाता।

अगर दोस्तोवस्की और टॉल्स्टॉय ने यातनापूर्ण जिन्दगी नहीं गुजारी होती तो शायद वे कभी भी अपने अमर उपन्यास नहीं लिख पाते।

एक आदमी जिसने पृथ्वी पर जीवन के वैज्ञानिक सिद्धांतों को बदलने के बाद लिखा, अगर मैं इतना अपंग ना होता, यदि मैं इतना ज्यादा कमजोर ना होता, तो जितना काम मैंने किया है उतना नहीं कर पाता। ये बात चार्ल्स डार्विन ने मानी थी कि उनकी दुर्बलताओं ने उन्हें अप्रत्याशित रूप से मदद की।

जिस दिन इंग्लैंड में डार्विन का जन्म हुआ, उसी दिन केंटकी के जंगलों में एक झोपड़ी में एक और बच्चा पैदा हुआ। उसे भी उसकी कमजोरियों से मदद मिली। उसका नाम लिंकन था, अब्राहम लिंकन। अगर वह एक अच्छे परिवार में पला-बढ़ा होता, हार्वर्ड से कानून की डिग्री प्राप्त करता और एक सुखी वैवाहिक जीवन जीता तो उसे अपने दिल की गहराई में शायद वो यादगार शब्द नहीं मिलते जैसे उसने गेटीसबर्ग पर हमेशा के लिए याद कर लिए थे, ना ही वो ऐसी पवित्र कविता कह पाते जो उन्होंने अपने दूसरे उद्घाटन में सुनाई थी और जो सबसे खूबसूरत शब्दों का एक गुलदस्ता थी। ऐसी कविता आजतक किसी भी शासक ने नहीं कही, दिल में किसी के लिए नफरत ना हो बल्कि सबके लिए प्यार हो।

हैरी इमर्सन फॉसडिक अपनी किताब "द पावर टू सी इट थ्रू" में कहा था कि एक स्कैंडिनेवियन कहावत है जिसे हम अपने जीवन के लिए एक जरूरी सबक के रूप में भी देख सकते हैं। बहुत शक्तिशाली उत्तरी हवाओं ने ही विकिंग्स को इतना मजबूत बनाया था, हमें ना जाने कहाँ से ये ख्याल आ

गया कि सुखद जीवन के लिए मुश्किलों का आभाव और चीजों की आसानी से ही कोई इंसान खुश या फिर सुखी रहता है। इसके विपरीत जो लोग खुद पर तरस खाते हैं, उन्हें चाहे नरम गद्दे पर ही क्यों ना लिटा दिया जाये वो नहीं बदलते। लेकिन इतिहास गवाह है कि जब भी लोगों ने अपनी जिम्मेदारी अच्छे से उठाई है, उनके पास चरित्र और खुशी सदैव अच्छी, बुरी और उदासीन सभी प्रकार की परिस्थितियों में आती हैं। इसीलिए बार-बार कहा जाता है कि उत्तरी हवा ने वाइकिंग्स को बनाया है।

मान लीजिए कि हम इतने निराश हैं और हमें किसी भी अवसर के सकारात्मक होने की कोई उम्मीद नहीं है तो इसके दो कारण हैं कि हमें क्यों कोशिश करनी चाहिए, वैसे भी हमारे पास पाने के लिए सब कुछ है और खोने के लिए कुछ नहीं है।

पहला कारण: हम सफल हो सकते हैं।

दूसरा कारण: भले ही हम सफल न हों लेकिन हमारे माइनस को प्लस में बदलने का प्रयास ही हमारे पीछे जाने के बजाए आगे बढ़ने का कारण बनेगा। यही हमारे नकारात्मक विचारों को सकारात्मक विचारों से बदल देगा। यह हमें रचनात्मक ऊर्जा देगा और हमें इतना व्यस्त होने के लिए प्रेरित करेगा कि जो बीत चुका है और जो हमेशा के लिए चला गया है, हमारे पास उस पर शोक मनाने के लिए समय नहीं होगा।

एक बार जब विश्व प्रसिद्ध वायलिन वादक ओले बुल, पेरिस में एक संगीत कार्यक्रम दे रहे थे तो अचानक उनके वायलिन पर एक तार टूट गया। लेकिन ओले बुल ने आसानी से तीन तार पर ही राग को खत्म कर दिया। हैरी इमर्सन फॉसडिक कहते हैं कि यही जीवन है। आप वायलिन का एक तार टूटने के बाद भी बाकी तीन तारों से शो खत्म कर सकते हैं।

वह केवल जीवन नहीं है। यह जीवन से भी बढ़कर है।

यह जीवन की जीत है।

अगर मेरे पास ऐसा करने की शक्ति होती तो मैं विलियम बोलिथो के इन शब्दों को जीवंत कांसे में नक्काशी करके देश के प्रत्येक विद्यालय में लटका देता। जीवन में सबसे महत्वपूर्ण बात यह है कि अपने लाभ को भुनाना नहीं चाहिए। कोई भी मूर्ख ऐसा कर सकता है।

वास्तव में अपने घाटे से लाभ प्राप्त करना सबसे महत्वपूर्ण है। इसके लिए बुद्धि की आवश्यकता होती है और इसी से एक समझदार और मूर्ख व्यक्ति के बीच का फर्क पता चलता है।

इसलिए हम एक ऐसा मानसिक तरीका विकसित करें जो हमें शांति और खुशी प्रदान करे, आइए इसके बारे में कुछ करें।

नियम 6: जब किस्मत हमें कोई मौका दे तो हम उसे हाथ से ना जाने दें।

लोगों को अपने दर्द को दूर करने में कठिनाई होती है।
भय या किसी अनजान पीड़ा के बजाए वो जाने-बूझे दर्द
को पसंद करते हैं।

—थिच नट हान

चिंता से कल की परेशानी खत्म नहीं होगी, इससे आज
की शक्ति समाप्त हो जाएगी।

—कोरी टेन बूम

21

चौदह दिनों में अंदरूनी उदासी का इलाज कैसे करें

जब मैंने ये पुस्तक 'हाउ आई कॉन्कर्ड वरी' को लिखना शुरू किया तो मैंने सबसे उपयोगी और प्रेरक सच्ची कहानी के लिए दो सौ डॉलर के पुरस्कार की पेशकश कर दी।

इस प्रतियोगिता के तीन जज एडी रिकेनबैकर, अध्यक्ष, ईस्टर्न एयर लाइन्स, डॉ. स्टीवर्ट डब्ल्यू मैकलेलैंड, अध्यक्ष, लिंकन मेमोरियल यूनिवर्सिटी और एच.वी. कल्टबॉर्न, जो कि रेडियो समाचार विश्लेषक थे। हमें दो इतनी शानदार कहानियाँ मिलीं कि निर्णायकों को उनमें से किसी एक को चुनना लगभग असंभव हो गया। इसलिए हमने पुरस्कार दोनों में बांट दिया। ये उन कहानियों में से एक है जो प्रथम पुरस्कार के लिए चुनी गई थी और उसे सी.आर. बर्टन ने लिखा था, जो 1067, कमर्शियल स्ट्रीट, स्प्रिंगफील्ड, मिसौरी में रहते हैं और व्हिजर मोटर सेल्स के लिए काम करते हैं।

मिस्टर बर्टन ने मुझे लिखा, जब मैं नौ साल का था तब मैंने अपनी मां को खो दिया था और जब मैं बारह साल का हुआ तब मेरे पिता की मृत्यु हो गई। मेरे पिता को मारा गया था लेकिन उन्नीस साल पहले मेरी माँ एक दिन घर से बाहर गई और उसके बाद से मैंने उसको कभी नहीं देखा। ना ही

मैंने कभी अपनी दो छोटी बहनों को देखा है जिन्हें माँ अपने साथ ले गई थी। उसने अपने जाने के सात साल बाद तक कभी मुझे पत्र भी नहीं लिखा। मां के जाने के तीन साल बाद मेरे पिता की भी मौत हो गई। मेरे पिता और उनके एक साथी ने छोटे से मिसौरी शहर में एक कैफे खरीदा था। जब पिताजी एक कारोबारी यात्रा पर गए हुए थे तो उनके पार्टनर ने कैफे को बेच दिया और पैसे लेकर भाग गया। एक दोस्त ने पापा को जल्दी घर पहुँचने का तार दिया और इसी हड़बड़ी में, सेलिनास, कंसास में एक कार दुर्घटना में पिता की मौत हो गई। मेरे पिता की दो बहनें, जो गरीब, बूढ़ी और बीमार थीं, उनके तीन बच्चों को अपने घर लेकर चली गईं।

मुझे और मेरे छोटे भाई को कोई नहीं चाहता था। इसलिए हमें शहर में दर-बदर भटकने के लिए छोड़ दिया गया। हमें अनाथ बुलाये जाने का और अनाथों की तरह बर्ताव किए जाने से बहुत डर लगता था। हमारा डर जल्द ही सच में बदल गया। मैं कुछ समय के लिए एक गरीब परिवार के साथ रहा। लेकिन अब उनका समय और भी मुश्किल भरा हो गया था। उस परिवार में जो कमाता था, उसकी नौकरी चली गई थी, इसलिए वे अब मुझे खिलाने का जिम्मा भी नहीं ले सकते थे। फिर मिस्टर और मिसेज लॉफ्टिन मुझे अपने साथ शहर से ग्यारह मील दूर अपने फॉर्म हाउस में रहने के लिए ले गए। मिस्टर लॉफ्टिन सत्तर साल के थे और हर्पीज की बीमारी के कारण बिस्तर पर लेटे रहते थे। उन्होंने मुझसे कहा कि अगर मैं झूठ ना बोलूं और चोरी ना करूँ तो उनके साथ जब तक चाहूँ रह सकता हूं। फिर मुझसे जैसा कहा गया था मैंने वैसा ही किया। वे आदेश मेरे लिए बाइबिल की तरह थे। मैं सख्ती से उनका पालन करने लगा। मैंने स्कूल जाना शुरू कर दिया

लेकिन पहले ही हफ्ते में मैं घर पर आकर एक छोटे बच्चे की तरह रोने लगा। असल में कुछ बच्चों ने मेरी पिटाई की, मेरी नाक का मजाक उड़ाया और मुझे गूंगा और अनाथ कहा। मुझे बहुत ज्यादा बुरा लगा। मैं उनसे लड़ना चाहता था लेकिन मिस्टर लॉफ्टिन जो कि एक किसान थे, मुझे अंदर ले गए थे और मुझसे कहा, हमेशा याद रखो, लड़ाई लड़ने वाले से ज्यादा लड़ाई से दूर रहने वाला बड़ा होता है। उसके बाद मैंने किसी बच्चे से लड़ाई नहीं की। लेकिन एक दिन एक बच्चे ने स्कूल के अहाते से मुर्गे की खाद उठाई और मेरे मुँह पर फेंक दी। मैंने उसे बुरी तरह पीटा और तब मेरे कुछ दोस्त बन गए। उन्होंने कहा कि वो भी मुझसे दोस्ती करना चाह रहे थे।

श्रीमती लॉफ्टिन ने मुझे एक नई टोपी खरीद कर दी, जो मुझे बहुत अच्छी लगी। एक दिन एक बड़ी लड़की ने मेरे सिर से टोपी उतार कर उसमें पानी भर के उसे बर्बाद कर दिया। वह कहने लगी कि उसने इसमें पानी इसलिए भर दिया है ताकि मेरे सर की मोटी चमड़ी गीली रहे और मेरे गर्म दिमाग को ठंडा रखे।

मैं स्कूल में कभी नहीं रोया लेकिन घर में अक्सर चिल्लाता था। फिर एक दिन श्रीमती लॉफ्टिन ने मुझे एक सलाह दी जिसने मेरी सभी परेशानियों और चिंताओं को दूर कर दिया और मेरे सारे दुश्मनों को मेरा दोस्त बना दिया। उन्होंने समझाते हुए मुझसे कहा, राल्फ, अगर तुम उनमें रूचि लोगे और उनके लिए क्या के सकते हो, तुम ये बात उन्हें बताओगे तो फिर वो कभी तुम्हें नहीं चिढ़ाएंगे और ना ही तुमको अनाथ कहेंगे। मैंने उनकी सलाह मान ली। फिर मैं लगन से पढ़ाई करने लगा और जल्द ही मैं कक्षा का मॉनिटर बन गया। इसके बाद मुझे कभी किसी से ईर्ष्या नहीं हुई और जितना मैं कर सकता था

उससे भी बहुत ज्यादा उनकी मदद की।

मैंने कई लड़कों को उनके विषय-वस्तु और निबंध लिखने में मदद की। मैंने कुछ लड़कों के लिए पूरे-पूरे डिबेट्स लिखे। एक लड़के को यह बताने में शर्म आती थी कि मैं उसकी मदद कर रहा हूँ। इसलिए वह अपनी मां से कहता था कि वह पोसम का शिकार करने के लिए जा रहा है। फिर वह मिस्टर लॉफ्टिन के फार्म हाउस में आता और अपने कुत्तों को खलिहान में बाँध देता और तब पढ़ने में मैं उसकी मदद करता। मैंने एक लड़के के लिए किताबों की समीक्षा लिखी और अपनी कई शामें एक लड़की को गणित पढ़ाने में बिताई।

फिर हमारे पड़ोसियों को मुसीबतों ने घेर लिया। दो बुजुर्ग किसानों की मौत हो गई और एक महिला को उसके पति ने छोड़ दिया। मैं चार परिवारों में अकेला पुरुष था। मैंने दो साल तक इन विधवाओं की मदद की। मैं स्कूल आते-जाते उनके खेतों में रुक जाता, उनके लिए लकड़ी काटता, उनकी गायों से दूध दुहता और उनके लिए खाने और पानी का इंतेजाम करता। मैं अब घृणित के बजाय सौभाग्यशाली हो गया था। मुझे सभी ने एक दोस्त के रूप में स्वीकार कर लिया था। नौसेना से घर वापसी पर मैंने उनकी वास्तविक भावनाएँ देखीं। पहले दिन जब मैं घर पर था उस दिन दो सौ से ज्यादा किसान मुझसे मिलने आए। उनमें से कुछ तो अस्सी मील से चल के आये थे और वास्तव में मेरे लिए उनकी फिक्र सच्ची थी। चूँकि मैं दूसरों की मदद करने में व्यस्त और खुश हूँ लेकिन मेरी भी कुछ चिंताएँ हैं और वो ये कि मुझे तेरह साल से अनाथ नहीं कहा गया।

जिंदाबाद सीआर बर्टन, जिंदाबाद। वह दोस्ती करना जानता है। वह यह भी जानता है कि चिंता को हराकर कैसे जीवन का आनंद लेना है।

चौदह दिनों में अंदरूनी उदासी का इलाज कैसे करें • 193

ऐसा ही सिएटल, वाशिंगटन में रहने वाले स्वर्गीय डॉ फ्रैंक लूप ने किया था। वह गठिया के कारण तेईस वर्ष से लगभग बेकार हो चुके थे।

एक दिन सिएटल स्टार के स्टुअर्ट व्हिटहाउस ने मुझे लिखा कि, मैंने कई बार डॉ लूप का साक्षात्कार किया था। मैंने उनसे ज्यादा नि:स्वार्थ या एक ऐसा व्यक्ति जिसने जीवन से बहुत कुछ पाया हो, कभी नहीं देखा।

बिस्तर पर पड़े हुए इस विकलांग ने जीवन से इतना कुछ कैसे प्राप्त किया? मैं आपको अनुमान लगाने के दो मौके देता हूँ। क्या उसने इसके लिए शिकायत और आलोचना की? नहीं, ये गलत है। या फिर उसने उदास रहकर खुद पर तरस खाया और सोचा कि सबके ध्यान का केंद्र वही हो और सब उसकी सेवा करें? नहीं, ये भी सही नहीं है। असल में उन्होंने प्रिंस ऑफ वेल्स के आदर्श वाक्य, मैं ठीक हूँ और मैं सबकी सेवा करता हूँ, को एक सिद्धांत की तरह अपनाया। उन्होंने अन्य विकलांगों के नाम और पते जमा किए और उन्हें उत्साहजनक पत्र लिखे। इस तरह उन्होंने खुद और विकलांगों दोनों को खुश किया। वास्तव में उन्होंने विकलांगों को पत्र लिखने के लिए एक क्लब बनाया और एक दूसरे को पत्र लिखवाये। अंत में उन्होंने "द शट-इन सोसाइटी" नामक एक राष्ट्रीय संस्था का गठन किया।

वह हर साल औसतन 1400 पत्र लिखते थे और हजारों बीमारों को जो घर से भी नहीं निकल सकते थे, उनकी जिन्दगी में वह, ''द शट-इन सोसाइटी की तरफ से किताबें और रेडियो देके खुशियां बांटते थे।

डॉ लूप और बहुत सारे अन्य लोगों के बीच मुख्य अंतर क्या था? बस इतना ही कि डॉ लूप एक उद्देश्य और एक मिशन के साथ-साथ दिल से एक बेहतरीन इंसान थे। उन्हें यह

जानकर खुशी होती थी कि उनका इस्तेमाल एक ऐसी सोच के लिए हो रहा है जो उनसे ज्यादा जरूरी और पवित्र है। जैसा शॉ का कहना था अगर इसके बजाए वो सिर्फ अपने ऊपर ध्यान देते और तमाम तरह की बीमारियों, परेशानियों और शिकायतों से भरा एक ढेर होते तो ये दुनिया उन्हें खुश करने में नहीं लगती।

यहाँ सबसे आश्चर्यजनक कथन जो एक महान मनोचिकित्सक अल्फ्रेड एडलर ने लिखा था, मैंने पढ़ा है। वह निराशा और उदासी से भरे अपने रोगियों से कहा करते थे कि अगर आप इस नुस्खे का पालन करते हैं तो आप चौदह दिनों में ठीक हो सकते हैं। बस हर दिन यह सोचने की कोशिश करें कि आप किसी को कैसे खुश कर सकते हैं।

यह कथन कितना अविश्वसनीय लगता है। मुझे लगता है कि डॉ एडलर की शानदार किताब, "व्हाट लाइफ शुड मीन टू यू" के कुछ पृष्ठों के जरिये इसे समझने की कोशिश करनी चाहिए।

"व्हाट लाइफ शुड मीन टू यू" के पेज नंबर 258 पर एडलर कहते हैं, उदासी और निराशा, असल में मेलानचोलिया एक लंबे समय तक चलने वाले क्रोध और दूसरों के प्रति तिरस्कार की तरह है। हालांकि देखभाल होने का उद्देश्य, सहानुभूति और समर्थन से रोगी केवल अपने अपराध बोध के कारण ही उदास लगता है। एक उदास व्यक्ति की पहली याददाश्त आम तौर पर कुछ इस तरह होती है, मुझे याद है कि मैं सोफे पर लेटना चाहता था लेकिन मेरा भाई वहीं लेटा था। मैं इतना रोया कि उसे वहां से हटना पड़ा।

अल्फ्रेड एडलर लिखते हैं कि उदास लोग अक्सर खुद से बदला लेने के लिए आत्महत्या करने के भी इच्छुक होते हैं और डॉक्टर का पहला फर्ज उन्हें आत्महत्या का बहाना तलाश करने से बचाना है। मैं खुद हर तरह से उनका सारा तनाव दूर

करने की कोशिश करता हूं। उपचार के लिए पहला नियम भी यही है कि ऐसा कुछ ना करें जो खुद आपको पसंद ना हो। देखने में तो ये बहुत मामूली लगता है लेकिन मेरा मानना है कि यही सारी परेशानी की जड़ है। अगर एक उदास व्यक्ति कुछ भी करना चाहता है और वह उसमें सक्षम है, तो वह किसको दोषी ठहरा सकता है? वह क्यों खुद से बदला लेना चाहता है? मैं कहता हूँ कि अगर वह थिएटर जाना चाहता है या उसे छुट्टी पर जाना है, तो जा सकता है। अगर आप ऐसा नहीं करना चाहते हैं तो मत करिये। यह एक ऐसी सबसे अच्छी स्थिति है जिसमें कोई भी हो सकता है। श्रेष्ठता के लिए किया गया उनका ये प्रयास उन्हें संतोष देता है। वह भगवान की तरह है और उसको जो अच्छा लगे वो कर सकता है।

दूसरी ओर यह सब उनकी जीवन शैली में बहुत आसानी से ठीक नहीं होता है। वह दूसरों पर हावी होना और आरोप लगाना चाहता है।

अगर वे उससे सहमत हैं तो उन पर हावी होने की कोई वजह नहीं है। यह नियम एक बड़ी राहत देता है और मेरे मरीजों ने कभी भी आत्महत्या नहीं की।

अल्फ्रेड एडलर का कहना है कि आम तौर पर रोगी कहता है कि ऐसा कुछ भी नहीं है जो मुझे करना पसंद है। तब मैं उससे कहता हूँ कि फिर ऐसा कुछ भी करने से बचें जो आपको नापसंद हो। हालांकि कभी-कभी मरीज का जवाब होता है कि मुझे पूरे दिन बिस्तर में लेटना पसंद है। मुझे पता है कि अगर मैं उसे ऐसा करने की इजाजत दे दूंगा तो वह ऐसा फिर नहीं करेगा। मैं जानता हूँ कि अगर मैं उसे रोकूंगा तो वह लड़ना शुरू कर देगा। इसीलिए मैं मरीजों से हमेशा सहमत रहता हूँ।

यह दूसरा एक ऐसा नियम है जो उनकी जीवन शैली पर

सीधे हमला करता है। अल्फ्रेड एडलर मरीजों से कहते हैं कि इस नुस्खे का पालन करने से आप चौदह दिनों में ठीक हो सकते हैं। आप सिर्फ हर दिन यह सोचने की कोशिश करें कि आप किसी को कैसे खुश कर सकते हैं। देखिए इसका वो क्या मतलब निकालते हैं। उनका कहना है कि वो किसी को कैसे परेशान कर सकते हैं। हालाँकि इसका जवाब बहुत दिलचस्प है। कुछ कहते हैं कि उनके लिए ये बहुत आसान होगा। उन्होंने तो जीवन भर यही किया है। लेकिन मैं जानता हूँ उन्होंने ऐसा कभी नहीं किया है। मैं चाहता हूँ वो फिर से इस बारे में सोचें लेकिन वो इसको दोबारा नहीं सोचना चाहते। डॉक्टर एडलर ने उनसे कहा कि जब आपको नींद नहीं आती और उस समय अगर आप ये सोचिये कि आप किसी को कैसे खुश कर सकते हैं तो इससे आपकी सेहत पर भी अच्छा असर पड़ेगा और आप उस समय का अच्छा इस्तेमाल भी कर सकते हैं। जब मैं अगले दिन उनसे मिला तो मैंने पूछा कि, कल मैंने जो सुझाव दिया था क्या आपने उसके बारे में कुछ सोचा? उनका जवाब था, कल रात तो वे जाते ही सो गए थे। ऐसी बातचीत बिलकुल होनी चाहिए लेकिन अगर ये सहज और दोस्ताना तरीके से हो और इसमें किसी की श्रेष्ठता शामिल ना हो तो ऐसा निश्चित रूप से ज्यादा अच्छा होता है।

अल्फ्रेड एडलर के अनुसार दूसरे मरीजों का कहना है कि वो ऐसा कभी नहीं कर सकते। वो बहुत परेशान हैं। मैं उनसे कहता हूँ कि चिंता करना मत छोड़ो लेकिन उसके साथ-साथ कभी दूसरों के बारे में भी सोचा करो। मैं चाहता हूँ कि उनकी रुचि उनके साथियों में भी हो। तब उनका जवाब होता है कि जब दूसरे उन्हें खुश करने की कोशिश नहीं करते तो वो दूसरों को खुश क्यों करें? तब डॉ एडलर उनसे कहते हैं कि आपको

अपनी सेहत के बारे में सोचना चाहिए। दूसरों को तो बाद में भुगतना पड़ेगा। यह बहुत अजीब बात है कि मुझे एक ऐसा मरीज मिला जिसने कहा कि आपने जो सुझाव दिया था मैंने उसके बारे में सोचा। असल में डॉ एडलर के जितने भी प्रयास हैं वो रोगी के सामाजिक हितों के लिए हैं और उन्हीं को समर्पित हैं। डॉ एडलर कहते हैं कि, मुझे पता है कि उनकी बीमारी का असली कारण उनके साथ सहयोग की कमी है और मैं चाहता हूं कि इस बात को उन्हें देखना और समझना चाहिए। जितनी जल्दी वह खुद को अपने साथियों के साथ सहयोग और समानता के आधार पर जोड़ लेते हैं, वह ठीक हो जाते हैं। धर्म हमेशा से ऐसा ही है जो अपने आस-पड़ोस के लोगों का ख्याल रखने के लिए कहता है। वो भी एक इंसान है जिसको अपने किसी साथी जो कि जीवन में बहुत ज्यादा परेशान है, उसमें कोई लचस्पी नहीं है और यही बात दूसरों को बहुत दुःख पहुंचाती है। इन्हीं इंसानों में ही तो अमानवीय लोग पैदा होते हैं। असल में एक अच्छे

इंसान में जो होना चाहिए और जिसकी हम तारीफ कर सकते हैं, वह ये है कि वह एक अच्छा साथी हो, सभी लोगों से दोस्ती का व्यवहार रखता हो और प्रेम और विवाह में भी एक सच्चा सहभागी साबित हो।

डॉ एडलर हमसे हर दिन एक अच्छा काम करने का अनुरोध करते हैं। लेकिन एक अच्छा काम क्या है? मोहम्मद साहब ने कहा है कि अच्छा काम वो है जो दूसरों के चेहरे पर खुशी लाता है।

हर दिन एक अच्छा काम करने से कार्य करने वाले पर इतना आश्चर्यजनक प्रभाव क्यों पड़ता है? उसका कारण ये है कि जो चीजें हमारे अंदर चिंता, भय और उदासी को जन्म

देती हैं, उन्हें हम दूसरों को खुश करने की कोशिश में अपने आप भूल जाते हैं।

श्रीमती विलियम टी. मून, जो 521 फिफ्थ एवेन्यू, न्यूयॉर्क में मून सेक्रेटेरियल स्कूल चलाती हैं, उनको यह सोचने के लिये दो सप्ताह की जरूरत नहीं थी कि वह अपनी उदासी को दूर करने के लिए किसी को कैसे खुश कर सकती हैं। उन्होंने अल्फ्रेड एडलर से एक चीज बेहतर करी, बल्कि तेरह चीजें बेहतर करीं क्योंकि उन्होंने यह सोचकर कि वह किसी अनाथ को कैसे खुश कर सकती हैं, चौदह दिन की जगह सिर्फ एक दिन में अपनी उदासी को दूर कर दिया।

श्रीमती मून ने कहा कि, पांच साल पहले दिसंबर के महीने में मैं इतना दुखी थी कि मुझे खुद पर तरस आ रहा था। कई वर्षों के सुखी वैवाहिक जीवन के बाद मैंने अपने पति को खो दिया था। फिर जब क्रिसमस की छुट्टियां करीब आई तो मेरी उदासी और बढ़ गई। मैंने अपने पूरे जीवन में कभी भी क्रिसमस अकेले नहीं मनाया था और इस क्रिसमस के पास आते ही मुझे जैसे डर लगने लगा। हालाँकि दोस्तों ने मुझे अपने साथ क्रिसमस के लिए आमंत्रित किया था लेकिन मुझे कोई खुशी महसूस नहीं हो रही थी। मुझे पता था कि मैं पार्टी में किसी से घुल-मिल नहीं पाऊँगी। इसलिए मैंने उनके निमंत्रण को बड़ी विनम्रता से अस्वीकार कर दिया। क्रिसमस की शाम जैसे-जैसे नज़दीक आ रही थी वैसे-वैसे मुझे खुद पर तरस आ रहा था और घबराहट भी हो रही थी। ये सच है कि मुझे कई चीजों के लिए आभारी होना चाहिए था क्योंकि हम सभी के पास बहुत सी चीजें ऐसी हैं जिनके लिए हमें आभारी होना चाहिए। क्रिसमस के एक दिन पहले मैं दोपहर तीन बजे अपने कार्यालय से निकली और बिना किसी वजह के फिफ्थ एवेन्यू

की तरफ पैदल चलने लगी। मुझे उम्मीद थी कि इस तरह मैं अपने ऊपर दया खाने वाली सोच और उदासी को किसी हद तक दूर कर सकती हूं। उस समय एवेन्यू समलैंगिकों और खुशी में शोर मचाती भीड़ की वजह से पूरी तरह जाम था। इस दृश्य ने बीते हुए सुखद दिनों की यादें वापस लौटा दीं। अब मैं उस अकेले और खाली अपार्टमेंट में घर जाने के बारे में सोच भी नहीं सकती थी। मैं बहुत उलझन में थी। मुझे नहीं पता था कि मैं क्या करूं। मैं अपने आँसू रोक नहीं पा रही थी। एक घंटा या उससे कुछ ज्यादा देर तक बेवजह चलने के बाद मैं एक बस टर्मिनल के सामने खड़ी थी। मुझे याद आया कि मैं और मेरे पति रोमांच के लिए अक्सर किसी अज्ञात बस में सवार हो जाते थे, इसलिए मुझे भी जो पहली बस मिली, मैं उसमें चढ़ गई।

हडसन नदी पार करने के कुछ देर बाद बस कंडक्टर ने मुझसे कहा कि आखिरी स्टेशन आ गया है। मैं वहां उतर गई। मुझे उस कस्बे का नाम भी नहीं पता था। यह एक छोटी सी शांतिपूर्ण जगह थी। घर जाने के लिए अगली बस का इंतजार करते हुए मैं एक रिहायशी गली की तरफ पैदल चलने लगी। जैसे ही मैं एक चर्च के सामने से गुजरी तो मैंने वहां साइलेंट नाइट की खूबसूरत धुनें सुनीं और फिर मैं चर्च के अंदर चली गई। आयोजकों के अलावा चर्च में कोई नहीं था। मैं एक बेंच पर बैठ गई और मेरी तरफ किसी का ध्यान भी नहीं गया। चर्च में बहुत ही आकर्षक ढंग से क्रिसमस ट्री को सजाया गया था और रौशनी की चकाचौंध ऐसी थी जैसे बेशुमार तारे, चाँद की किरणों के साथ नृत्य कर रहे हों। मैंने सुबह से कुछ नहीं खाया था और ऊपर से संगीत की मधुर लय, ऐसे माहौल ने मुझे मदहोश कर दिया। मैं बहुत थकी हुई थी और अपनी थकन

के बोझ तले दब चुकी थी। फिर मैं वहीं सो गई।

जब मैं उठी तो मुझे याद नहीं रहा कि मैं कहाँ थी। मैं तो बहुत डर गई। तभी मैंने वहां दो छोटे बच्चों को देखा जो लगता था क्रिसमस ट्री देखने आए थे। उनमें एक छोटी लड़की मेरी ओर इशारा करके कह रही थी, मुझे आश्चर्य है कि क्या सांता क्लॉस इन्हें लाया है। शायद ये बच्चे मुझे देखकर सहम गए थे। मैंने उनसे कहा कि मैं उन्हें आहत नहीं करुँगी। उनके कपड़े गंदे हो रहे थे। मैंने उन्हें अपने पास बुलाया और पूछा कि उनके माता-पिता कहां हैं। उनका जवाब था कि हमारे कोई माँ और पिता नहीं हैं।

मेरे सामने दो छोटे अनाथ बच्चे थे जिनकी हालत मुझसे भी कहीं ज्यादा खराब थी। मैं खुद पर रहम खाने और अपने दुखों की वजह से उनके सामने शर्मिंदा थी। मैंने उन्हें क्रिसमस ट्री दिखाया और फिर उन्हें एक रेस्त्रां में ले जाकर नाश्ता कराया। मैंने उनके लिए कुछ कैंडी और उपहार खरीदे। अब मेरा अकेलापन जैसे जादू की तरह गायब हो चुका था। महीनों बाद इन दो अनाथ बच्चों की वजह से मुझे इतनी खुशी मिली कि मैं सब कुछ भूल गई। उनसे बात करके मुझे एहसास हुआ कि मैं कितनी भाग्यशाली थी। मैंने भगवान का शुक्रिया अदा किया कि बचपन में मेरे सभी क्रिसमस माता-पिता के प्यार में डूबे कितने खूबसूरत हुआ करते थे। उन दो छोटे बच्चों के लिए जितना मैंने किया उससे कहीं ज्यादा उन दोनों ने मेरे लिए किया। इस अनुभव ने मुझे ये एहसास दिलाया कि खुद को खुश रखने के बजाए दूसरों को खुश रखना ज्यादा जरूरी है। मैं समझ गई कि खुशी एक ऐसे संक्रामक रोग की तरह है जिसे देकर ही हम कुछ पा सकते हैं। किसी की मदद करके और प्यार देकर ही हमें खुशी मिल सकती है। मैंने अपनी चिंता, दुःख और

आत्म-दया पर काबू पा लिया और एक बदले हुए इंसान की तरह महसूस करने लगी। मेरा नया व्यक्तित्व सिर्फ उसी दिन के लिए नहीं था बल्कि मैं आने वाले वर्षों में भी ऐसी ही रही।

जो लोग स्वास्थ्य और खुशी में खुद को भूल गए थे, मैं ऐसे लोगों की कहानियों से एक किताब भर सकता था। आइये संयुक्त राज्य अमेरिका की नौसेना में सबसे लोकप्रिय महिलाओं में से एक मार्गरेट टेलर येट्स की बात करते हैं।

श्रीमती येट्स एक उपन्यासकार हैं लेकिन उनकी कोई भी रहस्यमयी कहानी इतनी दिलचस्प नहीं है जितनी हैरतअंगेज उनकी एक सच्ची कहानी है। वो एक दुर्भाग्यपूर्ण सुबह थी जब पर्ल हार्बर में जापानियों ने हमारे बेड़े पर हमला कर दिया था। श्रीमती येट्स एक वर्ष से अधिक समय से दिल की खराब हालत से दो-चार थीं। वह हर चौबीस घंटे में से बाइस घंटे बिस्तर पर गुजारती थीं। ऐसे में बगीचे में धूप सेंकने के लिए टहलना ही उनकी सबसे लंबी यात्रा होती थी। इसके बावजूद उन्हें चलने के दौरान नौकरानी का सहारा लेना पड़ता था। उन दिनों उन्होंने मुझसे खुद कहा था कि उन्हें लगता था कि वह अपाहिज हो जाएँगी और अपने जीवन का संतुलन खो बैठेंगी। उन्होंने कहा कि अगर जापानियों ने पर्ल हार्बर पर हमला करके मेरी शालीनता को झिंझोड़ा ना होता तो मैं वास्तव में फिर कभी नहीं जी पाती।

श्रीमती येट्स ने अपनी कहानी सुनाते हुए कहा कि जब ये हुआ तो सब कुछ बहुत गड़बड़ और अस्त-व्यस्त लग रहा था। एक बम मेरे घर के पास इतनी जोर से फटा कि उस धमाके से मैं बिस्तर से गिर गई। उसके फौरन बाद ही सेना के ट्रक आर्मी और नौसेना के सैनिकों और अफसरों की पत्नियों और बच्चों को पब्लिक स्कूलों से लाने के लिए हिकम फील्ड, स्कोफिल्ड बैरक और केनोहे बे एयर स्टेशन के लिए रवाना हो

गए। जिनके पास देने के लिए घर में अतिरिक्त कमरे थे, रेड क्रॉस के कर्मचारियों ने उन सभी लोगों को फोन किया। रेड क्रॉस के कार्यकर्ता ये जानते थे कि मेरे बिस्तर के बराबर में एक टेलीफोन है इसलिए उन्होंने मुझसे कहा कि अब से मैं सूचनाओं को यहाँ से कहीं भी भेजने के लिए अपने फोन का इस्तेमाल करूँ। इसलिए मैं ये पता करने में लग गई कि सेना और नौसेना की पत्नियों और बच्चों को कहाँ-कहाँ रखा जा रहा था और रेड क्रॉस ने सभी नौसेना और सेना के जवानों से ये कहा कि वो अपने परिवार के बारे में जानने के लिए मुझे टेलीफोन करें।

मुझे जल्द ही ये पता चल गया कि मेरे पति कमांडर रॉबर्ट रैले येट्स सुरक्षित थे। अब मैंने उन पत्नियों को खुश करने की कोशिश की जो यह नहीं जानती थीं कि उनके पति जिंदा भी हैं या नहीं। मैंने उन विधवाओं को भी सांत्वना देने का प्रयास किया जिनके पति मारे गए थे और उनकी तादाद बहुत थी। नौसेना और मरीन कॉर्प्स में तैनात 2117 अधिकारी और सैनिक मारे गए और इसके अलावा 960 जवान लापता बताए गए।

सबसे पहले मैंने बिस्तर पर लेटे-लेटे ही इन फोन कॉल्स का जवाब देना जारी रखा। फिर मैं बिस्तर पर बैठकर उनके सवालों के जवाब देने लगी। अंत में मैं बहुत व्यस्त हो गई। इतनी व्यस्त, इतनी उत्साहित कि मैं अपनी कमजोरी के बारे में भी भूल गई और बिस्तर से उठकर एक टेबल के पास जाकर बैठ गई। मैं उनकी मदद कर रही थी जिनके हालात मुझसे भी ज्यादा खराब थे। मैं अपने बारे में सब कुछ भूल चुकी थी। उसके बाद हर रात सिर्फ आठ घंटे सोने के अलावा मैं फिर कभी बिस्तर पर नहीं गई। मैं अब महसूस करती हूं कि अगर जापान ने पर्ल हार्बर पर हमला नहीं किया होता तो मैं शायद

जीवन भर अपाहिज बन के रह गई होती। हालाँकि मुझे बिस्तर में आराम मिलता था। मैं लगातार इंतजार कर रही थी और अब मुझे एहसास हुआ कि मैं खुद को पुनर्स्थापित करने में खुद को ही खोती जा रही थी।

पर्ल हार्बर पर हमला अमेरिकी इतिहास की सबसे बुरी घटनाओं में से एक था लेकिन जहां तक मेरी बात है, मेरे लिए तो ये आजतक का सबसे अच्छा हादसा था। उस भयानक संकट ने मुझे जो ताकत दी वो मैं सपने में भी नहीं सोच सकती थी। इसके बाद मैंने अपना ध्यान खुद से हटाकर दूसरों पर केंद्रित कर दिया। इसने मुझे जीने के लिए बहुत महत्वपूर्ण, प्रभावी और एक बड़ा कारण दिया। मेरे पास अब अपने बारे में सोचने या अपनी परवाह करने का समय भी नहीं था।

अगर लोग मार्गरेट येट्स की तरह दूसरों की मदद करने में दिलचस्पी लें तो मनोचिकित्सकों के पास जाने वाले लोगों में से एक तिहाई लोग शायद अपने आपको खुद ही ठीक कर सकते हैं। ऐसा मेरा सोचना नहीं है, लगभग यही बात कार्ल जंग ने कही थी और अगर कोई ऐसा करता है तो उसे कार्ल जंग की ये बात मालूम होनी चाहिए। कार्ल ने कहा था कि मेरे लगभग एक तिहाई रोगी न्यूरोसिस से पीड़ित नहीं हैं बल्कि वो अपने जीवन के खालीपन और संवेदनहीनता से परेशान हैं। इसको एक दूसरे तरीके से अगर देखा जाये तो वो लोग अपनी

जिन्दगी में किसी के कंधे पर सवार होकर आगे बढ़ना चाहते हैं और इस कोशिश में बाकी दुनिया उनसे आगे निकल जाती है। इसके बाद वो लोग अपनी छोटी-छोटी मुश्किलें लेकर मनोचिकित्सक के पास पहुँच जाते हैं और अपने जीवन की बेकार की समस्याएं उन्हें सुनाने लगते हैं। असल में नाव के निकलने के बाद लोग घाट पर खड़े होकर अपने अलावा सबको दोष देते हैं

और ये चाहते हैं कि दुनिया उनकी स्वार्थी इच्छाओं को पूरा करे।

हो सकता है अब आप अपने आप से कह रहे हों कि मैं इन कहानियों से प्रभावित नहीं हूँ। मैं भी क्रिसमस की पूर्व संध्या पर कुछ अनाथ बच्चों में दिलचस्पी ले सकता था और अगर मैं पर्ल हार्बर में होता तो मैं खुशी-खुशी वही करता जो मार्गरेट टेलर येट्स ने किया। लेकिन मेरे साथ चीजें कुछ अलग हैं। मैं एक साधारण सा जीवन जीता हूं। मैं दिन में आठ घंटे बहुत नीरस काम करता हूं। मेरे साथ कुछ भी नाटकीय नहीं होता। दूसरों की मदद करने में मेरी दिलचस्पी कैसे हो सकती है? मुझे दिलचस्पी क्यों होनी चाहिए? इससे मुझे क्या मिलेगा?

मैं एक उचित सवाल का जवाब देने का प्रयास करूँगा। आपका अस्तित्व कितना भी नीरस क्यों ना हो लेकिन आप अपने जीवन में हर दिन कुछ लोगों से जरूर मिलते हैं। आप उनसे मिलकर क्या करते हैं? क्या आप केवल उन्हें देखते हैं या फिर आप यह पता लगाने की कोशिश करते हैं कि वह क्या चीज है जो उन्हें सही ठहराती है? आपका एक डाकिये के बारे में क्या खयाल है? वह हर साल सैकड़ों मील पैदल चलता है, आपके दरवाजे पर डाक पहुँचाता है लेकिन क्या आपने कभी यह पता लगाने की जहमत उठाई है कि वह कहाँ रहता है या उससे कभी उसकी पत्नी और बच्चों का स्नैपशॉट दिखाने की लिए कहा है? क्या आपने कभी उससे पूछा है कि जब उसके पैर थक जाते हैं या वह अगर कभी ऊब जाता है, तो क्या करता है?

आप किराने वाले लड़के, अखबार बेचने वाले और कोने में बैठे उस आदमी के बारे में क्या कहेंगे जो आपके जूते पॉलिश करता है? ये लोग भी इंसान हैं। इसके पास भी अपनी मुसीबतें, सपने और महत्वकांक्षाएं हैं। वे भी इन मौकों को किसी के

साथ साझा करने के लिए बेचैन हैं।

लेकिन क्या कभी आपने उनके बारे में जानने की कोशिश की। क्या आपने कभी उनमें या उनके जीवन के बारे में कोई उत्सुकता या कभी कोई ईमानदार रुचि दिखाई? मेरा मतलब कुछ इसी तरह का है। इस दुनिया को बेहतर बनाने में मदद करने के लिए आपको फ्लोरेंस नाइटिंगेल या समाज सुधारक बनने की जरूरत नहीं है। आप रोज जिन लोगों से मिलते हैं, उनके साथ कल सुबह से ही इसकी शुरुवात कर सकते हैं।

इसमें आपके लिए क्या है? इसमें आपके लिए बहुत अधिक खुशी है, ज्यादा संतुष्टि है और ऐसा करके आप खुद पर गर्व कर सकते हैं।

अरस्तू ने इस तरह के रवैये को एक समझदारी भरा स्वार्थ कहा था। जोरोस्टर ने कहा था कि दूसरों की भलाई करना कोई कर्तव्य नहीं है।

उनके लिए यह एक खुशी है और ये आपके अपने स्वास्थ्य और खुशी को बढ़ाता है। बेंजामिन फ्रैंकलिन ने इसे बहुत ही सरलता से अभिव्यक्त करते हुए कहा कि जब आप दूसरों के लिए अच्छे हैं तो आप अपने लिए सबसे अच्छे हैं।

मनोवैज्ञानिक सेवा केंद्र, न्यूयॉर्क के निदेशक हेनरी सी लिंक लिखते हैं कि मेरी राय में आधुनिक मनोविज्ञान की कोई भी खोज इतनी महत्वपूर्ण नहीं है जितना कि आत्म-त्याग या अपने एहसास और खुशी के लिए अनुशासन की जरूरत का वैज्ञानिक प्रमाण महत्वपूर्ण है।

दूसरों के बारे में सोचकर आप सिर्फ अपने बारे में चिंता करने से ही नहीं बचेंगे बल्कि यह आपको बहुत सारे दोस्त बनाने और जीवन का भरपूर आनंद लेने में भी मदद करेगा। लेकिन कैसे? यही बात मैंने एक बार येल के प्रोफेसर विलियम

ल्योन फेल्प्स से पूछी थी कि आखिर उन्होंने चिंता से दूर रहकर जीवन का आनंद कैसे लिया? उन्होंने कहा कि मैं अपने मिलने वालों से सहमत हुए बिना कभी किसी होटल, नाई की दुकान या किसी स्टोर में नहीं जाता। मैं उनसे कुछ ऐसा कहने की कोशिश करता हूँ जिससे वो भी खुद को एक इंसान समझें ना कि किसी मशीन का एक पुर्जा। जिस तरह एक लड़की जो स्टोर में मेरा इंतजार करती है और मैं कभी-कभी उसकी आँखों और बालों की तारीफ करता हूं, ठीक उसी तरह मैं नाई से भी पूछूंगा कि क्या पूरे दिन खड़े-खड़े उसके पैर थकते नहीं हैं। मैं उससे ये भी पूछूंगा कि वह हजामत के पेशे में कैसे आया और वह कितने समय से इस पेशे में है। मैं यह भी पता लगाने में उसकी मदद करूँगा कि अभी तक उसने कितने लोगों के बाल काटे हैं। मुझे लगता है कि ऐसे लोगों में दिलचस्पी लेने से उन्हें खुशी मिलती है। मैं हमेशा उस कुली से भी हाथ मिलाता हूँ जो मेरा सामान उठाता है। इससे उस कुली को भी अच्छा लगता है और इससे वह पूरे दिन के लिए और ज्यादा तरो-ताजा हो जाता है। गर्मी के एक बेहद गर्म दिन में मैं एक डाइनिंग कार में दोपहर का खाना खाने के लिए न्यू हेवन रेलवे गया। कार में बहुत भीड़ थी और वो एक भट्टी की तरह तप रही थी। उनकी सर्विस भी काफी धीमी थी। आखिरकार स्टीवर्ड मुझे मेनू देने के लिए आया तो मैंने उससे कहा, जो लड़के उस गर्म रसोई में खाना बना रहे हैं, वो तो आज बहुत परेशान होंगे। शायद उसको ये बात बुरी लगी और वह अपशब्द बकने लगा। उसके लहजे में कड़वाहट थी। पहले तो मुझे लगा कि वह गुस्से में है। लेकिन उसने कहा कि, हे सर्वशक्तिमान ईश्वर, लोग यहाँ आते हैं और भोजन के बारे में शिकायत करते हैं। वे धीमी सर्विस, गर्मी और कीमतों के बारे में बहुत खराब बातें

करते हैं। मैं उन्नीस साल से उनकी आलोचनाएं सुन रहा हूँ। आप पहले और एकमात्र व्यक्ति हैं जिसने यहाँ की इस उबलती हुई रसोई में रसोइयों के प्रति कोई सहानुभूति व्यक्त की है। मैं भगवान से कामना करता हूं कि हमारे पास आपके जैसे और यात्री आएं।

स्टीवर्ड ये देख के हैरान रह गया कि मैंने उन रसोइयों को रेलवे जैसी बड़ी संस्था का एक आम पुर्जा ना समझ कर इंसान समझा। प्रोफेसर फेल्प्स ने कहा, लोग क्या चाहते हैं, वे मात्र मनुष्य के रूप में अपने लिए थोड़ा सा ध्यान चाहते हैं। जब मैं सड़क पर कुत्ते के साथ एक आदमी को देखता हूं तो मैं हमेशा कुत्ते की तारीफ करता हूँ। जब मैं आगे बढ़ जाता हूं और फिर पीछे मुड़कर देखता हूं तो मैं अक्सर उस आदमी को अपने पालतू कुत्ते की प्रशंसा करते हुए पाता हूं। मेरी सराहना ने उसकी प्रशंसा में भी एक नया जोश भर दिया है।

एक बार मैं इंग्लैंड में एक चरवाहे से मिला और उसके भेड़ की रक्षा करने वाले बुद्धिमान कुत्ते की खूब प्रशंसा की। मैंने उससे पूछा कि उसने अपने कुत्ते को कैसे प्रशिक्षित किया। जैसे ही मैं वहां से थोड़ा आगे बढ़ा और मैंने मुड़कर कर देखा तो कुत्ता चरवाहे के कंधों पर अपने पंजे टिकाए खड़ा था और चरवाहा उसे प्यार कर रहा था। चरवाहे और उसके कुत्ते में थोड़ी दिलचस्पी लेने से मैंने चरवाहे और उसके कुत्ते दोनों को खुश कर दिया और इससे मुझे भी बहुत प्रसन्नता हुई।

क्या आप एक ऐसे व्यक्ति की कल्पना कर सकते हैं जो कुलियों से हाथ मिलाता घूमता हो? गर्म रसोई में खाना बनाने वालों के प्रति सहानुभूति रखता हो। लोगों से ये कहता हो कि उसे उनके कुत्ते बहुत अच्छे लगते हैं। क्या सच में आप किसी ऐसे व्यक्ति की कल्पना कर सकते हैं जो परेशान और चिंतित

हो और उसको मनोचिकित्सक की सेवाओं की आवश्यकता हो? क्या आप ऐसी कल्पना कर सकते हैं?

नहीं बिल्कुल नहीं कर सकते। एक चीनी कहावत है कि थोड़ी सी खुशबू हमेशा उस हाथ में रह जाती है जो आपको गुलाब देता है।

आपको येल के बिली फेल्प्स को यह बताने की जरूरत नहीं थी। वह यह जानता था और उसने इसे जिया भी था।

अगर आप एक पुरुष हैं तो इस पैराग्राफ को ना पढ़िए। इसमें आपको मजा नहीं आएगा। इसमें बस यही है कि कैसे एक चिंतित और दुखी लड़की को कई पुरुष मिले और सभी ने उसको प्रपोज किया। वह लड़की अब दादी बन चुकी है। कुछ साल पहले मैंने उसके और उसके पति के घर एक रात बिताई थी। उस दिन मैंने उसके शहर में लेक्चर दिया था और अगली सुबह उसने मुझे अपनी कार से ट्रेन पकड़ने के लिए लगभग पचास मील दूर न्यूयॉर्क सेंट्रल की मुख्य लाइन पर छोड़ा था। रास्ते में हम दोनों बातें कर रहे थे कि दोस्तों को कैसे जीता जाये।

तब उसने मुझसे कहा, मिस्टर कार्नेगी, मैं आपको कुछ ऐसा बताने जा रही हूं जिसे मैंने पहले कभी किसी को भी नहीं बताया, अपने पति को भी नहीं। वैसे, यह कहानी उतनी दिलचस्प नहीं है जितनी आप शायद कल्पना कर रहे हैं। उसने मुझे बताया कि वह फिलाडेल्फिया के एक परिवार में पली बढ़ी थी। उसके लड़कपन और युवावस्था की दुखद दास्तान सिर्फ उसकी गरीबी थी। वह अपने समाज की दूसरी लड़कियों की तरह मनोरंजन नहीं कर सकती थी। उसके कपड़े कभी भी अच्छे नहीं होते थे। वह बड़ी हो गई और कपड़े इतने छोटे हो गए थे कि वो उसको पूरे भी नहीं आते थे और उनकी बनावट भी पुरानी थी।

इसमें उसे बहुत अपमान और शर्म महसूस होती और अक्सर वह सोते समय रोती थी। वह बेहद हताशा में डिनर पार्टियों में अपने साथियों से हमेशा उनके अनुभव, उनके विचारों और भविष्य के बारे में उनकी योजनाएं पूछती थी। वह ये सवाल इसलिए नहीं पूछती थी कि उसे उनके जवाब में दिलचस्पी थी बल्कि ऐसा वह सिर्फ इसलिए करती थी ताकि उसके साथियों की नजरें उसके घटिया कपड़ों की तरफ ना उठें।

लेकिन फिर एक अजीब बात हुई। उन युवाओं को जानने के लिए जैसे-जैसे वह उनकी बातें सुनती गई, उन्हें जानने में उसकी दिलचस्पी और ज्यादा बढ़ती गई।

धीरे-धीरे ये दिलचस्पी इतनी बढ़ी कि वह खुद भी अपने कपड़ों के बारे में भूल जाती थी। चूँकि वह एक अच्छी श्रोता थी और लड़कों को उनके बारे में बातें करने के लिए प्रोत्साहित करती थी और सब उससे खुश रहते थे। धीरे-धीरे वह अपने दोस्तों में बहुत लोकप्रिय हो गई।

लेकिन उसको आश्चर्य तब हुआ जब उनमें से तीन लड़कों ने उसके सामने शादी का प्रस्ताव रख दिया।

कुछ लोग जो इस अध्याय को पढ़के कह रहे हैं कि दूसरों में दिलचस्पी लेने के बारे में यह सारी बातें बिलकुल बकवास हैं। कोरी धार्मिक बकवास। इनमें से मेरे लिए कुछ भी नहीं है। मैं अपना पैसा वापिस रखने जा रहा हूं। अब जो भी मेरे हाथ लगेगा वो मैं रख लूंगा और बाकी के लोग नरक में जाएँ।

ठीक है, अगर यह आपकी राय है तो आपको ये कहने का हक है। लेकिन अगर आप सही हैं तो इतिहास में दर्ज सभी महान दार्शनिक और शिक्षक जैसे यीशु, कन्फ्यूशियस, बुद्ध, प्लेटो, अरस्तू, सुकरात, संत फ्रांसिस आदि गलत थे। चूंकि आप धार्मिक गुरुओं की शिक्षाओं का मजाक उड़ा सकते हैं तो आइए

कुछ नास्तिकों की दी हुई सलाह की ओर भी रुख करते हैं। सबसे पहले अपनी पीढ़ी के सबसे प्रतिष्ठित विद्वानों में से एक कैम्ब्रिज यूनिवर्सिटी के प्रोफेसर स्वर्गीय ए ई हाउसमैन की बात करते हैं। 1936 में उन्होंने कैम्ब्रिज यूनिवर्सिटी में "द नेम एंड नेचर ऑफ पोएट्री" पर एक भाषण दिया था। अपने उस संबोधन में उन्होंने कहा था कि अब तक की सबसे बड़ी और सबसे गहन नैतिक खोज यीशु के ये शब्द थे। यीशु ने कहा था कि, जो अपनी जिन्दगी ढूंढने में लग जायेगा वो उसे खो देगा और जो खुद को मेरे लिए खोयेगा उसे जिन्दगी मिल जाएगी। हालाँकि हाउसमैन एक नास्तिक और निराशावादी इंसान थे। वह एक ऐसे व्यक्ति थे जो आत्महत्या के बारे में सोचते थे। लेकिन फिर भी उन्होंने महसूस किया कि जो आदमी केवल अपने बारे में सोचता है वो जीवन में बहुत कुछ नहीं पा सकता। ऐसा आदमी दुखी और अभागा होगा। लेकिन जो आदमी दूसरों की सेवा में खुद को भूल जायेगा वही जीने का आनंद उठा सकता है।

अगर आप ए.ई. हाउसमैन की बातों से प्रभावित नहीं हैं तो आइए बीसवीं सदी के सबसे प्रतिष्ठित लोगों में से एक अमेरिकी नास्तिक थिओडोर ड्रेसर की सलाह लेते हैं। ड्रेसर ने सभी धर्मों का मजाक परियों की कहानियां कह कर उड़ाया था। उसका कहना था कि जीवन क्रोध और शोर से भरा एक मूर्ख द्वारा गढ़ा गया अफसाना है और इसका कोई मतलब नहीं है। इसके बावजूद ड्रेसर ने यीशु के एक महान सिद्धांत की वकालत करते हुए कहा कि यीशु ने दूसरों की सेवा करना सिखाया। ड्रेसर ने कहा कि अगर मनुष्य अपने एक पल से भी कोई खुशी चाहता है तो उसे ना सिर्फ अपने लिए बल्कि दूसरों के लिए भी चीजों को बेहतर बनाने के बारे में सोचना चाहिए। खुद को मिलने वाली खुशी दूसरों की खुशी पर निर्भर

करती है। ड्रेसर का कहना था कि अगर हम दूसरों के लिए चीजों को बेहतर बनाने जा रहे हैं तो इसके लिए जल्दी करना चाहिए। समय बर्बाद हो रहा है। मैं भी सिर्फ एक बार ऐसा करना चाहूंगा। इसलिए जो भी भलाई या दया मैं कर सकता हूँ, वो मुझे अभी करने दो। मुझे इसे टालना नहीं चाहिए और न ही इसकी उपेक्षा करनी चाहिए क्योंकि मैं इस रास्ते से दोबारा नहीं गुजरूंगा। अगर आप चिंता को दूर करके शांति और खुशी चाहते हैं, तो वो यहां है।

नियम 7: अपने को भूल कर दूसरों में रुचि दिखाइए। हर दिन एक ऐसा नेक काम करिये जिससे किसी के चेहरे पर खुशी की मुस्कान आ जाए।

चिंता कभी भी कल के दुखों को नहीं छीनती, वह तो केवल आज के आनंद को छीन लेती है।

—लियो बुस्काग्लिया

ये सही है, हर दिन आपके जीवन का सबसे अच्छा दिन नहीं होता लेकिन इस बारे में चिंता ना करें। अगर आप इस पर टिके रहते हैं तो इसकी पूरी संभावना है कि आपके अच्छे दिन आएंगे।

—वेंडेल बेरी

22
आपके जीवन के दो प्रमुख फैसलों में से एक

अगर आप अठारह वर्ष से कम उम्र के हैं, तो आपको जल्द ही अपने जीवन के दो सबसे महत्वपूर्ण निर्णय लेने पड़ सकते हैं। ऐसे निर्णय जो आपके वर्षों के सभी दिनों को पूरी तरह से बदल सकते हैं। ये निर्णय जो आपकी खुशी, आय और आपके स्वास्थ्य पर दूरगामी प्रभाव भी डाल सकते हैं। ये निर्णय जो आपको बना या बिगाड़ भी सकते हैं।

कौन से हैं ये दो अद्भुत फैसले?

पहला: आप जीवन में क्या बनने जा रहे हैं? क्या आप किसान, डाकिया, केमिस्ट, फारेस्ट रेंजर, स्टेनोग्राफर, एक हॉर्स डॉक्टर, कॉलेज प्रोफेसर बनने जा रहे हैं या फिर हैम-बर्गर स्टैंड चलाने जा रहे हैं?

दूसरा: आप अपने बच्चों के पिता या माता के रूप में किसे चुनने जा रहे हैं?

ये दोनों ही बड़े फैसले अक्सर जुआ होते हैं। हैरी एमर्सन फॉस्डिक अपनी किताब "एवरी बॉय, द पावर टू सी इट थ्रू" में लिखते हैं कि प्रत्येक लड़का जब एक व्यवसाय चुनता है तो वह एक जुआरी होता है। उसे अपने जीवन में ये दांव जरूर लगाना चाहिए। आप किसी व्यवसाय को चुनने में जुए

की अहमियत को कैसे कम कर सकते हैं? इसे पढ़ते रहिये। हम आपको जो सबसे अच्छी चीजें बता सकते हैं वही बताएंगे। पहले कोशिश करिये और अगर संभव हो तो वह काम ढूंढिए जिसमें आपको मजा आता हो। मैंने एक बार बी.एफ. गुडरिच, टायर निर्माता कंपनी के बोर्ड अध्यक्ष, डेविड एम. गुडरिच से पूछा कि वह कारोबार में सफलता के लिए पहली जरूरी चीज क्या मानते थे।

उनका जवाब था, मैं अपने काम में अच्छा समय बिता रहा हूँ। अगर आप जो कर रहे हैं उसका आनंद लेते हैं तो आप लंबे समय तक वो काम कर सकते हैं और वो काम आपको काम बिल्कुल नहीं लगेगा बल्कि ऐसा लगेगा जैसे आप नाटक कर रहे हों।

एडिसन भी इसका एक अच्छा उदाहरण था। एडिसन जो एक अनपढ़ अखबार बेचने वाला लड़का था, उसने बड़े होकर अमेरिका का औद्योगिक जीवन बदल दिया। एडिसन उसी प्रयोगशाला में अठ्ठारह घंटे कड़ी मेहनत करता था और वहीं खाता और सोता था।

लेकिन यह उनके लिए कठिन नहीं था। उनका कहना था कि उन्होंने अपने जीवन में कभी एक दिन भी काम नहीं किया। ये सब एक मजाक था। इसमें वाकई कोई आश्चर्य की बात नहीं है और इसीलिए वह सफल भी हुआ। मैंने एक बार चार्ल्स श्वाब को भी लगभग यही बात कहते सुना था। उन्होंने कहा कि एक आदमी जिसके पास किसी भी चीज के लिए असीमित उत्साह हो वह कहीं भी सफल हो सकता है।

लेकिन जब आप यही नहीं जानते कि आप क्या करना चाहते हैं तो आप नौकरी के लिए उत्साहित कैसे हो सकते हैं? श्रीमती एडना केर ने मुझसे कहा था कि उन्हें सबसे बड़ी

त्रासदी के बारे में पता है। उन्होंने कभी ड्यूपॉन्ट कंपनी के लिए हजारों कर्मचारियों को काम पर रखा था। वह अब अमेरिकन होम प्रोडक्ट्स कंपनी के लिए औद्योगिक संबंधों की सहायक निदेशक हैं। उन्होंने कहा कि सबसे बड़ी त्रासदी ये है कि इतने सारे युवा कभी नहीं समझ पाते कि वास्तव में वे क्या करना चाहते हैं। मुझे लगता है कि जिस व्यक्ति को अपने काम से तनख्वाह के अलावा कुछ नहीं मिलता है उससे ज्यादा दयनीय और कोई नहीं है।

श्रीमती केर ने बताया कि कॉलेज के स्नातक भी उनके पास आते हैं और कहते हैं कि मेरे पास डार्टमाउथ से बी.ए. या कॉर्नेल से एम.ए.की डिग्री है। वे मुझसे पूछते हैं कि क्या आपके पास कोई ऐसा काम है जो मैं आपकी फर्म के लिए कर सकता हूँ? उन्हें खुद नहीं पता कि वे क्या करने में सक्षम हैं या वे क्या करना चाहते हैं। क्या यह कोई आश्चर्य की बात है कि इतने सारे पुरुष और महिलाएं जो सक्षम दिमाग और खूबसूरत सपनों के साथ जीवन की शुरुवात करते हैं लेकिन सब कुछ चालीस साल की उम्र आते-आते पूरी तरह से हताशा और घबराहट के साथ समाप्त हो जाता है? वास्तव में सही पेशा खोजना आपके स्वास्थ्य के लिए भी महत्वपूर्ण होता है। जब जॉन्स हॉपकिन्स के डॉ. रेमंड पर्ल ने कुछ बीमा कंपनियों के साथ मिलकर उन कारणों को जानने के लिए एक अध्ययन किया, जो लंबे जीवन के लिए जिम्मेदार होते हैं तो उन्होंने उस सूची में सही व्यवसाय को सबसे ऊपर रखा। उन्होंने शायद थॉमस कार्लाइल से कहा था कि धन्य है वह आदमी जिसे उसका मनचाहा काम मिल गया है। अब उसे और कोई वरदान नहीं मांगना चाहिए।

मैंने हाल ही में सोकोनी-वैक्यूम ऑयल कंपनी के रोजगार

पर्यवेक्षक पॉल डब्ल्यू बॉयटन के साथ एक शाम गुजारी थी। उन्होंने पिछले बीस वर्षों के दौरान नौकरी ढूंढ रहे पचहत्तर हजार से भी अधिक लोगों का साक्षात्कार लिया है। उन्होंने "6 वेज टू गेट ए जॉब" नामक एक पुस्तक भी लिखी है। मैंने उनसे पूछा कि आज के युवा नौकरी की तलाश में सबसे बड़ी गलती क्या करते हैं? उनका जवाब था, वे नहीं जानते कि उन्हें क्या करना चाहिए? यह महसूस करना बिलकुल अच्छा नहीं लगता है कि एक आदमी ऐसे कपड़े का सूट खरीदने के बारे में अधिक सोचता है जो उसकी तुलना में कुछ वर्षों में ही खराब हो जाएगा। जबकि उसे ऐसा अपने करियर चुनने के लिए करना चाहिए, जिस पर उसका पूरा भविष्य निर्भर करता है। जिस पर उसके पूरे भविष्य की खुशी और मन की शांति की नींव टिकी है।

तो क्या हुआ? आप इसके बारे में क्या कर सकते हैं? आप वोकेशनल गाइडेंस नामक एक नए पेशे से फायदा उठा सकते हैं। यह आपकी मदद कर सकता है या फिर आपको नुकसान भी पहुंचा सकता है। लेकिन ये सब आपके परामर्शदाता के चरित्र और योग्यता पर निर्भर करता है। यह नया पेशा अभी तक बंदूक की गोली की तरह एकदम सटीक भी नहीं है। यह फोर्ड कार के मॉडल टी की अवस्था तक भी नहीं पहुंचा है। लेकिन इसका भविष्य बहुत उज्जवल है। आप इस विज्ञान का उपयोग कैसे कर सकते हैं? इसके लिए आपको ये पता लगाना होगा कि आप अपने समुदाय में व्यावसायिक परीक्षण और व्यावसायिक सलाह कहां से प्राप्त कर सकते हैं। पूरे संयुक्त राज्य अमेरिका के सभी बड़े शहरों और हजारों छोटे समुदाय में इस तरह की सेवा मौजूद है। अगर आपकी उम्र ज्यादा है तो अनुभवी प्रशासन बताएगा कि आपको कहाँ और कैसे आवेदन करना है।

अगर आप अनुभवी नहीं हैं तो अपने सार्वजनिक पुस्तकालय या अपने स्थानीय शिक्षा बोर्ड से पूछिए कि आपको व्यावसायिक मार्गदर्शन कहां से मिल सकता है। सैकड़ों की तादाद में व्यावसायिक मार्गदर्शन ब्यूरो उच्च विद्यालयों और कॉलेजों में खोले गए हैं। अगर आप इसी देश में रहते हैं तो अपने स्टेट कैपिटल की देखभाल करने के लिए अपने राज्य पर्यवेक्षक, व्यावसायिक सूचना और मार्गदर्शन सेवा को लिखिए। कई राज्यों में इस तरह की सलाह देने के लिए पर्यवेक्षक नियुक्त किये गए हैं। सार्वजनिक एजेंसियों के अलावा कई राष्ट्रव्यापी संगठन, जैसे वाईएमसीए, वाईडब्लूसीऐ, अमेरिकन रेड क्रॉस, बिनाई ब्रीथ, ब्वायज क्लब ऑफ अमेरिका, किवानिस क्लब और साल्वेशन आर्मी भी आपकी व्यावसायिक समस्याओं को हल करने में मदद कर सकते हैं।

वो आपको सिर्फ सुझाव दे सकते हैं। कोई भी निर्णय तो आपको खुद ही लेना होगा। याद रखिये कि ये काउंसलर बहुत बेहतर नहीं हैं। वे हमेशा एक दूसरे से सहमत नहीं होते हैं और कभी-कभी बहुत ही हास्यास्पद गलतियाँ करते हैं। एक वोकेशनल-गाइडेंस काउंसलर ने मेरे क छात्र को पूरी तरह से लेखक बनने की सलाह दे डाली क्योंकि उसके पास शब्दों का एक बड़ा भण्डार था। ये कितना बेतुका था और फिर यह इतना आसान भी नहीं है। अच्छा लेखन वही है जो आपके विचारों और भावनाओं को पाठकों तक पहुंचाता है और ऐसा करने के लिए आपको एक बहुत बड़ी शब्दावली की जरूरत नहीं है। लेकिन आपको विचारों, अनुभव, विश्वास और उत्साह की आवश्यकता तो है। वो वोकेशनल काउंसलर जिसने उस लड़की को उसकी शब्दावली की वजह से लेखक बनने की सलाह दी थी, वह केवल एक ही काम करने में सफल रहा और वो ये कि उसने एक खुशहाल पूर्व स्टेनोग्राफर को एक निराश उपन्यासकार में बदल दिया।

मैं जिस तरफ इशारा करने की कोशिश कर रहा हूं वह यह है कि व्यावसायिक मार्गदर्शन विशेषज्ञ के लिए आप और मैं भी अचूक नहीं हैं।

शायद बेहतर यही होगा कि आप उनमें से कई लोगों से सलाह लें और फिर उसका जो भी निष्कर्ष निकले अपने विवेक से आम लोगों के सामने उसकी व्याख्या करें।

हो सकता है कि आपको यह सब अजीब लग रहा हो कि मैं चिंता पर समर्पित एक अध्याय इस किताब में शामिल कर रहा हूं। लेकिन यह बिलकुल भी अजीब नहीं है, जब आप समझते हैं कि जिस काम से हम घृणा करते हैं, हमारी कितनी चिंताएं, पछतावा और निराशा उस काम से पैदा होती है। आप इसके बारे में अपने पिता, अपने पड़ोसी या अपने बॉस से पूछिए। एक बौद्धिक दिग्गज ने घोषित किया है जो जॉन स्टुअर्ट मिल से कम जहीन नहीं था कि औद्योगिक अनुपयुक्ता समाज के सबसे बड़े नुकसान में से एक है। जी हाँ, और इस धरती पर सबसे दुखी लोगों के बीच वही औद्योगिक अनुपयुक्ता है जो अपने रोज के काम से नफरत करते हैं।

क्या आप उस शख्स को जानते हैं जिसने आर्मी में दरार पैदा कर दी थी? वह आदमी जो खो गया था। मैं उन सैनिकों की बात नहीं कर रहा हूँ जो लड़ाई में मारे गए थे बल्कि उनकी बात कर रहा हूं जो सामान्य काम करते-करते टूट चुके थे। डॉ विलियम मेनिंगर, हमारे सबसे महान मनोचिकित्सकों में से एक, युद्ध के दौरान सेना के न्यूरोसाइकिएट्रिक डिवीजन के प्रभारी थे। वो कहते हैं कि हमने सेना में चयन और प्लेसमेंट के महत्व के बारे में बहुत कुछ सीखा है, सही आदमी को सही काम में लगाना और ये जानना कि अभी के काम का महत्व क्या है, बहुत महत्वपूर्ण है। जिस जगह एक आदमी को कोई

दिलचस्पी नहीं थी, जहाँ वह महसूस करता था कि वह गलत जगह पर था, वह सोचता था कि उसकी सराहना नहीं हो रही, जहां उसे विश्वास था कि उसकी प्रतिभा का दुरुपयोग किया जा रहा है, हमें ऐसा कोई ना कोई दिमागी तरह से बीमार ना मिले तो भी कई लोग ऐसे मिल ही जाते हैं जिनके बीमार होने की सम्भावना होती है। जी हाँ और इन्हीं कारणों से एक आदमी व्यवसाय में दरार डाल सकता है। अगर वह अपने कारोबार से नफरत कर सकता है तो वह उसको बर्बाद भी कर सकता है।

आइये अब फिल जॉनसन के बारे में कुछ जानते हैं। फिल जॉनसन के पिता एक लांड्री के मालिक थे। इसलिए उन्होंने अपने बेटे को अपनी लांड्री में नौकरी दे दी। उन्हें उम्मीद थी कि लड़का इस कारोबार में काम करेगा। लेकिन फिल को कपड़े धोने से नफरत थी, इसलिए वह अपने पिता को चकमा देकर आवारागर्दी करता था। यहाँ तक कि उसे जो करना होता था वह करता था लेकिन चापलूसी नहीं करता था।

जब फिल कुछ दिनों तक दुकान से गायब रहा तो उसके पिता को यह सोचकर बहुत दुख हुआ कि वह नासमझ और आलसी है। उसको लगा कि उसके बेटे में काम करने की कोई महत्वाकांक्षा नहीं है। वह वास्तव में अपने कर्मचारियों से बहुत शर्मिंदा था।

एक दिन फिल जॉनसन ने अपने पिता से कहा कि वह एक मशीन की दुकान में मैकेनिक का काम करना चाहता है। उसका पिता हैरान रह गया। उसने कहा कि ये क्या कह रहे हो? वापस काम पर जाओ। लेकिन फिल ने अपना रास्ता ढूंढ लिया था और अब वह ग्रीसी डूंगरी में काम कर रहा था। वह जितनी मेहनत लांड्री में करता था, उससे कहीं ज्यादा मेहनत से यहाँ काम करने लगा। वह यहाँ कई घंटे ज्यादा काम करता था

और अब उसे अपने काम में मजा आ रहा था। उसने इंजीनियरिंग की, इंजनों के बारे में सीखा, मशीनों पर काम किया और 1944 में जब फिलिप जॉनसन की मृत्यु हुई तो वह बोइंग एयरक्राफ्ट कंपनी के अध्यक्ष थे और बड़े-बड़े हवाई सुरक्षा कवच बना रहे थे जिससे युद्ध जीतने में भी मदद मिली। अगर वह लॉन्ड्री में ही लगे रहते तो उनका क्या होता और खासतौर पर पिता की मौत के बाद लॉन्ड्री का क्या होता? मेरा अनुमान है कि उसने व्यवसाय को बर्बाद कर दिया होता, उसे तहस-नहस कर दिया होता और सब मिट्टी में मिल चुका होता।

अगर आपको परिवार टूटने का डर भी हो तब भी मैं युवाओं से यही कहना चाहूंगा कि सिर्फ अपने परिवार के चाहने की वजह से आप किसी व्यापार में आने के लिए लिए मजबूर ना हों। जब तक आप इसे खुद करना नहीं चाहते तब तक इस करियर में प्रवेश ना करें।

हालाँकि आप अपने माता-पिता की सलाह को ध्यान से सुनें। उन्होंने शायद आपसे ज्यादा दुनिया देखी है। उनके पास ऐसा ज्ञान है जो बहुत अनुभव के बाद और कई वर्षों में आता है। लेकिन अंतिम निर्णय तो आप ही को लेना है। वह आप ही हैं जो अपने काम से खुश या दुखी होने वाले हैं।

अब मैं आपको कुछ सुझाव देना चाहता हूं। इसमें आपके काम के चुनने को लेकर कुछ चेतावनियां हैं।

वोकेशनल गाइडेंस काउंसलर के चयन के बारे में इन पाँच सुझावों का अध्ययन करिये और जिसने ये सुझाव दिए हैं अब आप उसी विश्वसनीय विशेषज्ञ से इन्हें सुनिए।

इन्हें अमेरिका के प्रमुख वोकेशनल गाइडेंस के विशेषज्ञ प्रोफेसर हैरी डेक्सटर किटसन के द्वारा बनाया गया था।

कभी किसी ऐसे व्यक्ति के पास मत जाइये जो आपको

ये बताये कि उसके पास एक ऐसी जादुई प्रणाली है और वो आपकी व्यावसायिक योग्यता को उजागर कर देगी। इस समूह में विशेषज्ञ के रूप में फ्रेनोलॉजिस्ट, ज्योतिषी, चरित्र विश्लेषक और लेखक मौजूद हैं। मगर उनका सिस्टम ठीक नहीं है।

किसी ऐसे व्यक्ति के पास भी मत जाइये जो ये कहे कि वह आपको एक कसौटी पर परखने के बाद बता सकता है कि आपको किस व्यवसाय में जाना चाहिए। ऐसा व्यक्ति वो नियम तोड़ देता है जिन्हें एक वोकेशनल काउंसलर को अपने परामर्शदाता की शारीरिक, सामाजिक और आर्थिक स्थितियों के लिए हमेशा याद रखना चाहिए। उसको अपने व्यवसाय के अवसर इसके हिसाब से ही बताने चाहियें।

आप एक ऐसे व्यावसायिक परामर्शदाता की तलाश करिये जिसके पास व्यवसायों के बारे में पर्याप्त जानकारी हो और जो इसका उपयोग परामर्श देने में करता हो।

एक संपूर्ण व्यावसायिक-मार्गदर्शन सेवा के लिए आम तौर पर एक से अधिक साक्षात्कार की आवश्यकता होती है।

कभी भी डाक द्वारा भेजे गए व्यावसायिक मार्गदर्शन पर भरोसा ना करें।

ऐसे व्यवसाय और पेशे से दूर रहें जिनमें पहले से ही बहुत भीड़ है। अमेरिका में रोजी-रोटी कमाने के बीस हजार से अधिक विभिन्न तरीके हैं। जरा सोचिये। बीस हजार से भी ज्यादा पैसे कमाने के तरीके। लेकिन क्या युवा पीढ़ी को ये बात पता है? वे इसे तब तक नहीं समझ सकते जब तक कि वे अपना भविष्य देखने के लिए किसी स्वामी को नियुक्त नहीं कर लेते। इसका परिणाम क्या होगा? एक स्कूल में दो-तिहाई लड़कों ने बीस हजार में से अपनी पसंद को पाँच व्यवसाय तक सीमित कर दिया और हर पांच में से चार लड़कियों ने

भी यही किया। इसमें कोई आश्चर्य की बात नहीं है कि कुछ व्यवसाय और पेशों में बहुत ज्यादा भीड़ है। इसमें भी ज्यादा हैरत वाली बात नहीं है कि सफेदपोश बिरादरी के बीच इससे असुरक्षा, चिंता और इनसे होने वाली बीमारियां काफी बढ़ जाती हैं। खबरदार हो जाइये। विशेष रूप से कानून, पत्रकारिता, रेडियो, मोशन पिक्चर्स और ग्लैमर व्यवसाय जैसे भीड़भाड़ वाले क्षेत्रों में अपने भविष्य की राह बनाने की कोशिश ना कीजिये।

उन सारे कामों से दूर रहना चाहिए जिसमें दस में से कोई एक ही अच्छी कमाई कर पाता है। एक उदाहरण के तौर पर आप जीवन बीमा बेचना शुरू कर दें। ऐसे हजारों हजार बेरोजगार पुरुष हैं जो किसी बात की चिंता किए बगैर कि उनके साथ क्या होने की संभावना है, जीवन बीमा बेचने की कोशिश कर रहे हैं। रियल स्टेट ट्रस्ट बिल्डिंग, फिलाडेल्फिया के रहने वाले फ्रैंकलिन एल. बेट्गर के अनुसार लगभग कुछ ऐसा ही होता है। बीस वर्षों तक मिस्टर बेट्गर अमेरिका में असाधारण रूप से सफल बीमा सेल्समैनों में से एक थे। उनका कहना है कि नब्बे प्रतिशत पुरुष जो जीवन बीमा बेचना शुरू करते हैं, वे इतने ज्यादा हताश और निराश हो जाते हैं कि एक साल के अंदर ही ये काम छोड़ देते हैं। इनमें से बाकी जो दस प्रतिशत बचते हैं उनमें से एक आदमी दस लोगों द्वारा बेचे गए सभी बीमा का नब्बे प्रतिशत बेचता है और बाकी के नौ लोग सिर्फ दस प्रतिशत ही बेच पाते हैं। आइये इसे दूसरे तरीके से देखते हैं। अगर आप जीवन बीमा बेचना शुरू करते हैं तो नौ में से एक सम्भावना ऐसी बन सकती है कि आप असफल होकर इसे एक साल में छोड़ देंगे और सिर्फ सौ में से एक व्यक्ति ऐसा होगा जो एक वर्ष में दस हजार डॉलर कमा पायेगा। ये भी हो सकता है कि आप यही करते रहें तो भी आपके पास

दस में से केवल एक मौका ऐसा होगा जब आप जीवित रहने के अलावा भी कुछ और कर पाएंगे।

अगर आवश्यक हो तो आप अपना जीवन किसी व्यापार में समर्पित करने का निर्णय लेने से पहले कुछ सप्ताह या महीने तक उस व्यवसाय के बारे में सब कुछ पता करिये। लेकिन कैसे? आप उन पुरुषों और महिलाओं से मिलिए, उनसे बातचीत करिये जो उस पेशे में पहले ही दस, बीस या चालीस साल गुजार चुके हैं।

मैं ये बात अपने अनुभव के आधार पर कह रहा हूँ कि इस बातचीत का आपके भविष्य पर गहरा प्रभाव पड़ सकता है। जब मैं अपने शुरुआती दिनों में बीस-इक्कीस साल का युवा था तो मैंने दो वृद्ध पुरुषों से व्यावसायिक सलाह मांगी थी। अब जब मैं पीछे मुड़कर देखता हूं तो मुझे लगता है कि उन बुजुर्गों की सलाह और बातें मेरे करियर के महत्वपूर्ण मोड़ थे। वास्तव में मेरे लिए यह कल्पना करना भी मुश्किल है कि अगर मैंने उन दोनों से मुलाकात ना की होती तो आज मेरा जीवन कैसा होता।

आप इस तरह का व्यावसायिक-मार्गदर्शन कैसे पा सकते हैं? मान लीजिए कि आप एक आर्किटेक्ट बनना चाहते हैं और उसका अध्ययन करने के बारे में सोच रहे हैं। आपको अपना कोई भी निर्णय लेने से पहले अपने और आसपास के शहरों में कई आर्किटेक्टस से मिलकर उनके अनुभव साझा करने चाहिए और उनके साथ कुछ सप्ताह गुजारने चाहिए। आप किसी भी टेलीफोन डाइरेक्ट्री से उनके नाम और पते प्राप्त कर सकते हैं। आप उनसे अपॉइंटमेंट ले सकते हैं या उसके बिना भी उनके कार्यालयों में कॉल कर सकते हैं। अगर आप वाकई उनसे अपॉइंटमेंट चाहते हैं तो उन्हें कुछ इस तरह लिख सकते हैं, क्या आप मुझ पर एक छोटा सा एहसान नहीं करेंगे? मुझे आपकी सलाह चाहिए। मैं अठारह साल का हूँ और मैं एक आर्किटेक्ट

बनने केलिए पढ़ाई के बारे में सोच रहा हूँ। इससे पहले कि मैं अपना मन बनाऊं, मैं आपकी कुछ सलाह लेना चाहता हूं।

अगर आप अपनी व्यस्तता के कारण मुझसे अपने कार्यालय में नहीं मिल सकते तो क्या मैं सिर्फ आधे घंटे के लिए आपसे आपके घर पर मिल सकता हूँ? अगर आप मुझे ऐसा करने की इजाजत देंगे तो मैं आपका बहुत आभारी रहूंगा।

यहां मैं वो सवाल आपको भेज रहा हूँ जो मैं आपसे पूछना चाहता हूं।

अगर आपको ये जीवन दोबारा मिले तो क्या आप फिर से एक आर्किटेक्ट बनना चाहेंगे?

जब आपने मुझे ठीक से परख लिया है तो मैं आपसे ये पूछना चाहता हूँ कि क्या मेरे पास वो सब है जो सफल होने के लिए एक अच्छे आर्किटेक्ट में होना चाहिए?

क्या इस पेशे में भी बहुत भीड़ है?

अगर मैं चार साल तक आर्किटेक्ट की पढ़ाई करता तो क्या मेरे लिए नौकरी पाना मुश्किल होता? पहले किस तरह की नौकरी मुझे करनी होगी?

अगर मेरे पास औसत दर्जे की क्षमता होती तो पहले पांच वर्षों के दौरान मैं कितना कमाने की उम्मीद कर सकता था?

आर्किटेक्ट होने के फायदे और नुकसान क्या हैं?

अगर मैं आपका बेटा होता, तो क्या आप मुझे आर्किटेक्ट बनने की सलाह देते?

अगर आप डरपोक हैं और अकेले बड़ा आदमी बनने में हिचकिचा रहे हैं, तो यहां आपके लिए सुझाव दिए गए हैं जो आपकी मदद करेंगे।

पहले अपनी उम्र के किसी लड़के को अपने साथ ले जाइये। इससे आप दोनों का विश्वास बढ़ेगा। अगर आपके साथ

जाने के लिए आपकी उम्र का कोई लड़का नहीं है तो आप अपने पिता से भी अपने साथ चलने के लिए कह सकते हैं।

दूसरी बात यह याद रखिये कि आप उससे सलाह माँगकर उस आदमी की तारीफ कर रहे हैं। वह आपके अनुरोध को चापलूसी समझ सकता है। ये बात भी ध्यान में रखिये कि जो पुरुष बालिग हैं उन्हें युवक और युवतियों को सलाह देना अच्छा लगता है। आर्किटेक्ट शायद ऐसी बातें पसंद करें।

अगर आप उनसे मिलने का समय मांगने के लिए पत्र लिखने में झिझकते हैं तो बिना उनसे समय लिए उनके ऑफिस जाइए और उन्हें बताइये कि अगर वह आपको थोड़ी भी सलाह देंगे तो आप उनके आभारी रहेंगे।

मान लीजिए कि आप पाँच आर्किटेक्ट से मिलने के लिए फोन करते हैं लेकिन वे सभी बहुत व्यस्त हैं, हालाँकि इसकी संभावना कम है, तो आप पाँच और आर्किटेक्ट को फोन कीजिये। उनमें से कुछ आपसे मिलेंगे और आपको अमूल्य सलाह देंगे, एक ऐसी सलाह जो आपका वर्षों का खोया हुआ समय और आपका दिल टूटने से बचा सकते हैं।

याद रखिये कि आप अपने जीवन के दो सबसे महत्वपूर्ण और दूरगामी निर्णयों में से एक लेने जा रहे हैं। इसलिए समय निकाल कर कुछ भी करने से पहले तथ्यों को समझिये। अगर आप ऐसा नहीं करते हैं तो आपको इस बचे हुए आधे जीवन में पछताने के अलावा कुछ नहीं मिल सकता।

अगर आप ऐसा कर सकते हैं तो जिससे आप मिल रहे हैं उसके आधे घंटे के समय और सलाह के लिए कुछ भुगतान करने की पेशकश करिये।

अपने अंदर से इस गलत धारणा को बाहर निकाल दीजिये कि आप केवल एक ही व्यवसाय के लिए उपयुक्त हैं। हर

सामान्य व्यक्ति कई व्यवसायों में सफलता प्राप्त कर सकता है और प्रत्येक सामान्य व्यक्ति शायद कई व्यवसायों में विफल भी हो सकता है। इसके लिए आप मेरा उदाहरण भी ले सकते हैं। अगर मैंने अध्ययन किया होता और खुद को कुछ व्यवसायों के लिए तैयार किया होता तो मेरा मानना है कि तब मेरे पास सफलता हासिल करने के कुछ छोटे-बड़े उपाय होते और अपने काम का मजा लेने का भी एक अच्छा मौका होता। मैं ऐसे ही कुछ व्यवसायों के बारे में उल्लेख कर रहा हूँ जिसमें मुझे मजा आता जैसे खेती, फल उगाना, वैज्ञानिक कृषि उत्पादन, चिकित्सा, किसी सामान को बेचना, विज्ञापन, समाचार पत्र का सम्पादन, शिक्षण, और वन विभाग आदि। दूसरी ओर मुझे यकीन है कि जिसमें मुझे बिलकुल अच्छा नहीं लगता और मैं असफल हो जाता, जैसे हिसाब-किताब रखना, एकाउंट्स, इंजीनियरिंग, होटल या फैक्ट्री का संचालन, आर्किटेक्ट, सभी तरह के यांत्रिक व्यापार और सैकड़ों अन्य गतिविधियाँ।

> *चिंता का एक दिन एक हफ्ते के*
> *काम से ज्यादा थकाने वाला होता है।*
>
> —जॉन लुबॉक

> *अगर आप मुझसे पूछेंगे कि लंबी उम्र के लिए सबसे*
> *महत्वपूर्ण क्या चीज है, तो मैं कहूंगा कि वो चिंता, थकान*
> *और तनाव से बचना है और अगर आप मुझसे नहीं पूछेंगे*
> *तो भी मैं यही कहूंगा।*
>
> —जॉर्ज बर्न्स

www.ingramcontent.com/pod-product-compliance
Lightning Source LLC
Chambersburg PA
CBHW070611170426
43200CB00012B/2653
* 9 7 8 9 3 5 7 0 2 5 5 3 9 *